臺灣的社區權力結構

文崇一 著

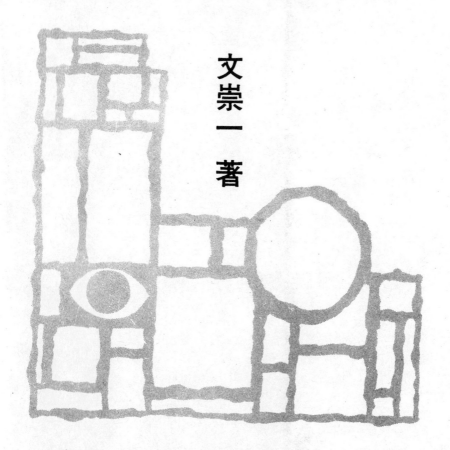

東大圖書公司印行

式。這就進一步牽涉到許多一般性的社區問題，如選舉與地方派系、家族關係與地方領導權、超社區的權力干預和相互作用、領導人與決策過程、社區的衝突與整合等。我們可以用下面這個圖作一點說明。

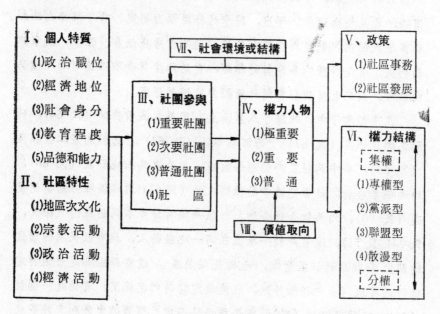

圖一　社區權力結構變項關係

這個圖表現兩種關係：一種是研究過程，即由兩類特質去觀察羣體，再從羣體觀察權力人物，然後可以觀察權力結構或社區決策現象；一種是變項關係，即自由變項可以了解對社團和權力人物的作用，然後可以了解權力結構和對策是如何形成的，其間也可能受到大環境和個人價值取向的影響。回饋影響的情形也可能產生，但在權力結構研究中，可以不考慮這個問題。

分析社區決策時，自然不能忽略權力人物和一般人對資源分配所

可能產生的衝突，特別對於政治職位和財富兩方面稀有資源的可欲性。其中可能涉及地方派系，尤其是以家族為派系中心的挑戰，對於權力結構和社區決策都會產生不同的結合或權力鬥爭。這是研究中國社區的特有現象，即使在民主政治的結構下，這種現象也不見得容易消除，甚至無法消除。那麼，將來的社區權力研究，除了權力人物和社區居民的個人利益與社區利益外，還必需考慮政黨、派系，或家族的利益。這是一種不易分析的難題，它的難度及複雜性遠超過一般社區事務，因而也可能影響對社區權力結構的了解。

在這個集子中，收錄了八篇論文，萬華為城市社區（民 64），竹村為鄉村社區（民 67），西河為郊區（民 64），岩村為農工業社區（民 65），臺中為縣及鄉的領導系統，與臺東為山地社區（民 66），均為個案分析；社會變遷中的權力人物（民 67）與社區權力結構的變遷（民 70），均為綜合性分析。社區一詞有許多不同的概念（徐震，民 74；民 71），這裏是指一羣住在同一地區的人，具有較長期的居住時間，和較高的社區意識，也即是從屬感。這些社區都是經過特定條件的尋找（臺中縣除外），然後決定它的研究範圍，有的是一個村（里），有的幾個村（里），完全視條件而定。權力的定義也有許多說法 (Dahl, 1957; Lasswell & Kaplan, 1950; Clark, 1968b; 1971; Simpson, 1971; Olson, 1971; Knoke, 1981)，這裏指的是支配或影響行動的力量，決策權是這類力量中的一種。權力結構就是權力分配的方式或類型 (Mott, 1970; Curtis & Patras, 1970; Knoke, 1981)。這些都是在撰寫論文時的操作性定義，也就是從這種角度去了解社區、權力、權力結構的概念。這些論文，除了少部分修改外，大致都保持原狀。

藉出版的機會，我要謝謝原來提供發表論文的刊物。也謝謝東大

圖書公司劉振強董事長允予出版。

文 崇 一

1989年11月於南港中研院民族所

參考書目

紀俊臣

　民 66　瑞竹地區的領導系統與權力結構，臺灣大學政治研究所碩士論文。

徐 震

　民 71　社區論。

　民 74　社區發展：方法與研究。臺北：中國文化大學出版部。

陳宇嘉

　民 70　社區權力結構的發展，方法與實例，東海社會學刊 14: 3-19。

張茂桂、蔡明惠

　民 75　社區權力結構研究的幾個問題，中山社會科學譯粹 1(3): 108-113。

黃識銘

　民 73　社區權力結構與社區發展，東吳大學社會學研究所碩士論文。

蔡明惠

　民 76　現行臺灣地方自治實施下之地方權力結構，中山大學中山學術研究所碩士論文。

蘇家聲

　民 78　臺灣鄉鎮權力結構之分析，政治大學政治學研究所碩士論文。

M. Aiken

　1970　The Distribution of Community Power: Structural Base and Social Consequence, in M. Aiken & P. E. Mott, eds., *The Structure of Community Power*. N. Y.: Random House.

M. Aiken & P. E. Mott, eds.

1970　*The Structure of Community Power*. N. Y. Random House.

C. M. Bonjean, T. N. Clark, & R. L. Lineberry, eds.

1971　*Community Politics: A Behavioral Approach*. N. Y.: The Free Press.

T. N. Clark

1968　The Concept of Power, in *Community Structure and Decision-Making: Comparative Analysis*. Pen.: Chandler.

1975　Community Power, in A. Inkeles, ed., *Annual Review of Sociology* 1: 271-295.

T. N. Clark, ed.

1968　*The Community Structure and Decision-Making: Comparative Analysis*. Pen.: Chandler.

J. E. Curtis & J. W. Petras

1975　Community Power, Power Studies and the Sociology of Knowledge, *Human Organization* 29 (3): 204-222.

R. A. Dahl

1957　The Concept of Power, *Behavional Science* 2: 201-205.

C. W. Gilbert

1968　Community Power and Decision-Making, in T. N. Clark, ed., *op. cit.*: 139-156.

D. Knoke

1981　Power Structure, in S. L. Long, ed., *The Handbook of Political Behavior* 3: 275-332. N. Y.: Plenum.

H. D. Lasswell & A. Kaplan

1950　　*Power and Society.* N. H.：Yale.

P. E. Mott

1970　　Configuration of Power, in M. Aiken & P. E. Mott, eds., *The Structure of Community Power.* N. Y.：Random House.

D. M. Olson

1971　　The Concept of Power: a Political Scientists Perspective, in C. M. Bonjean et al., eds., *Community Politics.* N. Y.: The Free.

R. L. Simpson

1971　　The Concept of Power: a Sociologist's Perspective, in C. M. Bonjean et al., eds., *ibid.*

John Walton

1966　　Discipline, Method, and Community Power: A note on the Sociology of Knowledge, *American Sociological Review* 31 (5)：684-689.

1970　　A Systematic Survey of Community Power Research, in M. Aiken & P. E. Mott, eds., *The Structure of Community Power.* N. Y.：Random House.

臺灣的社區權力結構

目次

序言

萬華地區的羣體與權力結構

岩村的社會關係和權力結構

中縣領導階層的變動趨勢

臺東縱谷土著族的羣體與社區權力結構
泰雅、布農、阿美三個聚落的比較研究

社會變遷中的權力人物

社區領導人與權力結構比較分析

社區權力結構的變遷

參考書目

萬華地區的羣體與權力結構

一　序言

萬華是臺北盆地開發最早地區之一，不但一開始就以都市型態出現，而且成爲北部的一個商業重鎮❶。從都市化過程來看，它正像一個扇狀的發展，從萬華而至後來的大稻埕、大龍峒，以及今日的臺北市。當初移民萬華的雖然只是一批開墾土地的農夫，可是由於都市形成甚早，發展很快，並且是一個對外貿易的港口，人民的行爲在最初期就具有都市化的特徵。這種行爲特徵也反映在個人、家庭、羣體及社區意識上。

我們企圖透過這些指標，從早期到現代，去了解在結構、功能與行爲模式上的轉變情形。這種分析也將可以看出它與臺灣，特別是臺北地區的都市化與現代化關聯到什麼程度。

（一）基本概念與方法

關於羣體的研究，開始是很早的。目前的趨勢大致是：第一，希

---

❶　討論萬華開拓的文章很多，如林熊祥（民41）、黃得時（民50）及《臺北文物・艋舺專號》。

望經由羣體研究來解決個人、羣體與社會三者間在結構與功能上的若干問題； 第二， 強調分析羣體本身， 以了解羣體結構與親和力； 第三，不僅分析羣體的影響力與成就，也分析過程與內在動力；第四，利用經驗性或實驗性研究所得之數學模式從事新的分析，或加強一般系統理論的應用和發展 (Mills 1967)。羣體必然牽涉到個人需求、欲望或動機 (Berne 1970: 45)， 牽涉到羣體本身的社會化、整合性或達成滿足的任務 (Mills 1967; Kelly 1968)。羣體實際上也就是社會中的一個次級體系，可以從適應、整合、達到目的與維持模式四種功能來討論 (Parsons 1966: 28-9; Mills 1967: 17)。這些功能因羣體與個人間的互動過程而產生，而表現出來。

互動是一種複雜的過程，大致可以從兩方面來說： 個人方面，受到人格、意識形態、 角色、 地位的影響； 羣體方面， 受到角色、規範、價值、標準、環境的影響 (Murray 1962; Hare 1962)。 也就是個人因某種動機或目的而參加羣體，經過羣體的運作過程，完成了任務，可以說是羣體的成就，也可以說是滿足了成員的某些欲望。整個過程，從參與、運作到結果，就是人格、角色、行為、文化與環境互相調適而達到模式重組與整合的目的。這種分析方法，與結構功能學派強調過程與整合，輸入輸出理論強調運作與羣體成就 (Stogdill 1959: 13, 273-8)，基本上也有相似之處。

這個理論架構可以分成下列三點說明：

1. 羣體成員：羣體中因個人的性格、需要、角色不同，必然影響到其他成員或羣體工作；這些變項也可能使羣體體系改組以達到整合的目的，或者利用羣體壓力或順從方式迫使成員在行為上作適當的調整，以維護羣體體系。每一個變項都可能影響羣體工作的進行。

2. 羣體：不管是那一類型的羣體，正式的或非正式的，工作取

向的或社會取向的，總有它的特質，如價值、規範、領導人、決策方式等。當每個成員參加羣體活動以後，在行為上多少要接受羣體的約束，以至於完全一致或差不多一致；否則，個人角色與羣體角色必然發生衝突，而至無法執行羣體工作。這即是羣體對個人有社會化作用，使個人逐漸放棄若干原有的不同觀點，而在羣體中取得調適。也就是互動過程所產生的結果。

　　3. *羣體成就*: 這是指一個羣體成功地達到它的目的，也即是滿足了羣體成員的欲望。以工作取向羣體為例，無論個人或羣體，對於某一特定工作的問題都得到解決。這也可以說是四種功能（適應、整合、維持模式和達到目的）的合理調適。

　　這種運作關係可以從下圖表明❷:

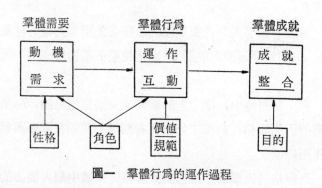

圖一　羣體行為的運作過程

上列關係，從長時期來看，自然也會產生反饋的現象，即羣體成就的大小會影響成員對將來需求與期待的強弱。

　　這個架構對本研究將產生下列導向作用:

---

❷　本圖會參閱 Easton (1963), Stogdill (1959), Hare (1962) 各書所討論個人及羣體運作過程的問題。

1. 個人參與羣體活動的動機與需求可能受到原來性格與角色的影響，因而必須對每個羣體成員，特別是領導份子作較深入的分析；

2. 互動和運作固然受到個人與羣體規範、價值的影響，同時也受到運作方式的影響，如競爭或合作，對於羣體模式的維持就會極不相同，所以，不但要分析羣體的結構與功能，也要分析行動與領導方式；

3. 羣體工作的執行程度直接影響到羣體的成就，也就是說，必須從羣體對個人與社會扮演的角色來看它的功能，羣體本身不是孤立的；

4. 羣體成員的增加或減少，必然使原有體系產生改變，這種改變可能影響羣體運作過程，價值或規範，也可能影響羣體工作的執行與羣體成就；

5. 羣體中領導人角色與地位的改變必然影響到權力結構，甚至決策方式，如果變遷劇烈的話，可能使整個羣體變成另一種形態出現；

6. 在一個羣體中，權力上的衝突或妥協是難免的，必須儘可能找出它們的因果關係，然後才能澄清有關權力問題在羣體與個人間所產生的作用；

7. 羣體結構與領導形態會直接影響到羣體中個人權力的分配，而權力分配是否恰當，將直接影響羣體的團結與穩定；

8. 羣體成員的從屬感與認同程度，關係到羣體組織的持續成長或解體，為羣體變遷重要動力之一。

對於萬華羣體的分析，雖未必按照這個順序討論，無疑這將是主要的方向。概括地說，就是：

1. 個人與個人，個人與羣體，羣體與羣體間的互動過程與結果；

2. 羣體領導人與羣體成員，亦卽權力階層與非權力階層間的衝突或整合；

3. 羣體領導人在社區事務上所扮演的角色[3]。

（二）羣體類型

羣體分類方法很多，如以羣體特徵爲分類標準的，有初級羣體與次級羣體（Whyte 1943）；以組織形式爲標準的，正式與非正式羣體；以內外爲標準的，內羣體與外羣體(in-group and out-group)；以成員多少爲標準的，小羣體與大羣體[4]；以依賴需求爲標準的，工具性羣體(instrumental dependence)、取向性羣體 (orientational dependence) 與自我羣體 (ego dependence) (Schellenberg 1970: 228)；以性質爲標準的，工作取向羣體與社會／情感取向羣體 (task oriented and social/emotional oriented groups)(Madron 1969: 4-9)。在這些分類中，對於分析萬華的羣體，以採用小羣體研究之分類法，再加以簡化運用，較爲有利。

1. 小羣體的主要特性是成員少[5]，能夠面對面接觸與交換意見[6]。我們要討論的萬華羣體，原則上均合乎這個標準，有的羣體，

---

[3] 當初我們在設計萬華計劃時，也是朝着這個方向。

[4] 這些方法都有人使用，只是要視研究重點而定，特別是小羣體。參閱 Mills, (1967); Merton (1957: 317); Horton & Hunt (1968: 162–164).

[5] 一般認爲小羣體人數以自二人以上至六、七人爲佳，多了容易產生次羣體(sub-group)。可是15-20人的小羣體也常有，不爲大。參閱 Berelson & Steiner (1964: 356–60); Olmsted (1923 附註); Verba (1961: 12)。不過，多的時候也可以到五、六十人。

[6] Homans (1950: 1); Bales (1950: 3). 正如 Olmsted (1923) 所說，初級羣體都是小羣體，小羣體不一定是初級羣體，因爲小羣體較鬆懈。

如三信，成員雖然很多，但我們分析的只是權力階層，仍然相當於一個小羣體。

2. 小羣體雖然多爲非正式羣體的內部運作，但也並不排斥正式羣體 (Verba 1961: 14-5)。萬華的羣體則正式與非正式均有。

3. 這種小羣體研究也就是應用 Bales❼，Hare (1962) 所發展出來的分類方法，經過簡化，可以分爲三類：工作取向羣體、社會取向羣體、工作及社會取向羣體。

4. 工作取向羣體是爲了解決問題或達到目的而形成的羣體，組織比較緊密，權力分配也比較有系統；社會取向羣體是爲了滿足個人的社會或感情需要，組織較鬆懈，權力分配也未必十分明顯；工作與社會取向羣體則具有兩種性質，一方面爲了羣體目標，另方面也爲了個人情緒的需求。

二 羣體組織及其演變

萬華不祇是個古老的社區，而且是個古老的城市，所以在早期就出現各種不同性質的羣體。這些羣體可以分成三類：

第一類是早期的羣體，如北郊金萬利，成立很早，有過光榮的紀錄，但目前已經名存實亡。我們不僅要了解它在過去，發生過什麼作用，扮演什麼角色，而且要了解它對後來有什麼影響，當時的領導人與後來的有什麼關聯？

第二類也是早期的羣體，如螺陽公會，成立很早，現在還有它的

---

❼ Bales (1950: 9) 用 12 個項目來測定（實驗觀察法）羣體成員對羣體的反應。這 12 個項目分成兩大類三個區域，即肯定的社會情感區域，工作區域，否定的社會情感區域。其後用之者甚多。

功用。我們要了解它的運作過程以及有些什麼變異，羣體成員、領導人、權力結構有什麼變化？

第三類是晚期的羣體，如婦女會，光復後才成立。我們要了解它在個人與社會間究竟扮演什麼角色？

因時間的不同，不祇羣體組織、成員、領導人有許多變異，就是羣體功能、權力結構、互動關係也有極大的變異。我們希望從這些變異來分析萬華社區的社會變遷以及它在現代社會中的處境。這種分析將以前述的理論架構與羣體類型作爲討論的基礎。

（一）工作取向羣體

這種羣體是爲了達成某一目的或解決某一問題而組織的。有的人數比較少，有的卻很多；有的有規章，有的卻沒有。這一類的羣體在萬華有以下幾個：1.泉郊與北郊；2.第三信用合作社；3.同仁局；4.調解委員會、里民大會、壯丁團、青年團、共勵會。

1. 泉郊與北郊

關於「郊」的意義與起源，已經有過不少的討論，如王一剛（民46）、吳逸生（民49）、黃得時（民50）、陳夢痕（民53）、方豪（民61），成績也相當不錯。歸納起來，不外三種說法：一、從事同類貿易的商業組織，即同業公會，如布郊、糖郊、魚郊；二、前往同一貿易地區的商業組織，如以泉州爲對象的叫泉郊，以大陸東、北方港口爲對象的叫北郊；三、來自同一地區商人的商業組織，如三邑（晉江、惠安、南安）人爲頂郊，同安與漳州人爲下郊❽。不管是那種郊，實際均有「幫」的意義。因爲郊很多，所以在當時，一個有名或有勢力

---

❽　《淡水廳志‧風俗考》商賈條謂「泉郊亦稱頂郊，　赴廈門者曰廈郊」（見王一剛，前文頁 19）。是又有不同之說。

的商人可能既屬糖郊，又屬北郊或頂郊，重疊的情形相當多❾。這種重疊就牽涉到羣體組織、成員、領導份子、權力分配諸問題。不過，以目前的資料，我們能夠討論的只限於泉郊和北郊。泉郊係以泉州爲貿易對象，北郊係以浙江以北各港口，如寧波、上海、天津等地爲對象。這種郊多半具有以下幾點特性：

（1）以大行號爲羣體成員組成一個正式團體，有羣體名稱與規章，如泉郊金晉順、北郊金萬利❿。

（2）郊有一郊長，如大稻埕的廈郊與艋舺的泉、北郊合併，共推林右藻爲三郊總長⓫。郊長對郊內事務有裁決權。

（3）郊的基本目的是爲了本身的商業利益，同時也有團結同業與解決同業間糾紛的功用。一如今之商會。

（4）郊一定有主神作爲奉祀的對象，如泉郊奉天后、五文昌、關帝，北郊以龍山寺的觀音佛祖爲主神⓬，關帝爲副神。

（5）郊的成員必須照規定出錢維持郊的一切活動，特別是有關祭祀的活動。

（6）郊由爐主每年輪流主持郊務，另選若干會員協同辦理。所以它也有宗教的功能，或者說，透過宗教以維持郊員間的內聚力。

（7）郊有時候也做一些社會救濟工作。

---

❾　如李勝發屬泉郊，又業布屬布郊；恒德屬北郊，又業染房屬染郊（吳逸生，前文頁 3–5）。

❿　這種郊名似乎有模倣性，如澎湖的泉郊叫金同順，大稻埕的廈郊也叫金同順；臺南的北郊叫蘇萬利，萬華的叫金萬利（王一剛，前文頁 14, 18, 19, 21）。

⓫　泉郊與北郊的郊長不知。唯在民國 30 年時北郊改爲理事制，推李朝北爲理事長。李是北郊「安記」船頭行李老番的後裔。

⓬　如鹿港泉廈郊、澎湖臺廈郊的主神爲天上聖母。

(8) 郊的規章及對成員的要求很嚴❸。

一般而言，郊的成員只限於艋舺地區❹，每個成員都有直接溝通的機會。成員間的活動以商業利益和祭祀爲主，其他社交性活動很少。泉郊約成立於乾隆初年❺，北郊不知始於何時，吳暉春（民48）謂創始於道咸年間，但未提出確實證據。泉郊與北郊一直分立，至清代末年二郊才與大稻埕的廈郊合併爲金泉順，以林右藻爲總郊長；後林老邁，眾推其子林周繼之。不過，實際上三郊還是有相當大的獨立性，不但當時各有郊長，到民國30年，萬華北郊還有它自己的理事長。

泉郊與北郊發展的情形，目前不太清楚，我們能討論的，只是開創時期的一部份，其中以北郊的資料較全，如下表❻：

表一　泉郊成員

行　號	主持人	經 營 業 務	結 束 時 間	備　　　　　　　　　　註
莊長順	莊朝宗	船頭行	日據前收盤	兼營北郊，甚有名望
李勝發	李志清	船頭行及布行	日據前收盤	艋舺望族
榮　發	陳榮華	船頭行及酒行	日據前收盤	
德　吉	黃厚卿	船頭行	日據前收盤	
順　益	王植祿	船頭行	日據後不久收盤	一說北郊
黃德春		不詳	日據後不久收盤	

❸　大稻埕、臺南、鹿港、澎湖諸郊的規章俱在，但無艋舺郊章。
❹　上述林右藻所主持之泉廈郊是超社區的，由稻艋二地組成。
❺　據陳培桂，同治10年《淡水廳志》卷6〈典禮志〉祠廟：「水仙宮，一在艋舺街，乾隆初年郊商公建。」（第一冊，頁153，臺灣銀行版）故最遲這時已有郊商存在，或更早就有了。
❻　表一、表二主要根據吳逸生前文（頁2-4）與訪問所得資料；王一剛（前文，頁19）舉例甚少，且與此略有出入。

表二　北郊成員

行　號	當　時主持人	現在繼承人*	經 營 業 務	結 束 時 間	備　　　　註
王益興	王則振		船頭行	日據時期收盤	俗稱馬悄哥，巨紳，兼泉郊
洪合益	洪騰雲		船頭行	日據時期收盤	與王益興齊名，貢生，經營米業，兼泉郊
張得寶	張秉鵬		船頭行	日據時期收盤	巨富，「第一好張得寶」，兼泉郊
莊長順	莊朝宗		船頭行	日據時期收盤	與上三人齊名，兼泉郊
吳源昌	吳　志	吳永新	船頭行與紙店	日據時期收盤	傳子吉甫，再傳族人金院
德　泰	林文蓮	林家讓	船頭行	日據時期收盤	又分設豐利號
何大昌	何　星		船頭行與染料	日據時期收盤	兼營泉郊
安　記	李老番	李朝北	船頭行	日據時期收盤	李朝北爲現在金萬利的管理人
吉　泰	林卿雲	林景文	船頭行	日據時期收盤	鄉紳，兼營泉郊
白棉發	白隆發		船頭行與染料	日據時期收盤	即白其祥，頂郊頭人
德　記	賴　慶	賴炯軒	船頭行	日據時期收盤	
吳成興	吳章妹	吳溪濱	船頭行	日據後不久收盤	
恒　德	葉允文	葉傳世	船頭行與染房	日據後不久收盤	一說瑞德
建　發	歐陽長庚		船頭行	日據後不久收盤	
永　成	王道旋	王水錦	船頭行	日據後不久收盤	日據時期最活躍，最後停業
源　吉	吳吉山	吳壽彭	船頭行	日據後不久收盤	與吳源昌爲兄弟
晉　源	洪金針		船頭行	日據後不久收盤	
江萬和	江蚶大		船頭行	日據後不久收盤	日據後開始
怡　美	郭貴美		船頭行	日據後不久收盤	
源　興		謝守仁	不詳	日據後不久收盤	
順　益		王清標	不詳	日據後不久收盤	一說泉郊
億　記		李雲龍	不詳	日據後不久收盤	
協　記		陳壽乾	不詳	日據後不久收盤	
吉　順		林有慶	不詳	日據後不久收盤	

　*　金萬利的成員採世襲制。一度由林卿雲負責，林死後，由葉傳世接管。
　　如今僅剩17人。李朝北大約在葉之後爲負責人。據說當時共25個會員，
　　有公田，年可收租40石。每年5次聚餐。光復後放領，現只剩18萬元
　　生息，每年吃一次（7月15日）。泉郊則早就沒有活動了。

上述泉郊與北郊大致在日據時期前後都結束了船頭行的業務。船頭行的生意主要興盛於清代對大陸的貿易，當時臺灣輸出的以農產品爲主，如米、木材等；進口的以大陸的加工品爲主，如布帛、陶瓷等。這些商人的財力特別大，勢力也特別強。可以說，這兩個羣體相當程度地控制了萬華的財力與人力資源。這兩個羣體組織有幾點值得特別注意的地方：

(1) 泉郊和北郊的成員均以船頭行爲對象，完全沒有選擇性；

(2) 參與者以經濟利益爲主，可說是一個利益羣體，組織嚴密，但沒有入會與退會的規定；

(3) 羣體領導人——郊長只是工作或形式上的領袖，對外有較大發言權，對內則視情形而定；

(4) 維持羣體內部團結的是宗教，即泉郊與北郊所祀之主神，一些主要的團體活動也藉宗教節日舉行。也許這是一種手段，因爲「郊」本身沒有宗教意義；

(5) 郊，特別是北郊對社會的影響力相當大，因爲當時萬華一羣有勢力的人物多是這些郊的成員。

總之，泉郊與北郊只是一種利益集團，對內可以解決問題，對外（即對萬華地區）產生影響力。現在，北郊金萬利還維持一個儀式性的團體在龍山寺內❼，泉郊則完全不存在了，但部份成員的後裔對萬華仍有影響力。

2. 第三信用合作社

第三信用合作社（以下簡稱「三信」）是一個大組織，本節不在於研究這個大組織，而是這個大組織中的小羣體。這個組織的成員大致可以分爲兩大部份：第一部份是一般成員，即社員，社員代表大會

---

❼　北郊金萬利目前皆由李勝發的後裔李朝北管理，但無任何作用。

是名義上的最高權力機構；第二部份是理監事，由社員或社員代表選出來的，理監事會是實際上的決策機構。第一部份成員由於分佈太廣，目前我們沒有足夠的資料來分析；現在要討論的是第二部份。

三信成立於民國7年，當時的名稱是「艋舺信用組合」。到今天已經 55 年了。光復後，民國 35 年改名「艋舺信用合作社」。民國 36 年，再改名爲「臺北市第三信用合作社」，即今名。這個機構的成員增加很快，民國7年初成立時僅社員 489 人，以後每年都有增加，至民國 57 年的 50 年間已增至 3,966 人（黃江河 1968:1-5）。照規定：「社員是合作社的主人。合作社的目的在於謀求社員經濟之利益，與生活之改善」。當初（民國7年）吳昌才等人倡議組織這個信用組合，也的確喊出類似的口號，如「發展中小工商業經濟，改善大眾生活」。可是，它的主要功能還是在於扮演一個銀行型的角色。當時萬華的權力人物差不多都進入了這個理事會，以發起的30人爲例，其中15人均當選了理監事❿。早期，由於組合長（理事長）吳昌才的家世（北郊吳源昌後裔）與對地方的影響力，問題比較少，後期的問題就多些。

我們討論這個羣體之前，必須了解一點它的組織形態與領導人物。三信理事會的組織可以分爲兩個時期：第一期自民國7年至35年，信用組合時期；第二期自民國35年至61年合作社時期。分別列表如下。

---

❿　如吳昌才爲吳志（源昌）之孫，歐陽光輝（副組合長）爲歐陽長庚（北郊建發行）之子，王道旋爲北郊永成行老闆，黃金生爲黃姓頭人。

表三　艋舺信用組合理監事（光復前）

年　　　次	組合長	副組合長	專務理事	常務理事	其他理事	監　　　事
民國 7-17	吳昌才	歐陽光輝 黃金生[1]	陳其春		范亞丕等7 至4人不等	王祖派等4 人
民國 17-22	黃金生	魏淸德	陳其春		范亞丕等4 人或3人	王祖派等3 至5人不等
民國 23 (2- 10月)	(吳永富)[2]				林天河等2 人或5人	王祖派等6 人
民國23 (11 月)	(黃元愷)[2]				王祖派等7 人	陳旺生等6 人
民國 24-29	黃金生	陳　塗[3]	黃元愷		王祖派等6 至7人	陳旺生等6 至7人
民國 30-32	蘇穀保		黃元愷	范亞丕[4]	王祖派等6 至7人	陳旺生等6 至7人
民國 33-35	周延壽		濱中修三	范亞丕	王祖派等5 至6人	陳旺生等5 人

說明：組合長、副組合長卽理事長、副理事長；專務理事卽經理，處理實際
　　　業務。

1. 前任 7-13 年，後任 14-17 年。

2. 因爲發生糾紛，兩人都只是暫時的「代表理事」。

3. 27 年逝世，故實際在任時間爲 24-27 年。

4. 這一任才設常務理事，以前各屆均無。

資料來源：該社五十年紀念刊，頁 16-17。

　　表三與表四所顯示的特徵至少有下列幾點（表三的信用組合期叫
「前期」，表四的三信期叫「後期」）：

　　（1）理事名額❿在前期頗不穩定，或多或少，毫無定制；後期才
一貫維持每屆 9 人。從制度上來說，後期比較合理。這一點也可以看
出這個羣體制度化的過程。

　　（2）無論前期或後期，理監事，除極少數外，均連任甚久，如王

───────────

❿　監事人數比較穩定。

表四 萬華第三信用合作社理事（光復後）

屆別	年　　次	理事主席	經　　　　理	副經理	其 他 理 事
1	民國 35-39	周 延 壽	謝文進、吳永言[a]		陳旺生等 7 人
2	民國 39-42	周 延 壽	吳永言	李　塗	陳旺生等 6 人
3	民國 42-45	周 延 壽	吳永言		黃崇西等 7 人
4	民國 45-48	吳 永 言	黃江河		黃崇西等 7 人
5	民國 48-51	吳 永 言	黃江河	謝 文 進	黃崇西等 7 人
6	民國 51-54	吳 永 言	黃江河	謝 文 進	黃崇西等 7 人
7	民國 54-57	吳 永 言	黃江河	謝 文 進	黃崇西等 7 人
8	民國 57-60	吳 永 言	黃江河		張家來等 7 人[b]
9	民國 60-	吳 永 言	黃江河		黃崇西等 7 人

說明: 34 年名「艋舺信用合作社」, 35 年用今名。監事每年改選一次, 故
　　　不錄。起訖時間均在當年 1 月底。
　a. 前任至 38 年, 後任自 38 年開始視事。
　b. 本屆由於人事糾紛, 黃崇西未當選, 第二年捲土重來。
資料來源: 同前, 頁 18-19; 第九屆理事, 見該社「中華民國 60 年度營業報
　　　　告書」, 頁 3, 21。這年入社社員 203 人, 出社社員 239 人, 實
　　　　際人數爲 4,213 (同上, 頁 7)。

祖派在前期連任監事 17 年, 連任理事 12 年; 前後 29 年間, 從未離開過理監事會。類似的例子還很多。

　　(3) 理事會中最重要的兩個職務是理事主席 (組合長) 與經理 (專務理事), 這兩人必須合作無間, 一旦發生衝突, 受害的是整個組織。而實際上這種衝突有過好幾次。

　　(4) 從正規化的觀念來看, 這個羣體組織還是相當穩定, 55 年間 (民國 7-62), 不過 5 任理事主席, 平均每人做了 11 年。其中只有民國 23 年的過渡期, 有點混亂。經理也只有 6 個, 其中還有一個是日本人 (濱中修三)。從好的方面說, 這是穩定; 從壞的方面說, 卻

有被控制的嫌疑。爲什麼有那樣多的理監事，能一再連任下去？

　　五十多年來，三信的基本形態幾乎沒有什麼改變，結構沒有變，領導方式也沒有變，並且一直受到吳昌才家的影響。這可以從下列事實來了解：

　　甲、民國 7-17 年，吳昌才，理事兼組合長；

　　乙、民國 14-22 年，吳永富，理事；

　　丙、民國 23 年（2-10 月），吳永富，代表理事；

　　丁、民國 30-32 年，吳永言，監事；

　　戊、民國 33-38 年，吳永言，理事；

　　己、民國 38-44 年，吳永言，理事兼經理；

　　庚、民國 45-62 年，吳永言，理事兼理事主席；

其間僅民國 24-29 年的六年間，吳家沒有參與合作社的理監事活動，但總共有 32 年是這個組織的主要決策人（包括甲、己、庚三個時期），佔全部時間的 58%，他們控制了這個理事會。因而我們懷疑，三信內部一些會議，如社員代表大會（最高權力機構）、社務會、監事會、放款審核委員會多半都流於形式，未必能產生眞正的作用。

　　我們在前面說過，當初成立艋舺信用組合的目的是爲了發展地方經濟及改善人民生活。可是，這個目的一開始就可以看得出來是懸諸過高，難以做到：其一、以吸收存款論，它所能發揮的功能非常有限；其二、以放款論，不僅限於社員[20]，且所收效果未必大；其三、當時社員僅 500 人，55 年後也不過 4,000 餘人，平均年增加率不到 80 人，所涉及的範圍實在有限；其四、社員福利似並不多，以 60 年度爲例[21]，獎學金一名 2,000 元；社員各項福利總共 323,000 餘

---

[20]　初期的萬華，銀行少，存放款都不方便，所以是互助性質。

[21]　以下各種數字均見該社「中華民國 60 年度營業報告書」（民 61: 7）。

元[22]；各種社會救濟 51,000 餘元。這是一個小數目，無法達到原定的目標。

3. 同仁局

同仁局這個羣體本身並不十分重要，重要的是它的成員對萬華其他羣體或社區事務具有決定性影響。比如早期李勝發、吳源昌對北郊，王純卿對知識分子；晚期李悌元對地方政治，王祖派對信用組合。

同仁局是在清同治 12 年 (1874) 由王純卿發起而成立的。王為當地名紳，應邀參加的有巨商吳源昌、林吉泰、李勝發等三家。目的主要是為了貧困而無力埋葬的人出埋葬費，並供給墳地（吳春暉，民48: 102-4；王一剛，民48: 92-4）。這是一個奇特的組織，祇有義務而無權力。幾種不成文規定也很特別：(1) 創辦人逝世後，由他的後裔繼承；(2) 主持人由四人中較年長的接管；(3) 由四人共同決策。

光緒 20 年 (1894)，甲午之役，許多人都回福建去了，先後由李秉鈞、李孫浦、吳昌才等人接掌事務。民國 13 年，依日人法令成立財團法人，首任理事長吳昌才，其餘三人，林卿雲、李永福、王祖派為理事。其後前三人亡故，由王繼為理事長。民國 36 年改名為同仁院，由吳永榮、林景文、李悌元和王德鏞接管。到了這個時候，能做的事少了，財產也少了。目前代理理事長是林景文，王家由王經綸接替，吳、李二人不變。據說現有財產不多，能做的事也不多。

4. 調解委員會及其他羣體

調解委員會是光復後的一種組織，屬於龍山區公所。它的產生過程是：先由有關單位推舉代表，從代表中選擇 18 人呈報市府民政局；

---

[22] 同上，項目包括：年終紀念品、社員同樂會、社員子女獎學金、高齡社員紀念品與社員交易分配金。

這 18 人必須是代表各階層而且對地方事務有影響力量；最後由市長核定 9 人。這 9 人就是正式的調解委員。調解委員會的主要目的是調解民間民事糾紛，以減少訟爭，用意甚好。如果糾紛發生了，一般都是把雙方請到區公所，9 人委員於聽取雙方意見後，即予裁決。不過，委員也不是萬能，有時解決不了，仍然只有到法院去申訴。

調解委員會設主任委員一名，餘均爲委員。

這個羣體等於是官方組織起來的，羣體本身也沒有什麼利益可言，祇盡義務而無權利。羣體成員沒有磨擦。

我們可以討論的也許還有婦女會、里民大會、龍山區幹部聯誼會、民俗改善委員會。但是，這些會多半流於形式，既不發生積極作用，關係也非常冷淡。以里民大會爲例，參與者除了地方幹部里長、里幹事、區公所官員外，就是婦女、小孩及貧窮人士。這種會自然沒有任何作用，更不必談羣體組織或羣體功能了。

此外還有三個日據時期的羣體值得在這裏一提，這三個羣體早就不存在了，但是對後來領導人的探討頗有用處，其中一個是壯丁團，壯丁團相當於現在的義警隊，協助維持地方治安，團員數十人。其中有幾個重要人物在今日的萬華還是扮演很重要的角色。

第二個是青年團[23]，也有維持地方秩序的作用，但還包括服務、體育、娛樂等活動，並且以組織青年爲對象。當過團長的有黃玉對和周延壽（二人先後做過臺北市議長），重要成員如蔡媽愛、黃春生等。在光復後還有不少影響力。

第三個是共勵會，爲知識分子的讀書會，討論讀書心得，舉辦演

[23]　青年團之名是民國 20 年改的，民國 10 年初成立時叫青年會，以公學校爲中心，初爲警衛、服務、娛樂。後來的活動項目就加大了（洪炎秋，民 51: 12-3）。

講會。會員約七、八十人。創始人爲徐慶祥[24]，重要成員如：顏得金、王祖派、李朝北、吳永富、黃玉對、蔡天註、廖金珍、陳旺生（醫生）、陳金塗，非艋舺人士如林獻堂、蔡培火等也參加了這個組織。共勵會的成員中有許多是臺灣文化協會的會員[25]。當時兩個組織常互通聲氣，也同樣遭到日本統治者的迫害。光復後，其中許多人不是在全省事務上擔任重要工作，就是爲地方事務出力。

（二）社會取向羣體

所謂社會取向羣體實際包括社會的與（或）情感的（social and/or emotional）兩種羣體，符合這種條件的羣體有下列幾個：1. 家庭與宗族；2. 萬華俱樂部；3. 神明會。

1. 家庭與宗族

以家庭形式而論，早期的情形已經不大清楚，目前則以核心家庭爲多數。依抽樣所得結果而論，大致趨勢還是可以看得出來。如下表。

表五　萬華居民家庭形式

	核心家庭		直系家庭		伸展家庭		主幹家庭		其　他		總　計	
	N	%	N	%	N	%	N	%	N	%	N	%
世　　居	100	46.73	35	16.36	7	3.27	69	32.24	3	1.40	214	100
34年後遷入	37	69.81	1	1.89	3	5.66	11	20.73	1	1.89	53	100
總　　計	137	51.31	36	13.48	10	3.74	80	29.96	4	1.48	267	100

$df = 4$　　　$x^2 = 13.60$　　　$p < .01$

---

[24] 徐爲臺灣文化協會的創辦人。它的總理是林獻堂（連溫卿，民42：68-69）。

[25] 如徐慶祥、連溫卿爲理事，顏得金、蔡天註爲評議員（同上，頁69）。

表中顯示，世居與民國 34 年以後遷入的居民有統計上的顯著差異（p<.01），而且有兩種情形是相同的，即核心家庭多於主幹家庭，核心家庭與主幹家庭為主要的家庭形態，但世居與非世居有差異。每戶的平均人口數多到 7.17 人（N＝267，X̄＝7.1723，S＝3.3104），比一般都市家庭人口數為高❷，比西河也要高些❷。

從另一個角度來看，核心家庭較多的事實與萬華人的「理想家庭形式」倒相當脗合。當他們被問到「喜歡大家庭還是小家庭」❷時，結果是這樣的。

表六　理想家庭形式與家族主義及道德觀念

理想家庭形式	大	小	其 他	F 檢 定
樣 本 數	65	119	49	
家 族 主 義	66.46	61.42	63.78	F＝13.30***
道 德 價 值	63.09	57.06	60.92	F＝14.97***

*** p<.001

這種統計上的顯著差異說明：無論從家族或道德來看，的確比較喜歡小家庭；而偏向大家庭的得分較高，接近傳統；喜歡小家庭的得分較低，接近現代。從這一事實，我們甚至可以說，萬華居民表現在家庭

❷　民國 60 年底龍山區每戶平均人口為 5.1 人，臺北市為 4.6 人（臺北市政府主計處，民 61: 71）。但其中有若干差異，我們所說的家庭是 family，單身戶不算；統計資料是指 household，算單身戶。

❷　西河的計算方法與萬華相同，每戶平均人口為 6.79 人（文崇一等，民64: 105）。

❷　用「大」「小」兩個觀念來區別家庭類型，顯然不十分妥當，但當時為了顧及被訪者的表達能力，不得不如此。

形式的態度上已經有現代化的趨向。

我們假定家庭的大小與子女多寡有關係，則每一代子女眾多，或希望眾多，家庭總人數就會增加。從抽樣中得到的結果是：

表七　實際的與希望的子女人數

	子	女	合　　　計
實　際　的 N＝139	$\overline{X}=2.0000$ $S=1.1995$	$\overline{X}=1.8201$ $S=1.4753$	$\overline{X}=3.8201$⋯⋯⋯A $S=1.9014$
已婚者期望 N＝139	$\overline{X}=2.0288$ $S=0.6988$	$\overline{X}=1.4964$ $S=0.6638$	$\overline{X}=3.5252$⋯⋯⋯B $S=1.1940$
未婚者期望 N＝110	$\overline{X}=1.6636$ $S=0.4915$	$\overline{X}=1.2636$ $S=0.4988$	$\overline{X}=2.9273$⋯⋯⋯C $S=0.8279$

實際已有兒子數與期望兒子數間的相關是：　$r=0.3003$⋯⋯⋯⋯⋯⋯D
實際已有兒子數與期望女兒數間的相關是：　$r=-0.0045$⋯⋯⋯⋯⋯E
實際已有女兒數與期望兒子數間的相關是：　$r=-0.4277$⋯⋯⋯⋯⋯F
實際已有女兒數與期望女兒數間的相關是：　$r=0.2968$⋯⋯⋯⋯⋯⋯G

對於上列情形，我們可以獲得一個初步的了解：（1）A，B 兩項 3.8 與 3.5 的子女數相當接近，可以解釋爲情況相似或一致。（2）C 項未婚者，有兩個可能：一是他們比較懂得家庭計劃；另一是因年齡較輕，說不定將來對子女數的期望還會提高。不過無論如何，兩者間有不少差異。（3）D，G 兩項各呈正相關，表示已有子女數與期望子女數相當一致。（4）E 項沒有相關。（5）F 項呈負相關，即女兒少的希望兒子多，或女兒多的希望兒子少，這一現象尚難以解釋。

總之，依臺灣人口增加率來說，實際的子女數 3.82 固然過高，已婚者的期望數 3.52 和未婚者的期望數 2.29 也過高。或許一般人

在這個問題上都受到家庭與家族不小的壓力。

　　早期臺灣移民多非舉族遷移，而是一批人到了，打穩基礎後，再回去找親戚、同鄉、族人或朋友；萬華也是這樣，比如「磁灶吳」，在晉江為一大族，以製磁為業（所以叫磁灶吳）；李志清（李勝發）這一家卻是單獨發展起來的。王一剛（民 49：90）論臺北市各大族遷臺動機的一段話頗為中肯，他說：「一是在大陸經商失敗或是負債，生活困難，走頭無路，不得已而來的；二是在大陸生活平平，因聽見這新開發的地方很有前途，為謀求發展計，特地渡海而來的。」這與我在分析新加坡華人移民（文崇一，民 58：8）及陳達研究汕頭移民（民 28：48）的原因大致相同。事實上，萬華早期的一些大商人，如張秉鵬（張德寶）、王則振（王益興）、吳志（吳源昌）、李志清（王一剛，民 48b：51-4；吳逸生，民 48：90-3）差不多都是從苦力或小生意人經過一番艱苦奮鬥才獲得後來的成就。這些成功的故事對後人當然是一種鼓勵。

　　在萬華，較早而又較大的族應該數黃、林、吳三姓。三姓各佔一個碼頭，黃姓碼頭在今淡水河第一水門處，林姓在第二水門，吳姓在第二與第三水門之間（吳逸生，民 49b：118-9）。據說，當時三姓佔了三個碼頭，裝卸貨物都要用他們的工人。三姓以林姓人較少，勢力也較弱；黃、吳二姓則人多勢大。為了工作或經濟利益，姓與姓之間常有磨擦，不同地區來的人也有磨擦，甚至釀成械鬥[29]，這時候同姓或同鄉的關係都沒有了。

　　萬華吳姓是一個大族，聲望高，政治勢力不小，至少掌握在從吳源昌到吳永言這一支手裏的決策權相當久，並且相當大。可是吳姓沒

---

[29]　如泉州人與漳州人的械鬥「漳泉拼」、「頂下郊拼」等。

有嚴格的宗族組織，只是每年產生一個爐主，輪流作春秋二祭。

林姓自永春來時帶了一個媽祖，所以很早就成立了一個「永春媽祖會」。買田置產，確實做到了聯絡族誼的地步。民國 14 年，又在青山宮成立了「艋舺林姓宗親會」。光復後與大稻埕林姓聯合成立「臺北市林姓宗親會」❸⓿，組織就擴大了。民國 47 年更擴大至臺北市各區。萬華方面有不少人參與決策。這個宗族組織已超越萬華範圍。

黃姓的宗族組織分化比較多，是否由於更強烈的宗族觀念，不得而知。目前有兩個為萬華地區性的，「集英堂」（或曰祭祀公業真武廟）和「崇德會」；一個為臺北地區性的，「臺北江夏黃種德堂大宗祠」。

三個黃姓組織中，集英堂成立的時間較早。據說泉州鋪錦鄉黃家來臺灣時❸❶，將他們所祀的玄天上帝一同帶來，在今龍山寺附近蓋了一所廟供奉❸❷。後來非鋪錦黃姓也參加，人數就越來越多。這個組織在開始時已含有血緣、地緣、宗教三種性質，最後才成為黃姓的集英堂，純宗族會。民國 53 年登記為財團法人，訂明的宗旨是：祭祀祖先，敦睦宗誼，共謀社會福利❸❸。會員入會有限制，會員亡故可以由直系或合法繼承人承續❸❹。同年成立董監事會，董事黃才學（董事長）、黃光彩、黃慶餘、黃全生、黃天來，監事黃定（常務監事）、黃坤生、黃泰山。這一屆共有會員 24 人。

---

❸⓿　詳見林慶川，〈臺北市林姓宗親會沿革概述〉。

❸❶　集英堂緣起中認為是「因懷念大陸故鄉，親蒞原籍真武廟乞請玄天上帝分靈同臺奉祀」。說法稍有不同。

❸❷　日據時期因拓寬馬路，廟被拆，乃移神祖廟。後又移今地藏王廟中。

❸❸　見「集英堂財團法人組織章程」第三條。此處係摘錄要點。

❸❹　同上，第五條。

其次是崇德會。崇德會成立於清代，據說當時是為了應付龍山寺的祭祀費用而組成。日據時期，這個宗親會確已發揮了團結同宗與應付祭祀的功能。民國 27 年第一次購置公業。民國 53 年底成立財團法人萬華黃姓崇德會。宗旨與集英堂幾乎完全相同❸。開始時會員祇 41 人，必須年滿 20 歲之黃姓才能加入。第一屆董監事會，董事黃天來（董事長）、黃仰高、黃昆、黃春生、黃種煌（以上常務董事）、黃坤生、黃萬福、黃國鎮、黃兆庚、黃聯發等 15 人，監事黃崇西（常務監事）、黃全生、黃泰山、黃連福等 5 人。這些理監事與集英堂的理監事有許多是重複的。崇德會與集英堂最大差異只有兩點：對會員限制條件不同，崇德會沒有地緣關係。

第三個是種德堂。這個組織在民國 55 年成立財團法人，規章限定會員以臺北市的黃姓為對象，實際任何黃姓人員均可參加，只要願意捐獻新臺幣 500 元❸。種德堂的祭祀活動由萬華與大稻埕分別負擔春、秋二祭，其他各地黃姓人士自由參加。萬華的活動在黃氏祖廟舉行。這個廟是由萬華黃氏祖先所捐獻。種德堂的組織相當龐大，有董事 13 人，監事 5 人，還有顧問、評議員多人。以民國 58 年一屆為例，董事長是黃啟瑞，萬華人參與高階層決策的還有常務董事黃崇西、黃聯發，董事黃春生、黃昆，監事黃江河，顧問黃坤生、黃聯登，幹事黃種煌、黃樹福等。會員共 104 人。

從這三個宗親會羣體可以看出黃姓的宗族關係比較密切，而且當地人一再提到他們早期的頭人是黃應麟，後來是黃金生、黃元愷，現在是黃啟瑞。也許並不能用族長來作為頭人的解釋，但至少他有代表該族對內外發言的權力和地位。臺灣的宗族組織，由於適應移民社會

---

❸　見集英堂緣起。報導人的意見大致相同。
❸　種德堂章程第五至第七條。

的需要，已產生許多變制，如兼有血緣、地緣與宗教的性質，擴大的宗親會等。

　2. 萬華俱樂部

　萬華俱樂部創立於民國2年。據一般報導，當時地方上一些有錢和有地位的鄉紳爲了消閒而組成。但據「艋舺俱樂部定款（規程）」第三條所載，就不完全爲了消閒，還包括：娛樂、運動、讀書、土地買賣、借貸、建築、公益慈善事業。不過，就最初傾向來看，確有不少時間花在俱樂部裏下棋、撞球、交際，發揮了它的消閒和社交功能。

　俱樂部由吳昌才發起，當初究有多少人入股，已經無法查考。總數 1,000 股，每股 50 元（實收四分之一），發記名股券，股權可由合法繼承人承繼。這個羣體組織相當嚴格，許多很細小的事項均明白規定，共有 45 條❸❼。俱樂部在今龍山商場蓋了五間房子，還有禮堂，立刻成爲艋舺的娛樂中心。二次大戰期間被日本人拆了蓋防空洞，一直無法重蓋。現在這個市場的攤販還是向俱樂部交租金。但經常收不到錢，會員還得付地價稅。

　艋舺俱樂部雖不是一個營利機構，可是管理得好的話，還有利可圖，因此，往往成爲地方野心家爭取的目標❸❽。歷年來，糾紛也就相當多。

　俱樂部行理事長制❸❾，下有一管理人，這二人負實際責任。此外

---

❸❼　詳細見「艋舺俱樂部定款」。

❸❽　許多人說，萬華有三個不好管理的團體：一是三信，二是龍山寺，三是艋舺俱樂部。事實上，這也是了解萬華發展的三個重點。

❸❾　「定款」第四章第十九條註明理事 5 名，監查員 4 名，評議員 20 名。無理事長規定。

尚設有理事、評議員、監事。由於俱樂部爲吳昌才所發起，第一任理事長就落在他頭上。以後各屆，尤其是起訖年代，頓不清楚。兹就訪問所得，暫表列如下。

表八　艋舺俱樂部歷屆負責人

次　別	起訖時間	理事長或負責人	管　理　人
（1）	民國 2-	吳　昌　才*	
（2）		黃　金　生	吳永富、李松圳
（3）		蘇　穀　保	歐　陽　江　淮
（4）	民國 49-52	李　聯　登[1]	李　賜　卿
（5）	民國 53-57	黃　聯　登	
（6）	民國 58-60	吳　永　言	吳　聲　揚
（7）	民國 61	吳　永　言	吳　聲　揚[2]

* 第一屆理事：吳昌才、林卿雲、歐陽長庚、林木川、黃應麟；監查員：黃金生、李永福、吳吉淸、陳其春；評議員：倪希昶等20名。
(1) 一說李聯登後由李連月桃爲理事長，後亦辭去不幹。
(2) 本次據載爲第五十七屆股東總會，下屆理監事由理事長吳永言提名。理事：吳永言、余連充、陳有輝、王友亮、林榮東；監事：翁有爲、王祖派、郭淸俊、陳維祈。

從表八的一頁流水賬，我們可以明白，萬華俱樂部到後來已經沒有娛樂作用了，不過，這些人物在當地郤都非常重要。

　　3. 神明會：螺陽、武榮、晉水、金晉興

　　這些神明會[40]也叫做龍山寺四大柱，每年7月中元節主辦祭祀。通常是武榮「主壇」，螺陽「主醮」，晉水「主普」，金晉興「主

――――――――――
[40] 有人認爲不是神明會，而是兄弟會，或是祭祀公會。事實上，有時也難分別。

事」。武榮、螺陽、晉水，即一般所說的三邑人南安、惠安、晉江。金晉興是一家金紙店號，是本來三大柱之外加上的一柱❹。這些羣體大致開始於清嘉慶年間。他們所奉祀的主神是觀音佛祖和天上聖母媽祖。目前每年也還有一次或兩次的聚會。

(1) 螺陽公會：螺陽公會實際是當初南安人開拓艋舺時的神明會兼同鄉會。在四大柱中，它的活動比較多，組織也比較完備。日據時期曾經申請爲財團法人，日人以含有「中國思想」，拒絕登記；光復後才正式成立。這也就意味着它的範圍已經擴大了，不祇是萬華，還包括臺北市及其他外縣市的南安人❷。起初，這個會的目的比較單純，到日據時期就明白規定爲：造就人材、做慈善事業、辦理祭祀。民國60年的章程又變了，規定任務是：祭祀、敦睦鄉誼和友誼、舉辦慈善事業❸。這可能與時代背景有關係。

螺陽公會的決策機構是理事會及由理事互選的會長，理事共 13 名，另有監事 3 人。它的正確稱呼是「財團法人神明會螺陽公會」❹。以前歷屆理監事無可考❺，民國60年 13 名管理委員中，僅 4 名屬萬華，即主任管理委員陳有輝，管理委員陳靑番、張樑材和江神賜。

(2) 武榮媽祖會：武榮媽祖會在四柱中最富有，據報導，該會在中山北路的不少土地，已經沒人搞得清楚了。該會現存會員約 50-54

---

❹ 吳春暉 (民 48: 99-100) 說，武榮等係南安等的古稱，金晉興成立較晚。

❷ 見該會民國 60 年會員名簿，包括臺北市各區、臺北縣及外縣市。

❸ 摘錄該會組織章程草案第五條。

❹ 同上章程第一條。

❺ 據吳春暉 (民 49a: 31-34) 說，螺陽公會成於乾隆時代。民國 17 年始爲正式社團，會長爲辜顯榮，民國 19 年陳其春繼任，民國 39 年陳有輝任理事長，民國 47 年改選，連任。

人。有的會員強調，他們都是很有經濟勢力的人，除了 3 月 23 日與 7 月 15 日聚餐外，還經常在各大飯店聚會，會員都是從祖先繼承下來的，不能中途加入。他們認爲這是個兄弟會，非神明會或祭祀公業。

（3）晉水天上聖母會：這個會的會員不算少，從前有 190 人，現在也還有 110 人左右。它的財產不多，據說只有一家店舖。性質與前二種相同。目前的管理委員會是：顧問林返，主任委員翁有爲，委員洪查某、林東川等 8 人。會員中不少爲萬華聞人，如張家來、余連充、黃禮山、黃春生、王祖派、李悌元、黃昆生等。

（4）金晉興：這是一家金紙商號，用來湊成四大柱，完全沒有公業。這個角色原來是由賭場金寶興擔任，日人禁賭後，改由金晉興負責。

這些神明會的性質大體上相當一致：祀神、聚餐、少數的社交活動，如此而已。爐主與副爐主衹不過分別責任的輕重，會員間完全平等。屬於這一類的神明會還有青山宮金進興，民國元年成立，會員 70 餘人，主持人林金安；金進揚，民國 3、4 年由前者分出，會員 60 餘人，主持人呂枝寶；協福堂，民國 6、7 年成立，由第一個分出，會員 10 餘人，主持高克明。他們均以青山宮靈安尊王爲主神，在農曆 10 月 22 日左右集會㊻。其他尚有龍山寺的念佛會，會員 200 餘人，均女性；塔仔會，會員 50 餘人。但是，這些神明會的成員多非地方事務的決策者，所能產生的影響力不大。

此外，尚有一些娛樂團體，由社員自己演唱，係業餘性質。早期對地方娛樂的貢獻相當大，目前已經衰微了，衹偶而還有些人參與。這類羣體甚多，如南管的聚英社、集賢堂；北管的新義軒、長義軒、

㊻　吳春暉（民 49a：30-31）：一般報導人所了解的雖然還提到爐主一類的瑣事，似乎也並不重要。

三義軒；平劇的龍音社、鳳音社、玄音社；歌仔戲的新興社、蓮音社等（吳春暉，民 49b：76-80）。這類羣體雖然很多，成員卻很少是社區決策人物。這正是一個明顯的分野，在這些羣體中，沒有太多的權力與財力，也不牽涉到社區發展事務；它所有的目標只是娛樂，娛樂自己或娛樂別人。由於這種關係，一方面已有地位的領導人物未必有興趣加入；另方面羣體本身沒有訓練領導人的機會。所以，從整個來看，它們在社區中所扮演的角色，無論早期或現代，都不十分重要。

（三）工作與社會取向羣體

這類羣體通常含有兩種意義：一是工作，二是情緒。以寺廟中的宗教羣體為例，旣是為了支持寺廟收入，維護宗教信仰，整合社區居民，又是為了個人或羣體的情緒上的需要。不祇是宗教，其他社羣也有這種傾向的，如日據時期的臺灣文化協會、新學研究會[47]。這類羣體在萬華有：龍山寺、青山宮、眞武殿。

1. 龍山寺

目前的龍山寺除了擔任萬華的宗教角色外，也是臺北市的觀光勝地。早期，它卻是萬華居民的信仰中心。居民自己住破房子無所謂，龍山寺塌了，就會有許多人出錢、出力重修。龍山寺是萬華人，尤其是三邑人的精神殿堂。

龍山寺是在清乾隆 3 年（1738）由三邑（晉江、惠安、南安）人創建。當時奉祀的主神是觀音菩薩。據說是由晉江安海鄉龍山寺分靈來的，所以也叫龍山寺。236 年來（1738-1973），龍山寺可以說歷盡

---

[47] 這兩個會都是在日據時期由臺灣的重要知識分子所創立，有一點本土運動的傾向。參閱文瀾（民 49：41-2）及連溫卿（民 42：68-73）二文。

圾難❹，現在依然爲人所景仰，實在不容易。難怪萬華人提起它就流露出一份驕傲。

　　早期，這個羣體究竟有多少成員，已無從了解；但歷來參與這個羣體的決策人多是萬華地區的名人，他們多半在政治、經濟、或社會上具有比較優越的地位，能出錢，能提意見，也能說服成員。如乾隆時代的黃典謨，嘉慶時代的黃朝陽、楊士朝，同治時代的黃進淸、林春峯，光緒時代的吳英奇、李秉鈞，民初的陳步青、蔡達卿、李孫浦、辜顯榮、吳昌才、林卿雲、蔡彬淮、洪以南、陳其春、黃金生❹。這些時候，不但非萬華人少有機會加入，就是萬華人也以原籍三邑人爲限，三邑人中又以當時的三個大姓，黃、林、吳爲主。到後期才逐漸開放給他姓及萬華以外地區。這是由社區性結構改變成超社區性結構的羣體。

　　祭祀是中國人對宗教熱忱最具體的表現，這從龍山寺的羣體行爲中也可以看得出來。龍山寺的祭祀節目非常多，主要的兩次是媽祖生日（農曆 3 月 23 日）和中元節（7 月 15 日），均由三邑人主持。在「辦中元」的大祭儀中，由兩類羣體分別擔任不同的角色，也可以說是祭祀儀式中的雙軌制：以黃、林、吳三姓的血緣羣體每年輪流擔任爐主，爐主是這種儀式中的主角；以三大柱（螺陽、武榮、晉水）的地緣羣體和另一大柱的職業羣體（金晉興）分別擔任主壇、主醮等工作。各自以羣體行爲來完成羣體工作。不過，由於羣體範圍的擴大，

----

❹　自乾隆創建後，嘉慶 20 年廢於地震；同治間遭暴風雨破壞；日據時期，大部分房舍爲日人所佔用；民國 9 年又修建一次；民國 34 年爲盟機所炸毀，重修（以上見《艋舺龍山寺全志》頁 10-15）；民國 50 年重修前殿（見該年會議紀錄）。

❹　見《艋舺龍山寺全志》頁 28-29。

如會員和董事會組織的改變❺⓪，嚴格的雙軌制今天已無法實現了。

龍山寺的「關係人」（會員）原沒有限制❺①，民國 51 年修訂「艋舺龍山寺組織章程」時才限定為 80 人❺②，以後遇缺遞補。決策機構一向是管理委員會的委員，而以主任委員權最大。管理委員歷年的流動性不大，如民國 40 年的管理委員為許丙、黃玉對、辜振甫、吳永榮、林景文，幹事為黃元愷、吳永富。一直到民國 50 年才有較大幅度的變動：顧問吳永言，管理委員蘇穀保、黃崇西，會計幹事陳有輝，財務審議委員鍾文修、林蔡金赤、洪查某、黃連福、朱福生。最奇怪的是這些人均由顧問推薦，再通知大會承認。可見顧問權相當大。

民國 52 年登記為財團法人，是龍山寺一大轉變。這一次有會員 76 人❺③，究竟選出那些理監事，無資料可稽，只知這第一屆的常務董事為吳永言（董事長兼寺務組幹事）、黃啟瑞、陳有輝（兼會計組幹事）、黃聯登（兼總務組幹事）、張家來 5 人；常務監事為鍾文修。民國 55 年改選為第二屆，常務董監事及董事長由第一屆連任❺④，連順序也沒有變。民國 59 年改選為第三屆常務董監事❺⑤，除陳有輝被

---

❺⓪ 大稻埕的辜顯榮、許丙、陳天來（均三邑人）加入後，使爐主成為每四年輪流一次。據說減輕不少負擔。

❺① 在民國 51 年以前之會員以民國 27 年所登記及民國 42 年所推選之會員為基礎（見該寺民國 50 年修正之管理規程第八條）。

❺② 見該寺總會組織及議事規則第三條。

❺③ 另有團體會員七個：艋舺龍山寺念佛會、觀音會、螺陽公會、晉水聖母會、北郊金萬利、龍山商場、西義堂。民國 54 年增加兩個：金晉興會、金得利會。

❺④ 其他董事（二屆）尚有辜振甫、吳永榮、黃崇西、林打銅、黃種煌、楊建德、朱福生等 10 名，監事有洪查某、黃連福、林成祖等 4 名，顧問 2 名。

❺⑤ 本屆新當選的董事只有余連充等三人，其他仍舊（陳有輝落選）。

楊建德（第二屆爲董事）取代外，一切照舊。

　　我們之所以不厭其詳的來討論這個董監事會，特別是常務董監事，因爲它是龍山寺的眞正決策團體，「章程」上所說的會員大會爲最高權力機關，那是一句形式上的空話。實際最有影響力的還是董事會及董事長。這個小羣體相當穩定，每次的變動都只是極小部份。跟三信理監事會變動的情形差不多。

　　2. 青山宮

　　據傳說，青山宮是咸豐 6 年（1856）惠安人所建●。奉祀的主神爲靈安尊王，俗稱青山王，是由惠安本廟分靈來的。惠安人在廟務上一直擔任一些重要角色，如青山王出遊時擡菩薩、主旗。這個廟是由幾個神明會選出的會員來做管理委員。現在的管理委員 5 人：洪查某、吳塗樹、謝龍河、黃昆、王斗吉。主任委員吳永言，而以洪查某爲主要負責人。這個廟從開始到現在都完全屬於萬華人的。屬於青山宮的羣體還有下列幾個，如表九。

表九　青山宮的神明會

神 明 會	成　員	負　責　人	神 明 會	成　員	負　責　人
義 英 社	100 餘	洪　查　某	協 福 堂	30–40	高　克　明
義 安 社	100 餘	洪　查　某	金 進 興	30–40	林　金　安
鳳 音 社	100 餘	王　斗　吉	誦 經 團	不　詳	不　　詳
金 進 揚	30–40	王斗吉、黃昆			

　　從上表可以了解，洪、王二人在青山宮具有較大的影響力，目前均是里長。

　　● 有一個故事是說咸豐 4 年就已立廟於當時的舊街，六年才改建今址。參閱賴子淸（民 59：181-2）。

我們在前面也說過， 這些神明會事實上只是一些業餘樂隊。 所以，青山宮除了做一些遊藝活動外，就是神明會的聚餐、演戲。有一點值得注意的是，這些羣體的領導人對一般社會羣眾有較大影響力，對上層領導羣可以起溝通作用。

3. 真武殿

眞武殿係供奉玄天上帝，大約成立於七、八十年前。雖然已經登記爲財團法人，但所轄範圍甚小，只有附近三、四個里去拜祭。管理委員會雖設有董監事，一般都不大管事，而由爐主負責執行。因而，董監事會在形式上是一個正式羣體，實際上卻少有影響力，最近一屆董事會有董事長黃崇西，董事黃連福、黃金生等 22 人。像這一類的小型羣體，萬華還有許多，大致說來，它們都局限於一個小地區。

三 領導羣與權力結構

我們在前一節裏已經把萬華各類主要羣體與羣體主要領導人作過詳細的描述， 可以看得出來， 有的地位比較穩定， 有的卻不十分穩定。這種穩定或不穩定，與羣體領導人及羣體成員固然有關，與整個社會變遷也有關。即是說，受現代文化影響比較大的羣體，它的不穩定程度會相對增加。另一方面，羣體變遷與權力結構也互爲影響，羣體權力的大小會直接導致領導人與成員間的衝突或妥協，而使羣體產生變異；這種變異又轉而迫使羣體整合或加速解體。本節裏，我們將就這些問題來分析萬華的羣體與權力結構間的關係。

(一) 羣體領導人與羣體成員

一個羣體的發展可能因羣體成員的成就動機不同而改變，也可能

因領導者的取向或能力或領導系統不同而改變。在正式組織中，由於已經層級化，一般羣體成員（如三信的職工）對領導階層的影響力不大；但領導羣（如三信理事會）的行爲卻有決定性的影響力。在非正式組織中，由於每一成員的權利義務相當，羣體成員與領導者之間必然互爲影響，如艋舺俱樂部的會員與它的管理委員，通常並沒有上下關係存在。

　　就目前萬華的情形而論，影響力比較大，且爲許多人爭取領導權對象的羣體，只有三個，即第三信用合作社、艋舺俱樂部、龍山寺。我們現在就以這三個羣體做爲分析領導羣與羣體的基礎，再以其他羣體爲輔助資料，來看它們間的互動關係。三個組織的羣體成員（會員）都相當多，也有重疊的現象，但他們平時與領導羣的接觸甚少，只有在選舉時才發生作用。至於選舉，從理監事會穩定的情形來看，多數會員還是爲原來的領導人所左右，除非發生極端難以應付的變故。因而，一般的情形總是理監事（特別是常務理事）即爲這個羣體的領導羣，只有少數因權力衝突或特殊原因才在羣體中形成反對派的領導權。

　　假如不考慮羣體的取向標準，而以它們在社區中所扮演的角色或在社區居民中的重要程度而論，我們會發現，因爲時間的不同，其間差異相當大。早期的重要羣體是：經濟羣體的北郊和泉郊；宗教羣體的龍山寺；地緣羣體的武榮媽祖會和螺陽公會；血緣羣體的黃、吳、林三個宗族。其中最重要的還是北郊和泉郊，比如李勝發、王益興、洪合益、張得寶、莊長順、吳源昌等。中期：宗教羣體的龍山寺變得特別重要了；另一個社會性羣體的艋舺俱樂部，幾乎取代了早期北郊的地位；地緣羣體的武榮與螺陽大致還保持原來的地位；經濟羣體的艋舺信用組合開始在社區中成長；血緣羣體由於遭受日本人的打擊，

頗難活動。晚期：經濟羣體的三信可以說最爲重要；宗教羣體的龍山寺由於黃林吳三姓及神明會的支持，還保有相當程度的活動力；血緣羣體以黃姓的崇德會與集英堂較活躍，但也不如早期的重要；其他如社會性羣體的艋舺俱樂部，地緣羣體的武榮與螺陽已經在走下坡路了。所以，最早期是經濟羣體的勢力；中期是宗教羣體的勢力，不過這個宗教羣體實際包含血緣三姓與地緣三邑的勢力在內；晚期又是經濟羣體的勢力，不過，這時候的經濟力量已遠不如北郊金萬利所代表的意義了。這也許正可以說明萬華社會經濟變遷的趨勢：道咸年間是萬華經濟發展的顛峯時期；後來由於船運不通，對外貿易港口轉移到大稻埕，經濟羣體自然無法顯示它的重要性；目前的經濟羣體雖有它的重要性，可是性質完全不同了，與其他重要金融機構相比，簡直微不足道。這就是說從羣體的演變及其所產生的功能，我們也可以看出來，萬華雖然是臺北市傳統社會代表之一，它的地位早在日漸衰落中。

現在我們要進一步分析羣體與羣體領導羣間的關聯性。這個分析係以現存的羣體爲對象。至於與早期的羣體或領導有什麼關係，將在下節討論。

我們把前節所討論的各類型羣體分爲重要的與次要的兩大類。所謂重要的羣體係指它的影響力大或影響範圍大或兩者均大；次要的羣體係指它的影響力較小或影響範圍較小或兩者均較小。這樣的處理，在分析時就較易控制，比如，有兩人同是參加四種羣體，而羣體的重要性並不一致，則以量計也不致失掉了它的眞實性。同時，我們在這裏也無法採用給分的辦法來計算㊲。下表就是領導羣參與羣體活動的情形。

㊲ Skinner (1958) 和李亦園（民 59）曾用過社團等級的方法。

表十　領導羣與羣體

領導人\編號	重要羣體				次要羣體										
	A	B	C	D	E	F	G	H	I	J	K	L	M	N	O
1	p	p	p		p										
2	b	b						a	c		p				
3		a	m	d					b						
4	b	a					m								
5	b	b	b				m								
6		m	b			p									
7	b	m						c							
8			c				p								
9								f	b	c					
10	b	c		d	d		d						p	p	
11	b				d			b	a						
12		a													
13		b													d
14		b						a							
15		c						c			b				
16		m						c		b	b				
17	c		b												
18	b						m	b	a						
19								c		c					
20		m										d			
21							m					d			
22				d											
23	b														
24	c	b													
25		b						p							
26	c														
27		f										d			
28		c													
29		b													

30		c							
31		m					p	b	
32	c	m							
33	c								
34		b							
35		b							
36		b							
37					m				

使用字母說明：　p＝董事長或理事長，a＝常務董事或常務理事，b＝董事或理事，c＝監事，d＝委員，e＝負責人，f＝顧問，m＝會員。

本表也可從另一個方向用下圖二來表示[58]。

　　從表十可以看出，每個領導人物在羣體中所擔任職務的重要性，即 p 越多的對羣體的影響力越大，因此，1 號的影響力最大（4 個 p），其次是 10 號（2p），再次是 2, 6, 8, 25 號（各 1p）。在這種地方性羣體中，董事長或理事主席的意見有比較大的支配力量。a, b 也可以代表一種權力，但是因羣體的不同，所代表權力的大小頗有出入，如 A 的 b，其權力不下於 B 的 a，因 A 羣體沒有常務理事，理事長之下就是理事，理事的權力就自然比較大些。事實上同爲一個理事主席也因羣體的重要性而有差別，重要羣體的理事主席當然比次要羣體的更有影響力。從他們對羣體參與程度及所扮演角色來看，1 號以下似乎就要數 10 號與 2 號了。10 號是 7 個羣體的領導份子，2 號是 5 個羣體的領導份子。不過方向並不一致，2 號的影響力在重要羣體中，主要是中上階層；10 號在次要羣體中，主要是下層社會。如果除去姓氏羣體不談（姓氏羣體多依照特殊原則辦理），我們甚至可以說，

---

[58] Hunter (1953: 77) 曾經用這種方式作過許多種類相互關聯的討論。

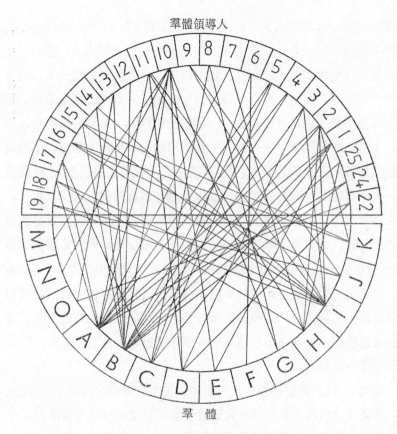

群體領導人

群　體

圖二　羣體領導人與羣體的關係

目前在萬華，上層的領導人是 1 號，下層是 10 號。但是由於 10 號的
社會經濟地位不高，在地方政治上又只是一個里長，所以往往依附 1
號，而 1 號也很願意拉攏這一股力量。 57 年 1 號就把他從 A 羣體監
事（做了 10 年）的位子搬到理事，以至於今天。兩人實質上完全結
合起來，支配羣體的力量就顯得更雄厚。

　　圖二所表現的情況與表十不大一樣。圖二是從量上來衡量，不考

慮實質問題。以領導羣而言，10 號參與的羣體最多，其次是 2 號，再次是 1 號與 11 號[59]。參與的多寡並不能決定他的領導力，卻可以了解他的活動範圍以及人際關係。以羣體而言，人數最多的是Ａ，Ｂ，Ｉ三個，其次是Ｃ，Ｈ，再次是Ｄ。這也就是說，萬華的領導羣或活動份子有集中於三個羣體的現象。 Ａ屬經濟羣體， Ｂ屬宗教與地緣羣體， Ｉ屬血緣羣體[60]，正可以說明領導羣的興趣在什麼地方。不過其中血緣羣體只限於黃姓， 似乎不能說明是一種普遍的現象， 就是黃姓，也不見得有強烈的內聚力。以Ａ羣體理事會爲例，從 42 年起，在 9 個理事（包括理事主席）中，每屆均有黃姓三至四人，可是從無團結的行動。這可能還牽涉到別的因素，但至少沒有用宗族關係作爲排他的理由， 也就表示血緣羣體的功能只在某種限度內運作。 反過來，我們也可以了解，萬華的羣體領導羣對於經濟的和宗教的動機和行爲表現得比較強烈，這種動機或行爲可能還是以個人爲出發點。也由於這種原因， 1 號才能在幾個重要羣體的選舉中都取得優勢，雖然這不是唯一的原因。

其次， 我們要從羣體成員來看與領導羣及羣體的關係。 一般來說，羣體成員的流動率、需要與動機會影響羣體結構與羣體取向。可是在萬華，這種情況並不很嚴重，因爲：(1) 有些羣體的成員是繼承的，如艋舺俱樂部、同仁院，不獨會員無法增加，目標也很少變化；(2) 有些羣體的成員有限額規定，如龍山寺、艋舺俱樂部[61]，非有缺額不能遞補，流動率小，影響也就不會大；(3) 有些羣體的成員流動

---

[59]　每一個羣體都還有些別的領導人，但不是主要分子，故未列入。

[60]　如前面所述，這三種羣體也分別屬於工作、社會與工作、及社會取向羣體。事實上，Ｂ羣體還涉及黃、林、吳三姓的血緣關係。

[61]　龍山寺限額 80 人，俱樂部限 1,000 股。

率雖然很大，如三信❷，但它的功能非常確定，組織已形式化，變動不易；（4）這個老社區中的居民多有不願遷出的觀念，除非經過一種新的挑戰，如新的商業，普通人很少願意到一個生疏的地方去「闖天下」。有了這些原因，就不難了解萬華的羣體爲什麼表現出一種高度的穩定性。

由於羣體成員的穩定，領導羣也就跟着穩定，以流動性比較大的三信爲例。

社員(3,966)*──→社員代表(107)*─┬→理事(9)──→理事主席(1)
　　　　　　　　　　　　　　　　└→監事(5)──→監事主席(1)

　　　* 兩項均爲民國 57 年數字。

從大約 4,000 名社員中所產生的 107 名社員代表，其中只有 30 名（佔 28%）是新代表，其餘（72%）均連任二次以上，而其中連任代表三次以上者達 54%，有的多至連任十次或九次。由於社員代表的穩定，理監事也就相對穩定，每屆至多有 1、2 人異動，而 48 年至 56 年的三屆理事會則無一人異動；監事會的情形也差不多。其中理監事主席尤其穩定，如下表。

❷　民國 60 年新入社社員 203 人，出社社員 239 名，這年度社員總數爲 4,213，比民國 57 年的增加。

表十一　三信理監事主席異動情形

理 事 主 席	在 任 時 間	監 事 主 席	在 任 時 間
1. 吳 昌 才	民國 7 年–17年	1. 蔡 媽 愛	民國35年–43年***
2. 黃 金 生	民國17年–22年	2. 高 金 泉	民國44年–54年
3. 吳 永 富	民國23年 2 –10月*	3. 鍾 文 修	民國54年–57年
4. 黃 元 愷	民國23年11–12月*	4. 楊 慶 豐	民國58年–現在
5. 黃 金 生	民國24年–29年		
6. 蘇 穀 保	民國30年–32年		
7. 周 延 壽	民國33年–44年**		
8. 吳 永 言	民國45–現在		

　* 兩人均為臨時性「代表理事」，非正式主席。
　** 以前無屆別，民國 35 年開始計屆，每三年為一屆，周前後任四屆；
　　　吳永言連任六屆。
*** 以前無監事，民國 35 年開始，每年一屆。

表十一中如果除去 3，4 號理事不計，則 56 年來（7-62 年）的半個
多世紀，理事主席祇 5 人，監事祇 4 人，不能說不是高度的穩定局
面。龍山寺早期的領導者異動大些，自民國 9 年辜顯榮以後，變動就
少得多了。負責人的順序大致是：辜顯榮──吳昌才──許丙──蘇
穀保──吳永言。至於其他各種較小型羣體，除非有特殊原因，多無
變化。波動稍許大一點的要算艋舺俱樂部，但自民國 2 年到現在也不
過七異其主持人。

　　現在我們要進一步分析羣體，羣體領導人，與羣體成員之間的關
係[63]。先看圖三、四。

----

[63] Khare (1962) 曾用類似方式分析羣體結構，有很好的結果。

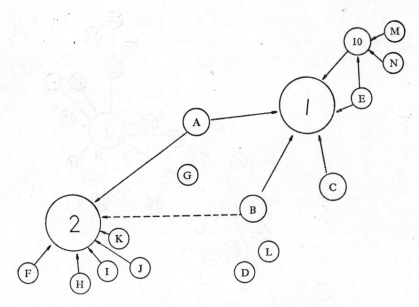

說明: 數目字與英文字母所代表的意義如表十

圖三　羣體與領導羣

　　這裏牽涉到兩個基本問題，在解釋圖三與圖四之前必須作一點說明：
第一，如果某些在外的重要人士願意回到萬華去領導地方事務，這兩
個集團便會受到挑戰，甚至產生極大的變化或自動瓦解；第二，這兩
個集團目前尙未眞正形成，但有這種傾向，因爲從民國 54 年開始，
2 號在A羣體就不十分與 1 號合作，而另兩名理事，早在民國 48 年
第五屆理事會中已有對立的傾向；迄民國 57 年第八屆理事選舉，2
號因故落選，雙方就破裂了。以目前萬華的狀況，2 號可以說是最有
資格與 1 號對抗的人。

　　就圖三來說，1 號的羣眾基礎比 2 號要強大得多，特別是 10 號
依附於 1 號以後，有較大的機會與低階層居民結合。但 2 號也不是完

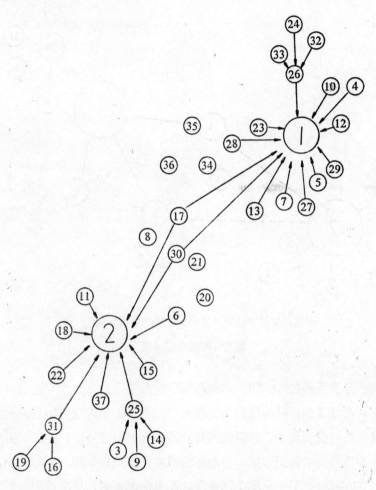

說明: 數目字代表領導人如表十

圖四　羣體領導羣間的關係

全處於劣勢, 因爲: 第一, 在Ａ羣體中本屆 (60 年) 理事選舉時, 2
號以最高票 (15 票) 當選, 表示在社員代表中潛在勢力很大; 而已
當選理事中有三名是屬於 2 號的, 反對派再加以運用, 或在下屆選舉

時設法運用，有成爲多數派的可能。所以A羣體並非固定在 1 號這一邊。第二，在B羣體中，本屆 15 名理事有 5 名屬於 2 號， 6 名屬於 1 號， 4 名態度不明；監事 4 名，各得其二。所以B羣體目前雖由 1 號施號令，但潛在勢力幾乎是平分秋色。

就整個局勢看，如果 2 號有興趣角逐萬華的領導權，不祇是可以與 1 號競爭， 而且有可能把 1 號擊敗， 因爲論財力， 2 號不輸於 1 號； 論年齡、能力、體力等， 2 號比 1 號爲強。

圖四所代表的意義是在兩個大領導中心周圍所能結合的其他領導人物，這種結合多半依據三個條件：一個是私人情感，卽領導中心直接可以控制的領導人；一個是透過宗親、朋友等關係所建立的間接控制；一個是由於同羣體的共同目標或理想所形成的密切關係。在這種情況下， 2 號對於高階層的社會關係比較好，如 25 號、31 號可能給予的協助； 1 號對於低階層的社會關係比較多，如 10 號可能提供的協助。

總之，在羣體、羣體領導人與羣體成員的三角關係中，我們可以得到下面幾點結論：

(1) 兩個領導中心正在形成中，他們各有其特殊成就與號召力，對於社區的影響可以說勢均力敵。

(2) 目前有影響力的羣體均創自清代或日據時期；光復後成立的則微不足道，一方面是領導無方，另方面是沒有在居民中建立共同的目標與興趣。

(3) 這一時期的領導人多半接受過日本教育，甚至在日據時期做過行政官吏，與當時日本政府的關係相當良好。

(4) 經濟權、地方主義、血緣、宗教四項是這一三角關係中的共同特色，可以說並未擺脫傳統中國文化的色彩，現代化的成份不多。

（二）領導羣與社會經濟地位

我們希望了解的是領導人與他的社會經濟地位有什麼關聯，關聯到什麼程度？是領導權提高了個人的社會經濟地位，還是旣有的社會經濟地位使個人取得領導權？是羣體塑造了領導羣，還是領導羣塑造了羣體？這些問題，它們間不但有因果關係，也有系統關係。

從萬華歷史發展的過程來看，大致可以分成三個階段：一是清朝時代的領導羣，二是日據時期的領導羣，三是中華民國時代的領導羣。

第一個時期的領導羣有兩種不同的份子，一種是從事商業的，另一種是讀書的。這些人中一部份是年輕時離開大陸到臺灣來謀發展；一部份是從本省他處遷移而來，也許已經是第二代或第三代。他們的共同特徵是貧窮，至少並不富有。憑着努力，慢慢地有了些積蓄；然後開一家小店舖；然後做些比較大的買賣，如木材、船頭行；然後發了財或發了大財，儼然一方霸主。每個大生意人幾乎都有一個傳奇式的發跡故事，每個故事的內容又幾乎千篇一律。這正是開發地區的普遍現象。道光咸豐年間是萬華商業最繁榮的時期，最大的商業是船頭行，所以商業領導權自然落在船頭行的老闆們手中（這些人也兼營其他貿易）。船頭行的兩個大組織是泉郊金同順與北郊金萬利❻。它們的成員，除去重複的不計，共 29 家❻。29 家中日據時期前結束的有 14 家，日據初期結束的 15 家，所以大致都可以看作清政府統治時期的產物。在這兩個組織中居領導地位的有下述各家。

---

❻　據了解，這種羣體是業務發達以後才組成。

❻　據報導北郊有 25 家，故總數應更多，但目前無資料可查。

表十二　清代商業羣體領導羣

行　　號	主持人	說　　　明	行　　號	主持人	說　　　明
王　益　興	王　則　振	泉北郊	何　大　昌	何　　　星	泉北郊
洪　合　益	洪　騰　雲	北郊，貢生	吉　　　泰	林　卿　雲	泉北郊
張　得　寶	張　秉　鵬	泉北郊	李　騰　發	李　志　清	泉郊
莊　長　順	莊　朝　宗	泉北郊	白　棉　發	白其祥❻	北郊
吳　源　昌	吳　邦　志	北郊	建　　　發	歐陽長庚	北郊

這些人中又以王則振、洪騰雲、張秉鵬、吳邦志、李志清等人的勢力
爲最雄厚，他們在羣體中的發言權也較大。其中只有洪騰雲、林卿雲
知識程度較高。從這種羣體來說，多半有了個人的經濟地位才組織羣
體或參與羣體活動，羣體也增加了他們的社會地位。

　　當時另一批有影響力的商人是與龍山寺這個宗教組織有關係，他
們成功的過程與上述泉北郊的老闆們大致相彷彿，並且有的也做船頭
行生意。他們都先後參加過龍山寺的創建或重建工作。舉例如下：
　　黃典謨，乾隆三年（1738）倡導創建龍山寺之董事。業布帛等。
　　黃朝陽，嘉慶間修建董事。萬華頭人。業木材。
　　黃進清，同治年間修建董事。業商。
　　林春峯，同治年間修建董事。業染房。
　　吳英奇，光緒 17 年（1891）建醮總董事。業船運，北郊。
與泉北郊建立的過程差不多，他們以經濟力量爲基礎，再參與羣體活
動，再藉這種活動獲得更好的聲望，更高的社會地位。

　　當時還有一批可能對這個社區產生影響力的是知識分子。這些人
包括舉人 4 名（其中 1 人爲武舉），貢生 9 名，生員 42 名（其中 3

---

❻　白曾出任臺灣民主國議員（連橫，民 51：93）。

名爲武生員）。時間自道光至光緒。如下表。

表十三　道光光緒間的知識分子[67]

		道　光	咸　豐	同　治	光　緒	不　詳	合　計
舉	人	1	0	1	1	1	4
貢	生	2	0	1	5	1	9
生	員	2	1	2	20	17	42
合	計	5	1	4	26	19	55

從萬華當時的社會特質來說，把他們叫做知識分子並不爲過，因爲這個社會多的是不識字的勞工、小商人、大財主。我們知道，知識分子本身不能視爲一個集團，除了個人的身份受到尊敬以外，他的影響力還必須看他對社區事務參與的程度而定。據目前我們已有的資料顯示，知識分子中祇有貢生洪騰雲、李秉鈞，生員洪以南、林斗文、王采甫數人的影響力較大，而這些人均多少參加了社團活動。不可否認的事實是，許多知識分子雖沒有在社區事務中扮演重要角色，對他們的後裔卻有不少作用。

總之，第一時期的領導人物主要來自商人集團，特別是泉、北郊和龍山寺三個羣體。這與他們的經濟地位有關，即是經濟力量使他們爬上領導階層。

第二時期爲日本佔領的五十年間。日本以殖民地方式統治臺灣，

[67] 有關數字請參閱榮峰（民49：24-39）；劉篁村（民42：28-32）二文。本表生員一欄包括少數的廩生和增生。錄取人員到光緒才有顯著增加，可能是下述原因造成：①早期經濟情況不好，無法供養讀書人；②早期名額可能爲漳泉本土人所頂名冒充（參閱李汝和，民61：34-35）；③咸豐間械鬥，使艋舺受到影響，故人員奇少；④後期考試方便，讀書人也多起來了。

自不會容許表面的羣體活動，　祇有少數親日份子才有機會說話。　稍
晚，日本人認為局勢業已被控制，才作有限度的開放，羣體活動也漸
漸多起來了。在日據時期活動最多的三個羣體是艋舺俱樂部、艋舺信
用組合和艋舺龍山寺。下面我們先用表說明一些羣體領導人與地方政
治領導人之間的關係。

表十四　羣體與地方政治領導羣

姓　　名	家　　　　世	參與羣體	政　治　地　位
41. 黃 應 麟	黃進清之子，商	C，萬華及黃姓頭人	艋舺區長(1)，捐官
42. 吳 昌 才	吳源昌之後裔，北郊	A, B, C	艋舺區長(2)，a(2)，總督府評議員，b(1)，市委員
43. 洪 以 南	洪騰雲之孫，北郊	B	a(1-4)，父捐官
44. 蔡 彬 淮	替律師拉生意	A, B	a(4-7)，b(2-3)，市委員，民國10年第一屆町委員，民國22年西園町委員
45. 魏 清 德	商	A	a(6-8)，b(2-5)，臺北州第一屆州會議員，市委員
46. 歐陽光輝	歐陽長庚之孫，北郊	A	b(1-5)，祖捐官，市委員
47. 陳 其 春	商	A, B, C	b(3-7)
48. 黃 金 生	商，鼎美酒店，碾米店	A, B, C	b(5-7)，龍山寺町區區長，西園町委員，市委員
49. 黃 玉 對	商	A, B	b(6-8)
50. 王 祖 派	生員王采甫之子	A, C	b(8)，有明町區區長，市委員
51. 蘇 穀 保	公，校長	A, B, C	b(8)，新富町第一區區長，c(2)
52. 周 延 壽	律師，校長	A	c(1)
53. 吳 永 富	吳昌才之侄，北郊關係	A, B, C	民國10年第一屆町委員，民國22年西園町委員
54. 林 卿 雲	吉泰老板，北郊	B	民國10年第一屆町委員，民國22年西園町委員，捐官

55. 李 朝 北	安記後裔，北郊，醫	北郊金萬利	c(1)	
56. 呂 阿 昌	醫師	A	c(1)	
57. 李 永 福	李志清之孫，北郊	C	同第53號	
58. 黃 元 愷	黃聚益老板，商	A，B，黃姓 及萬華頭人		

代號說明：　1．A，B，C與表十同。

　　　　　　2．a＝臺北州協議會員，b＝臺北市協議會員，c＝臺北市會議員。括弧內數字示屆別，如 (2) 爲第二屆。

　　從上表，我們可以得到幾點解釋：(1) 18 人雖不是當時艋舺的全部領導羣，主要的卻都在這裏。這 18 人中有 17 人擔任過日本地方政府的公職，表示領導羣與政治的關聯性很強。(2) 17 人中有 9 人參與羣體領導活動在先，6 人參與公職在先，2 人爲同時參與。顯示羣體與個人的社會政治地位有關。(3) 18 人中有 12 人是自己或家裏經商，7 人與北郊商業集團有關，1 人爲生員，2 人爲醫師，1 人爲律師。表明這是一個生意人的社會，知識分子沒有扮演要角。(4) 18 人中又可以分爲兩類，41, 42, 44, 47, 49, 51, 52, 53, 58 號共 9 人爲最有影響力，其餘 9 人爲次要。這不完全對羣體而言，主要還是對整個社區事務的發言權或支配權。(5) 大致說來，這批人都有經濟勢力爲後盾，即是有一個可供利用的好家世。這與第一期不同，第一期的人物都要靠自己。因此，我們可以說，早期的領導羣是自己打出來的「天下」，以已有的經濟上的成就再向社會或羣體發展；這期的領導羣是繼承既得的經濟和社會利益，再取得政治利益把政治經濟利益結合在一起，於是對社會事務產生了更大的支配力量。

　　第三時期爲光復後。這個時期又可分爲兩期，初期仍然是舊日那批人在處理地方事務，但過不久，新的領導份子出來了。比如民國 35 年第一任龍山區長爲蘇轂保，第二任還是他；民國 40 年第一屆民選

區長又是他，一直作到民國45年。又如民國35年第一屆市參議員有周延壽、黃玉對（候補）。這個時期，在羣體活動中，三信的理事主席為周延壽（民國35-44年），俱樂部的負責人為蘇穀保，龍山寺的管理委員有許丙、黃玉對、辜振甫，幹事有黃元愷、吳永富。這些人都是在日據時期已建立了他們的聲望。後來另一些領導人士也在社區中活動起來了，這些人雖然受的是日式教育，多少還是接受中國的文化傳統。

前節表十我們已經把當前萬華的領導人與羣體都找出來了（本節所用代號與表十相同），這裏我們從社會經濟關係來分析它們。我們在前面說過，這些羣體或領導羣係以1號與2號為首。他們兩人各有一些跟從的羣體與次級領導人。為了進一步的了解，我們不得不把兩人的職務作較詳細的描述，如下表。

表十五　　1號與2號實力比較†

	家　世	日據時期職務	所屬羣體	所屬領導人	現任主要職務	曾任主要職務
1號	世居，商	區長	6*	14*	羣體理事主席，董事長，公司董事長。	北市議員，公會理事長，民衆服務站理事長。
2號	外地遷來，商	無	5*	13*	數重要公司董事長。	北市議員。

† 人物編號如表十。

* 其中有兩個羣體及兩個領導人有重疊現象。

這兩人可以比較的地方很多，相同的有：所控制羣體與領導羣數目相近，做過北市議員。不同的有：家世不同，政治背景不同，經營商業方式不同，年齡不同。以財力論，2號比1號雄厚；以地方低層勢力

論，1號比2號較強；但以高層勢力而論，2號又比1號強些。所以兩人實在互有短長，難分高下。

此外還有一些低層次的領導人，如依附於1號的 4, 5, 7, 10, 12；依附於2號的 3, 6, 9, 11, 14, 15。雖各有不少地方勢力，卻都局限於某一部份或某一程度，而且無論在經濟上或政治上都尚未獨當一面。

總結三個時期的領導羣，我們可以發現：

(1) 初期的領導人多爲大陸來臺，艱苦起家，然後因爲經濟力量而取得羣體與社區的領導權。他們保有中國傳統文化比其他各期爲多，這是萬華的黃金時代，也替萬華人留下了「黃金」年代的回想。這個「黃金」，也可以說是商業鼎盛的意思，一方面代表了對大陸出入口貿易的發達，另方面也表示了商業經濟勢力在萬華具有絕對的控制權，而知識分子並沒有太多的領袖人物。

(2) 中期的領導人多爲土生，他們繼承父、祖的餘蔭，獲得了兩條道路的發展：一條是與日本政治勢力有關，取得羣體與社區領導權；一條是參與日式的地方自治，以議員而獲得社會地位。這時由於大稻埕的崛起，萬華的商業經濟已經在走下坡路，已經不復初期那樣成爲臺北的商業重鎮。倒是在日本人支持下的領導羣可以爲所欲爲，因爲，日本文化取代了一部份中國傳統文化的地位，特別是由日式教育所訓練出來的領導人物。

(3) 末期的領導羣顯得相當沒有力量，人數少，發展也不大。原因是，一些已經飛黃騰達的領導人物多半離開了故居到別地經營去了。這時，萬華已經由原來的商業中心變爲城市邊緣地帶，能賺錢的機會少了，與政治結合的可能性也少了。

總結的說，就是：清代的羣體領導人因商業經濟而建立領導地位，他們的成份是商人與知識分子，但後者的份量不重；日據時期的

羣體領導人因政治勢力而建立領導地位，他們的成份是政客和商人，而商人的份量較輕；光復後的羣體領導羣比較複雜，有商人、政客和知識分子，可說是前兩期的混合體，但重要性不如以前各期，也許與萬華本身地位的衰落有關，或者由於社會發展的關係，可以作為重要性的指標增加了，同時也分散了。這裏還可以看出，社會變遷與羣體或羣體領導系統的變遷是一致的，當萬華的經濟和政治發生鉅大變化時，羣體結構便跟着變了。羣體的改變也影響成員行為的改變。在這一種長久而鉅大的變遷過程中，很明顯的表示，第一階段的領導羣以經濟勢力為重；第二階段以政治勢力為重；第三階段則似乎是經濟、政治、知識並重。這可能合乎一般發展的趨勢，比如美國，早期影響社區權力的以政治經濟為主，後期就以制度與組織為主了 (Gilbert 1971: 210-15)。

（三）權力結構的變遷

影響羣體權力結構變遷的因素很多，就萬華的羣體而論，仍然可用前述公式討論：

(1) 輸入發生變化，如成員的擴大或縮小，成員的需求轉變，羣體組織改變；

(2) 羣體運作過程發生變化，如成員權力分配形態改變，領導羣間的衝突，決策不當，價值觀念或規範的轉變；

(3) 輸出發生變化，如未能達到預定的目的，成員或領導人不滿意於現有的成就。

可是，羣體是大社會的一小部份，大社會權力形態的轉變也影響到羣體權力結構，如日本的殖民統治與早期的傳統政治對羣體權力的影響程度就不一樣。

萬華的羣體權力分配因政治策略的不同可以分爲兩種類型，卽社團組織在財團法人登記以前及以後的不同權力結構。財團法人登記以前的管理委員會，委員們的權力分配比較平均，主任委員旣沒有絕對的支配權，成員與領導人間的意見溝通也比較多。這有幾個原因：一是當時的羣體組織多半基於每個成員的興趣或利益，彼此間的共同了解較多；二是領導人與成員直接接觸的機會與平常交換意見的頻率也較大；三是彼此利益的衝突較少。所以在早期，極少羣體有組織規程，多半按照不成文法辦理。成員的權利義務，加入退出，沒有任何限制。這種羣體的權力結構大致是：最基層的爲一般成員，權力通常較小；其上爲管理委員，在會議上提供建議或共同解決問題；最高爲主任委員，在會議上接納或提供建議，作最後決策。而實際上這樣的情形並不多，多的還是私下交換意見，就作成決定實行了，並不把一切問題都提到會議上處理。如工作取向羣體中的北郊，雖有組織（據說有，目前仍無法找到），但內部極鬆懈；同仁局根本沒有任何規章，管理卻極善。社會取向羣體如崇德會、集英堂、螺陽公會開始時也沒有規定。雖然初期的羣體成員的行爲模式是以傳統中國文化爲主要依據，卽傳統權威形態，但在羣體權力上所表現的實際行動，還是比較接近分散式的權威⑱，其形式是這樣的：

---

⑱　Apter (1967: 92-4) 認爲分散式權威 (segmental authority) 接近民主方式；在社區權力結構中，也有散漫式 (amorphous) 的一種 (Aiken, 1970: 489)，但未必卽是民主形式。

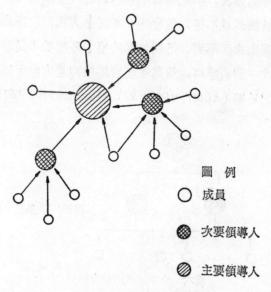

圖　例

〇　成員

◉　次要領導人

◐　主要領導人

圖五　早期羣體權力結構

這種結構表示權力分配較爲平均，決策不集中於一人，成員與領導人間溝通的通道比較多'。也可以說是接近環狀式的溝通（Hare 1962: 280)，而又有形式上的領導人。

　　日據時期和光復後，爲了管理起見，大一點的組織都被通知去登記爲財團法人，如艋舺俱樂部、龍山寺、三信（成立時即爲合作社）、黃氏種德堂、螺陽公會、眞武殿、林姓宗親會等。這種登記等於被強迫依照法定手續組織董監事會，規定權利義務、改選年限、以及其他種種一定的辦法。依照這些辦法，領導人產生的程序如下：

```
羣體成員──→成員代表┬→董事──→常務董事──→董事長
                    └→監事──→常務監察人
```

這是一種正常的過程，有的羣體小些，可能沒有成員代表，或沒有常務董事，大致總相差不遠。這也是一種民主方式，用選舉方法從基層把領導人挑選出來。不過，這個架構的權力分配卻不是分散式的，而是把羣體變成一個金字塔，越站在上層的權力越大，可以說是一個金字塔式的權力結構 (Apter, 1967: 92; Aiken, 1970: 489)，如下圖。

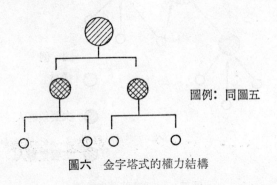

圖例：同圖五

圖六　金字塔式的權力結構

這種結構上的基層成員與主要領導者幾乎少有交通意見的機會，就是中層領導人也祇有在董事會上有爭論的可能性，經常還是由董事長及總經理（或事務部門的負責人）決定一切。中國人本來就是具有或多或少的權威人格，經過這種決策過程，形式比較民主，實質上反而變得更專權了。以 A, B 二羣體爲例。兩個羣體的領導人均由成員經過上述途徑選出，可是，理監事一經產生，成員就再也無法過問內部事務了，唯一機會就是每年一度的會員大會。會員大會實際也無法解決任何問題，人旣多，事務部門的報告又非常冗長，開會不過是形式上追認某些已經做過的重要案件；再不然就是分點紅利回去。監事通常只要在年度會計報表上畫個字就行了。理事會應該有些作用，但像上述兩個羣體，事實上只能算是理事長的諮詢機構。中國人有句老話：「橘逾淮而爲枳」。眞是非始料所及。

　　再從另外一個角度看，H羣體原來祇是萬華黃氏的宗親會，光復後羣體成員擴大到臺北市，到全省，到所有黃姓，交 500 元就成為會員；目的也擴大到聯絡所有黃姓的氏族關係與情感，甚至在集會時變成競選議員的演講堂。成員是擴大了，成員間的內聚力反比以前減弱了。再看C羣體，本來是一個非常有號召力的小羣體，初期的領導人幾乎也都是這個社區的領導人。現在就不然，一方面成員越來越少，二方面無厚利可圖，即使有也輪不到一般成員。有的成員一提到它就不願意談下去，搖搖頭，表示問題還真多。所以這個羣體，由於沒有新成員增加，成就目的又達不到，已經逐漸地萎縮下去了。

　　有些羣體還經常發生衝突，特別是反對派的領導人有較大力量或野心，想出來爭取領導權時。我們可以 A，C 二羣體為例作一說明。

　　C羣體是於民國 2 年創設，第一屆的領導人在當時的艋舺可謂極一時之選，後來由於爭權奪利，誰都無法把事情做好。在一連串的衝突下，任何人都沒有成功的可能。其他的成員又只是冷眼旁觀，在一旁漠不關心。可見體系混亂已經到了極點。主要的原因自然是領導人本身的權力衝突；新成員又無法加入，以致未能培養新的領導份子；羣體目的消失，成員無力控制領導人的作為，都是導致這個羣體分裂的重要因素。

　　A羣體也是由C羣體那批人創立的，組織比較健全，初期合作維持到民國 22 年。次年，由於爭取領導權，就開始產生衝突，直到今天，這種衝突還在繼續。為什麼無法解決呢？這牽涉到領導權、個人利益、社會地位等。

　　別的羣體也有類似的明爭暗鬥，不過不如這兩個那麼尖銳，目前，A羣體仍然是地區性的重要金融機構，不少地方領導人對它還有興趣；C羣體則已經式微，不可能再成為爭奪的對象了。

總之，從傳統到現代，萬華的羣體一般都經過了一次大的轉變，即由私人組織變成財團法人。這一變革也改變了原來的權力分配和決策方式，即普通成員變得更沒有權力，更不能參與決策過程，而形成董事會或董事長專權的趨勢。形式上董事長變成由民主的方式產生，實質上卻集大權於一身。這也可以看出，實行民主還得有民主的知識和誠意。這一轉變也使社區權力結構發生了根本的變化，原來的社區權力結構可以說是屬於聯盟型的，即不同的社區重要事件由不同的領導人或羣體來作決定；現在卻產生黨派型結構，即不同的派系爲各自的利益而競爭 (Walton 1971: 189)。

四　討論與結論

我們在前幾節中已經討論過羣體成員參與工作取向、社會取向及工作與社會取向羣體的動機與需求，討論過這些羣體的組織及其變遷，也討論過領導羣建立的過程以及權力結構的變遷。我們發現，在當時，這個一無所有的大陸移民社會很快就建立了一些羣體，最早的是宗教羣體，如龍山寺。龍山寺實質上不完全是宗教羣體，也含有地緣與血緣關係的意義，因爲開始的參與者限於三邑（晉江、惠安、南安）人中的黃、林、吳三姓，特別是祭祀的領導階層。這種方式可以說是把傳統中國文化表現人際關係的三個重要成份，宗教、血緣、地緣，在一個羣體上表現出來。這種宗教羣體具有多種非宗教功能，他們利用傳統的形式，卻改變了內容。另兩個早期的羣體，泉郊與北郊是爲了適應當時的商業環境而創設，它的形式是仿照臺南與鹿港的同類組織，功能也相同，是一個專業羣體，目的在解決同業間的事務和可能發生的衝突。這兩類羣體的領導人事實上也就是社區領導人，所

以一方面對羣體內的成員有整合作用，另方面對其他羣體與社區成員也有整合作用。後期的羣體，如信用組合、艋舺俱樂部、黃姓崇德會，由於成員間的觀念難以穩定在一致性的程度上發展，或者目的的改變，結果就不大一樣。崇德會的同質性較高，尚能維持某種程度的穩定；三信與俱樂部的羣體內衝突就比較多。三信成員的流動性相當大，俱樂部成員是繼承的，可見這種衝突與成員的增減無必然因果關係，而是成員價值觀念改變，或羣體宗旨、領導羣決策方式不能符合所有成員的需求。大環境也影響到羣體的發展，如淡水河淤塞、對大陸船運生意停頓，自然使北郊無法繼續存在；光復前後的三信，無論在組織或功能上都有不少差異；宗親會的差異更大，因爲日本人禁止這類活動。由於環境或時代的不同，羣體對個人或對社會所扮演角色的重要性也必然有若干改變，比如業餘樂團在早期的萬華相當多，現在就無法繼續引起人民的喜好；龍山寺，早期只是一個社區性的廟，現在卻成爲國際旅遊人士參觀的勝地。羣體成員在羣體中所扮演的角色也是如此，早期 1 號在 A 羣體只是一個無足輕重的社員，後來一步步爬陞，竟當了理事，理事兼經理，理事主席，而掌握了這個羣體的大權；另有些人卻被擠出去了。這都是說明，大社會在變，羣體或小羣體爲了適應、整合、或達到目的，不得不變。如果羣體不能在變遷中的社會作適當的調適，或不能適應現代化過程中的要求，羣體就會萎縮，甚至消失。在萬華的羣體中，有的能繼續存在或發展下去，有的夭折了，有無適應變遷的能力是主要原因之一。

　　領導人在羣體中的重要性是無可置疑的 (Dahl 1961; Bonjean & Olson 1971: 163-73)。以 A，C 二羣體爲例，早期由於領導人合作，以及他們的公正與團結，兩個羣體都順利地完成了它們的工作；晚期就出了許多問題，雖然不能完全歸罪於領導人，但他們要負一些

責任，他們使羣體成員減少了參與決策的機會。一般而言，作為一個好的領導人必須具備一些條件，如豐富的知識、解決危機的能力、冷靜、公正、堅強的意志等等。以萬華早期與後期的領導羣作比較，顯然後期的要差些。也許後期領導人所面臨的是個複雜社會，而早期社會的同質性比較高。

領導人的能力與建立領導權的過程有密切關係，至少萬華的領導系統有這種現象。早期的領導人多半是在自己的事業上建立了社會經濟地位，取得了社區領導權，然後組織羣體或參與羣體，他們在羣體中的聲譽與說服力比較大；同時，他們經過了長期的磨練，適應能力也比較高。後期的領導人，除極少數外，大多數繼承父、祖舊業，以既有的社會經濟或政治勢力去領導別人，不但缺乏經驗，也未必有足夠的力量。許多後期的領導者控制一個羣體，總認為有利可圖或可以增加一點聲望，這樣自然無法使成員心服或整合。因而，目前幾乎所有的羣體都在走下坡路，既不能維持組織的原有功能，也不能滿足成員的欲望。

權力分配往往是導致羣體分裂或領導羣衝突的基本因素。為了爭權奪利，不惜明爭暗鬥，以建立自己的領導權，這是萬華後期羣體領導羣中相當普遍的現象。以一個財團法人來說，經常是董事長總攬一切大權，不獨一般成員無權過問，就是一般董事也管不着。董事長可以說是名符其實地利用了選舉制而實行專權。所以，只要有人發難，衝突便隨時而起。早期為什麼會好得多呢？因為那時候的創業者根本沒有把它看作一個利益組織，而且在當時看來，也沒有多少利益或權力可爭。那時候，管理委員會的權威尚未建立，成員比較單純，社會經濟地位相當接近，平常的交往也很多，每個人在羣體中的權力差別並不太大；後期就不然，幾乎完全反過來。假如我們把權力形態分成

三種，集權、均權與分權，則萬華的羣體權力結構早期屬於後者（分權），晚期屬於前者（集權）⑥。如從社區的層面來看，早期屬於聯盟型的權力結構，不同的社區領導人經常在不同的問題上作決策；晚期則屬於黨派型的權力結構，具有用派系立場和利益來討論社區內或羣體內事務⑦。而且，派系旣已形成，合作就比較困難。這種轉變與羣體權力分配的轉變有很大關係。也許與選舉制度也有關，以爲只要選過董、監事，就算是民主。

在萬華的羣體和社會變遷中，發生過決定性影響力的是商人，特別是有成就的商人。成就指擁有鉅額資本或藉政治經濟獲得社會地位。最沒有發生作用的是知識分子和普通成員。我們在前面分析過，同、光年間艋舺曾經有幾十名貢生和生員，不能說是一個小數目；然而除了極少數幾位在日據時期出來擔任公職外，他們在社區或羣體中從來沒有什麼表現，最多有些人參加過一點詩文社的活動，如高山文社之類。這不祇是一種浪費，而是知識分子退出領導地位，商人獨佔權力階層。商人的主要目標是利潤，因而造成多少年來，成員對羣體所關心的不是享受權力或增加參與，而是每年能分多少錢。他們認爲，只有壞的管理人或領導人才使成員分不到紅利。就是在今天，他們批判領導人的好壞也是以「錢」爲標準。從這個觀點來看，就難怪董事長會變成專權，因爲沒有多少人關心權力分配和決策方式。

現在我們可以了解，個人參與羣體活動，除了受到性格和社會角色的影響之外，也受到動機、期待、需求一類因素的影響。比如某人參加艋舺俱樂部，必然有他對俱樂部的一些動機或需要，希望擔任一

---

⑥　Mott (1970: 86-9) 在討論權力形態時把它分成五類。

⑦　Walton (1968: 444-5) 及其他討論社區權力結構的學者，已經把它分成四類，卽專權型、黨派型、聯盟型、散漫型。

個重要角色，或認識一些要人，都可能。由於每個羣體成員有不同的動機或要求，進入羣體後的行動就可能引起衝突，產生危機，所以每個羣體都有些成文或不成文規定用來約束行爲，讓成員們了解這個羣體在大社會中所扮演的角色，了解它的價值標準和規範。每個成員都必須放棄一些原來的行爲方式，接受羣體的制約或行爲準則。比如說，一個知識分子參加了三信，就必須接受三信所特有的商業規範與商業價值觀念；參加了龍山寺，就該在儀式行爲上表現他的宗教信仰。最後就羣體來說，達到了整合的目的；就個人來說，獲得了所要求的滿足。這也卽是羣體成就。比如說，參加三信是爲賺錢，結果眞的得到一大筆紅利；競選三信理事是爲了改善業務，發展自己的抱負，最後都成功了。這也可以說是透過羣體達到目的的方式，因爲羣體與個人的目的完全一致。反過來，如果在這些過程中出了問題，以致羣體無法運作或無法達成預期的目的，就是失敗。如北郊已經不能運作，艋舺俱樂部失掉了原有的意義，現在都只是名存實亡的羣體，參加或不參加並沒有什麼兩樣。

最後，我們可以得出幾點結論：

(1) 萬華的羣體創始很早，也很多，曾經對萬華的經濟，特別是商業經濟有過很大的貢獻。不同的羣體有不同的整合方式，多少發生了一些社會化功能。到今天，萬華還保存相當程度的傳統中國文化模式，部份羣體，如龍山寺、種德堂發揮了很大的作用。

(2) 萬華羣體的發展受到大社會變遷的影響，最明顯的就是在不同的時代裏，羣體的結構與功能都有顯著的差異，特別表現在領導羣的類型與行爲模式上。初期是商業型或經濟型，中期是政治型，後期是兩者的混合型。

(3) 萬華的羣體領導人，早期因經濟上的成就取得領導權，中期

因父、祖的餘蔭，因與地方政治結合取得領導權，晚期則三者均有；表現在權力分配，成員溝通的方式上也有極大差異：早期成員間溝通頻率大，權力比較分散；中晚期溝通少，權力比較集中。

(4) 社區權力結構的類型，早期是聯盟式的，權力比較分散或平均在許多高層領導人或次級領導人手裏；晚期是黨派式的，兩個比較大的利益集團有對立的趨勢，不過，目前正在發展，尚未完全形成。

(5) 二百多年來，萬華幾乎沒有推行過改革運動，是不是由於領導權掌握在商人手中，或掌握在與政治結合的商人手中，而這些人又太現實，太看重本身的利益？事實上，羣體成員無論對羣體或對社區態度都顯得太冷漠，他們從沒有對領導權提出過有力的挑戰，卽使在最混亂的時候也沒有。

(6) 在現代化過程中，萬華將扮演什麼樣的角色？這要看他們接受新知識、新的價值觀念以及理性權威的程度而定。到目前為止，居民在文化上的同質性很高，所以他們不缺乏社區從屬感與認同觀念，缺乏的是對現代文化的了解，對現代社會的認知，對沒落中城市邊緣社會的處理方式。

竹村的社會關係和社區權力結構

到目前為止，人類學家與社會學家曾經用來分析社會結構或社會關係的理論和方法很多，如 Spiro (1965: 1097)❶ 強調 8 種制度的分析方法，Murdock (1967)強調親屬組織；Evans-Pritchard (1960: 262) 強調個人間及羣體關係，Fortes (1957: 340) 強調普遍的人際關係，Linton (1936: 113-34), Merton (1957: 368-70)，與 Nadel (1957: 20-44) 等人的強調角色和地位 (role and status)。其中每一種方法都有它的特色，很難比較它們的優劣，應用的人可以依照需要而作適當的選擇。

我在本文的研究設計中曾經決定選用三個層次，即家庭、宗族、羣體來分析竹村臺地的社會結構，主要是從構成農村羣體組織與集體行為的幾種特徵而設計。我是把三種觀念作為這個研究的理論架構，即用 Linton 和 Merton 的角色系統理論來分析人的行為在結構上所反映出來的各種複雜現象；用 Stogdill (1959: 273-4) 和 Hare (1962: 8) 的羣體理論來分析這二種羣體運作的過程與結果；用 Smelser (1969) 的集體行為理論來分析這些集體行為對整個社會結構所產生的衝擊。把這三種理論結合在一起，就構成我的另一種基

❶ 8 種制度是：經濟、居住環境、家庭、家族、婚姻、世系、社會階層、政府。

本分析架構：把屬於傳統型的血緣羣體家庭與家族和現代型的一般社會羣體當作兩種行為模式，這兩種模式表現在集體行為的運作上必然產生互動關係，這種互動作用就促使社會結構或角色與地位的轉變，從現代的意義來說，也就是結構的分化（differentiation）或增殖（proliferation），增殖也包括重新組合（recombination）在內。現代化的另一意義，不完全在於經濟的工業化，而在於角色與制度的增殖與分化❷，以達到結構的均衡或和諧。

竹村是一個傳統的農村，早期的一點工業是屬於傳統技術的礦業；現在附近有了不少工廠，並且有新式的電子工廠。這對村民的行為影響很大，特別是集體行為對社會結構的影響。我們從宗族、家庭、羣體三方面正可以了解結構上的現象，以及變遷痕跡。

宗族是一種傳統的結構，是支持傳統中國社會的有力支柱，但在現代文化影響之下，它究竟往那裏走？還能維持一些什麼樣的作用？家庭是旣可以存在於傳統社會，又可以存在於現代社會，那麼，它在適應現代生活上有些什麼困難或改變？社會羣體雖然也同樣出現於任何社會，但不同性質的社會，其羣體類型、性質、功能也會不同。這就是說，我們可以從三種不同的集體行為模式來分析社會的結構，以及結構的變遷。宗族代表一種傳統的模式，家庭在傳統與現代之間，社會羣體則着重表現現代的模式。

從整個結構來看，無論是宗族，家庭，或一般羣體，我們所需要了解的不祇是結構、類型、變遷方向，也包括它們的領導羣、決策方式與過程、權力結構、互動等方面的分析。

竹村的基本形態是由幾個相當傳統的農村所組成，雖然很早就有

---

❷ 從角色與制度的增殖或分化來討論政治、經濟，或社會現代化問題的學者很多，主要可參閱 Eisenstadt (1968); Levy (1967).

礦工，並且在地方行政上隸屬於兩個里——福村與華村。這些農村散佈於臺地上形成自然的羣體，比較大一點的村落是：竹庄、頭寮、尾寮、草嶺、竹篙厝等地。他們間的溝通受到自然環境的限制很大，唯一可以作爲整個臺地溝通的中心是「福安宮」，但也只有在宗教事務上有這種可能。竹村的對外交通是以一條鄉道把大溪鎮和復興鄉連接起來，有公、民營公車。大溪鎮不但是竹村的政治中心，也是經濟中心。早期它是這一帶貨物的集散地，現在是消費的重鎮。

在社會結構方面，雖然保留相當程度的傳統類型，受到現代化的衝擊還是很大；而在權力結構方面，特別是社會權威體系，很明顯的有現代化的趨向。

一　宗族關係

竹村是一個移民社會，當林本源家往這邊開墾的時候，自然談不上任何宗姓關係。後來，人越聚越多了，就不得不把人際關係擴大，並且想法子把這種關係正常化。最容易聯想到的是同姓或同鄉的組織，東南亞的華人社會正是這種類型❸，即建立血緣或地緣關係。但開始時，竹村的居民還沒有多到那種程度，所以他們模倣大溪，把若干人數不多的姓聯起來，用聯姓❹的辦法去建立另一類型的宗族制度。聯姓制度在臺灣相當普遍❺，有的還有一個很好的故事做背景，如劉關張，大多數卻是視實際情況而調整，人數多寡成爲決定性因

---

❸　參閱文崇一（民 58: 29, 38-40, 50）；李亦園（民 59: 91-112）。

❹　這種本來不同姓而聯爲一姓的辦法創始於福建，原因不明。

❺　在較大地區，不是用來實行宗教儀式或功能，而視爲同姓不能互相通婚。

素，即人多的姓獨立，少的聯合。

　　大溪鎮的十姓組織始於清代❻，當時竹村在社會生活的各方面多半依附於鎮上，所以在宗教行為上也以開漳聖王為主，參加了大溪的十姓。可是，自從竹村媽祖廟（即福安宮）建立以後，就擺脫了大溪的束縛，不但有獨立的宗教組織，也有屬於他們自己的十姓單位。十姓的組合與排列和大溪鎮原來的不盡同❼。下表一是這十姓習慣的排列次序和組合數，大抵依照人口多少及臺灣聯姓若干慣用方法。各列最後一名是現在頭人。

表一　十姓排列組合及頭人

順序	姓	竹村戶數		頭　　　　　　　　　　　　　　人
		分	合	
1	曾 楊	27 10	37	曾　才→曾　成 楊　畜→楊　祥
2	林	114	114	林　鼓→林　金；林　德→林　琛
3	李 邱	41 23	64	李　富→李　本→李　東 邱　友→邱　芳→邱　火→邱　義
4	黃 許	18 16	34	黃　進→黃　發 許　同→許　木→許　萬
5	張 廖	32 9	41	張　龍→張　喜→張　喜之子→張　福 廖　英

---

❻　據說由當時（光緒末年）大溪總理呂建邦（開墾阿姆坪之一）所發起，而沿用至今。黃、李、江為大姓。

❼　這是為了適應每個地區的不同需要，如大溪以黃、王、林等為大姓，竹村並不完全一致。

6	高姜呂 盧紀江	24 18	42	盧　江→盧　清 江　成→盧　章			
7	王 游	17 27	44	王　壽→王　田 游　章→游　泉之父→游　泉			
8	陳姚胡	58	58	陳　金→陳　成之父→陳　成→陳　紋→陳　欽			
9	簡	22	22	簡　求→簡　亮 ?　→簡　安			
10	雜	83	83	趙　春，阮　養，湯　明			

　　表中有幾點需加以說明：（1）林、簡在竹村為大姓，人數最多，無聯姓；（2）兩姓聯合者，大抵仍以人口計，有的也有歷史故事，如張廖❽；（3）高姜等六姓人較少，故合為一姓；（4）凡未能納入上述各姓者均在雜姓；（5）早期頭人多為父子相承，現在年輕人沒興趣，只得擲筶輪流了；（6）頭人有時竹庄、尾寮各一，有時合一，無定制；（7）聯姓之順序只是一種習慣法，並無先後的意義。

　　開始的時候，十姓的組織可能比較嚴密，除了各聯姓頭人外，還有十姓總頭人，他們的權力都相當大，負的責任也相當多。他們不僅處理聯姓間的宗族內問題，也處理宗教、社區事務。後來，日據時期保正的權力漸漸大起來了，十姓頭人的權力就逐漸衰落，現在又轉移到里長、代表、或議員手中了。事實上，目前十姓頭人唯一還可以做的工作就是作為廟的頭人，替媽祖募點捐，或做點慈善事。比如說，這次媽祖廟重修，決定每戶應捐多少錢，就是十姓頭人在幾次會議中的傑作。

---

❽　張廖簡在臺灣是一個習慣上的聯姓，但在竹村聯姓時，簡要求放在前面，張廖不允。於是獨立負起殺豬公的責任。

無論從那個角度來看，這種聯姓制度都不是眞的宗族，也無法發揮傳統中國社會的宗族功能：第一、移民社會的宗族觀念本來就不如本土那麼強烈，這些移民又多非知識分子或士大夫；第二、每一個姓或聯姓人民的來源不一致，如李姓、林姓均從許多地方遷移而來，彼此之間難以對同一祖先認同；第三、竹村的經濟情況一直不理想，知識程度不高，自不易產生有組織力的頭人，也看不出有這種需要；第四、他們使用相同的語言，地緣關係發展得很順利，這比認同祖先要容易得多，也就阻礙了血緣關係的發展。當然，也可能還有些別的原因，但無疑這是幾個值得注意而重要的因素。所以，這只是一種模擬的宗族組織。

聯姓既然難以產生實質上的意義與作用，各分姓又不是一個整合體，即不是同一來源，因而表現在行爲上，族與族之間固然無法達到整合的目標，同族之間也不一定做得到。比較能夠合作的只是幾個族中的小羣體。我們不妨舉幾個例子來談談。

林姓在竹庄（福村）一帶是個大姓，有 140 戶左右，尾寮（美村）也有不少。竹村的林姓有二大支，即頭人林金與林琛所代表的。這兩支除了同姓林以外，沒有任何淵源，也沒有任何宗族上的事務來往。在十姓中雖然以單姓出現，也只是爲了應付媽祖廟的拜拜（主要是農曆 3 月 23 媽祖生日）。林金與林琛代表各自獨立的一羣。以林琛一族而論，頗有傳統的宗族整合性，不但有來源❾，而且有系譜，目前雖然散居各地，每年還是回到林厝拜祖先❿；對於過去祖先的光榮

---

❾ 據林廉的族譜記載：本漳州府龍溪縣人，初移居淡水，再遷大溪。

❿ 林厝建於百餘年前，原有許多祖田。每逢年節，特別是正月與七月，住在臺北的人，也多回來祭祀，而七月最爲隆重；現在已式微了。

也有強烈的認同感⑪，而事實上他們到臺灣已經好幾代了。

　　竹村林家與北部的林本源⑫家拉上關係，對林厝的發展有很大影響；他有六個兒子（德字輩）建立了兩個家號，林昌源與林鼎成對大溪與竹村都有其重要性⑬。現在，林家雖仍沒有家長，但還有一個破落的公廳（祖厝）可以擺公媽牌，象徵曾經有過一段宗族的光榮歷史。

　　李姓在竹村也可算大姓，情形卻正如林姓，不屬於一個系統。許多姓李的都不知道自己的祖先從什麼地方和什麼時候搬到這裏，但知道彼此間沒有宗族關係，只是同姓而已。尾寮小角仔李家可能是比較好的一個例，他們有族譜可稽，遷臺灣時初居宜蘭，再遷尾寮，又分遷月眉（大溪鎮旁）。三個地方均有祖厝，並且經常有來往。小角仔李原係大姓（最早在尾寮當地開墾農業），共五房，人口不算少，彼此的宗親關係相當密切，到後來卻衰微了，祖厝已破敗，李茂烈家號也只是在該地留下一點回憶，倒是分遷月眉的李金興（家號）最為發達。目前，小角仔、宜蘭、月眉的李氏仍然保持密切的宗族關係，人們也還能了解他們是出於一個氏族。小角仔李雖已衰微，內部的整合性還相當大；沒有族長，還是有人出來為大家服務，如李本，反觀小角仔與竹村近在咫尺，竹村的李東、李庚在地方上影響力又不小，兩者間卻沒有宗族上的交往。這種情形正如頭寮林家。

　　簡姓就更差些。他們雖然知道歷代遷徙的過程，但是既無族長，又無祖廟，彼此的經濟情況又不大好，祭祖是各自辦理，別的事情更是毫無關聯。至如許、楊等姓，他們也各有不少戶口，可是，彼此

----

⑪　如他們樂於稱道林某之被封為大夫，或去廈門考過進士（雖然沒有考取）等。

⑫　林本源是板橋林家家號，初遷大溪，開發北部甚有功。

⑬　林昌源與林鼎成在大溪與福村的大祭祀中均擔任主祭。

都不知他們的祖先是怎麼來到臺灣，也不知除了同姓以外還有什麼關係。這就談不上任何宗族問題了。

竹村的宗族關係，我們從上述的分析多少已有一個進一步的了解。一般來說，同姓並不能作爲聯結宗族血緣羣體的基本條件，聯宗也不能把不同來源的不同姓氏作眞正的聯合，祇有同出一源的姓，方能產生中國傳統式的宗族觀念與行爲。反過來看，地緣關係，無論是早期的或現在的，都比沒有關聯的同姓或新的聯姓遠爲密切。這也可以說，傳統的宗族類型實具有血緣與地緣雙重特質，因而宗族內部的凝結力特別強。竹村地區人民所表現的宗族行爲正是屬於這種類型。當初的移民多半不是同族就是親戚或同鄉，大家「聚族而居，互衞互助，由是形成了血緣爲主，而兼地緣之團體形式」⓮。這是一種相當普遍的我國移民過程，不僅竹村如此。

竹村人的宗族類型大致可分成三種：第一種是廣泛的同姓，如阮、王、林，同姓間從沒有建立任何特殊網絡，這種情形在兩個村中均非常普遍；第二種是聯姓，除了殺猪公的宗教儀式外，沒有建立任何宗族觀念與姓的認同感，只是爲了輪值拜拜時省點開支；第三種是眞正的同姓，即出於同一始祖的宗族羣，早期有祖廟、族長或頭人、族譜，以及同一拜祭祖先的時間，他們具有強烈「我羣」感。這一類型的宗族羣在初期由於人少，還不大看得出來，即宗族行爲還不十分明顯；中期最活躍，如頭寮林家、小角仔李家，他們均曾維持過一種相當典型的傳統中國宗族制度；後期，也即是近年來，即使是典型的宗族組織也已經結束了，或即將結束。

以目前而論，竹村的宗族關係已陷入低潮，低潮還可能演變成解

⓮　《桃園縣誌》卷三〈政事志‧社會篇〉，頁 185-186 有類似討論。

體，因為社會變遷的結果，必然導致另一些社會關係的建立，如同學、同事、同志等志願羣體，這些新羣體比原有宗族羣更能適應目前的環境，更能互相幫助，甚至更能產生整合作用。

這種演變，最主要的還是宗族本身無法在現代社會裏扮演重要的角色，也即是無法發揮原來農業社會中的功能，比如青年外遷桃園、臺北一帶去謀求發展，年輕女人進了鄰近的社區工廠。這些人原來都是附着於土地的，現在，稍有成就的青年，不是遠走高飛，就是改了行。這類行為都不必依賴宗族組織，而宗族也實在無能為力。既不能提供就業機會，又不能解決任何現實困難。宗族只是在儀式生活中還偶爾派點用場。

二　家庭關係

我們在前面討論過，竹村祇有少數幾個姓具有若干傳統中國家族型態，絕大多數是移民型家庭結構，即宗族網絡不大，人口較少，看重鄰里朋友關係等。這個移民社會，由於早期對外交通不便，社區內的往來雖很頻繁，如十姓聯宗，社區外就不無孤立之感，如去大溪鎮都必須走路。這樣所形成的社會風氣就偏向於保守❶。就是到今天，與都市社區或近都市農村比較起來，他們的行為，特別表現在社會規範與社會價值上，仍然是屬於保守型。這種保守型從另外幾種現象也可以看得出來，比如農業的經濟形態，低教育程度，早婚等。

由於基本上是農業的經濟結構，竹村的家庭在經濟生活方面便不得不適應這種環境。通常，一個家庭可以從年齡與性別做較細的分

---

❶　較早時候，此地男女間還很少公開社交活動，目前較好。

工：(1) 男人主要從事種植工作，農暇便去挖煤⑯，或為人做零工，早期如此，目前大部份仍如此⑰；(2) 女性的變化大些，早期的主要工作除了家務外，便是上山砍柴，或下田幫助丈夫鋤地，如果時間較長，也去附近茶園或礦坑工作，有時是與丈夫同去；後來，茶園、茶工廠都增加了，許多 20 歲左右的女性都去做工賺錢，如烏塗窟、關西、龍潭或頭寮的大永公司；但是，這種工作越來越少了⑱，現在她們是去附近的電子工廠、塑膠廠、或別的工廠中工作，工作量較少，賺的錢還多些⑲；(3) 對於農事工作的年齡劃分，我國有傳統的辦法，但現在的工廠可以接受較輕的年齡，無異把從事工作的時間提早了；(4) 這種分類也不是截然的，有時候他們全家（可以工作的人）去礦山，男的挖煤，女的推煤車；或去山上採集運輸樟腦；完全成為一種家庭作業方式。

這也是經濟所造成的結果。竹村是一個比較貧困的地區，土質不好，灌溉系統原來也很差（新水圳修好後就好得多），居民沒法不去找點兼職，以維持某種程度的家庭生活。女性的想法是補貼家用，男性也不表示反對或者說無法反對。男人既不能好好地養活家口，再傳統的男性中心主義者，也不能不遷就現實。

這種經濟情況反映在婚姻關係上就是：附近的年輕女性不願嫁過

---

⑯ 另有 10 % 左右的家庭以礦為專業，當然沒有轉換的可能。

⑰ 比如，雜貨店比以前多了些，去外地讀書、謀職的也多了些，這種變化也應該考慮在內。

⑱ 大溪的茶業還是相當發達，由於採用電剪採茶，及機器製茶工作，所需要的人就相對減少。

⑲ 有不少人曾抱怨說，以前廟裏的募款是農人補貼工人，現在倒過來了，工人補貼農人。

來，社區內女性卻有不少嫁出去，嫁過來的女人多半是南部，特別是雲林人。爲什麼呢？雲林的經濟情況比竹村還壞。這種婚姻關係，從好的方面來說是增加了社會網絡，壞處是增加了家庭和社區次文化的異質性，行爲的調適時間將比較長些。聯姓太多，對婚姻也可能造成阻礙。

　　外力對於竹村家庭結構或家庭意識形態所引起的變遷是近幾年來的事，但是像家庭人口，即一般所說戶量，變化不大。表二是民國39年以來的變動情形。

　　表中有兩個非常明顯的現象：（1）美村的戶量總是比福村大些；（2）平均戶量自民國 39 年上升，至 55 年爲最高峯，然後歷年下降

表二　家庭平均人口數

年（民國）	39	45	49	55	59	60	61	62
戶　合　計	6.28	6.46	6.89	7.30	7.10	7.06	6.98	6.93
福　村	6.11	6.23	6.78	7.30	7.10	7.01	6.97	6.79
量　美　村	6.45	6.69	7.00	7.30	7.10	7.11	6.99	7.07

[20]。不過，一般而言，平均人口還是相當穩定，最高與最低相差 1 人。這與我們以前做的兩個社區大致相同，西河戶量爲 6.79 [21]，萬華爲 7.17 [22]。前者爲實數，幾乎與竹村相等（也是實數）；後者爲樣

─────────

[20]　此處所列均爲實數，故不用檢定。所說「家庭」，係以戶籍登記數爲準。

[21]　這是世居西河的戶量，新近遷入的人家（共 88 戶），戶量只有 4.74。

[22]　萬華的龍山區平均戶量爲 5.1，臺北市爲 4.6，所以出入還是很大。

本數，比實數略高，但與竹村的樣本數也幾乎相等，7.18。這種差額可能是訪問者與被訪問者計算方法不同所致❷，也可能是戶籍本身存在若干問題。竹村的樣本戶量如下表。

表三　樣本平均人口（家庭）

每家人數	2	3	4	5	6	7	8	9	10	11	12	13	14
戶　　數	9	8	7	20	40	31	32	17	17	8	4	5	2

平均數＝7.18　　　標準差＝2.53　　　樣本＝200

這種樣本與實際間的差異，有時頗不易克服。不過，我們在理想家庭人口數上就可以看出一點實際情形來，如下表。

表四　理想的家庭人數（戶量）

年　齡　組*	低年組	中年組	高年組	樣本＝202
平　均　人　數	5.51	7.13	7.63	顯著水準＜.001

* 低齡，15～30 歲；中齡，31～45 歲；高齡，46 歲以上（下同）。

很顯然年齡上的差異對家庭人口有相當大的影響力，也卽是，年齡越大對大家庭越有興趣。而三組年齡理想家庭人口的平均數為6.75，與現在的實際數目幾乎完全一致❷。

---

❷ 比如有的人以 household（戶）為為計算準標，有的人以 family（家）為標準。訪問員的翻譯也可能影響到答案。

❷ 我所以這樣平均，是由於每種樣本數大致相等，只是一種估計值。

這與他們是否與父母或兒女同住的行爲也有關，因爲在我們的有效問卷中，有 71.09% 一直與父母同住，73.33% 一直與兒女同住，自然會增加每戶的戶量。

表五　與父母同住

	一 直 同 住		一段時間同住		不 會 同 住	
	實　數	%	實　數	%	實　數	%
低　齡　組	11	8.60	2	1.56	1	.78
中　齡　組	35	27.34	8	6.25	8	6.25
高　齡　組	45	35.15	10	7.81	8	6.25
合　　　計	**91**	**71.09**	**20**	**15.63**	**17**	**13.28**

樣本＝128　　卡方＝0.7　　自由度＝4　　顯著水準＞.05

表六　與兒女同住

	一 直 同 住		一段時間同住		不 會 同 住	
	實　數	%	實　數	%	實　數	%
低　齡　組	7	11.66	1	1.66	0	0
中　齡　組	2	3.33	0	0	1	1.66
高　齡　組	35	58.33	4	6.66	10	16.66
合　　　計	**44**	**73.33**	**5**	**8.33**	**11**	**18.33**

樣本＝60　　卡方＝2.63　　自由度＝4　　顯著水準＞.5

三組年齡不同的人對於是否與父母或兒女同住，所得結果雖無顯著差異，即是，年齡不影響這些行爲，可是，實際行爲卻是集中在「一直」與父母或兒女同住。最後我們還要分析一下父母對子女數的期望情形，先看下表。

表七　父母對子女期望數

	低　齡　組	中　齡　組	高　齡　組
子	1.63	2.26	2.56***
女	1.25	1.66	1.90***
子　與　女	2.88	3.85	4.44***

樣本＝202　　自由度＝4　　***顯著水準＜.001

這種顯著表示年輕一代對於子女的需要量的確在減低，如果不因年齡的增加也增加的話，將來變遷的方向是可以預計的，即是，在技術變遷的影響之下，家庭將會產生許多變化，正如 Ogburn 對美國家庭的研究一樣[25]，趨向於適應工業社會的小家庭制，不祇是戶量，規範和價值也會產生相當大的變化。

三　羣體關係

我國一向強調集體行爲[26]，如家庭、宗族、同鄉等。在傳統中國，成就不屬於個人，而屬於集體。這也使我們聯想到，從前人犯了大罪，爲什麼要誅九族的道理。

我在前節〈萬華地區的羣體與權力結構〉中，曾將羣體行爲研究作過一次比較詳細的檢討，並說明目前的趨勢，最後使用一個模式來作爲研究的架構[27]。但在研究〈岩村的社會關係和權力結構〉時，方

[25] Ogburn (1955) 如他強調父權減小，家庭功能變弱等。
[26] 參閱文崇一（民 61b: 66）。我在文中強調這種集體行爲是由地方主義，家族主義，與道德規範所形成。
[27] 見《民族所集刊》39，頁 20。意思是羣體行爲因羣體成員的動機、期待而產生，因運作而達成結果或整合的目的。即需求影響行動，行動產生結果或成就。

法已經有些轉變❷。那是爲了適應岩村的結構。本研究是一個農村，農村羣體比較單純，不像都市那樣複雜。由於需要，羣體依然從工作取向、社會取向、工作與社會取向三個層面分類。工作取向羣體是以達成某類工作爲目標；社會取向羣體是以社會活動與聯絡感情爲目標；第三類羣體是介於二者之間，旣屬工作又屬社會的羣體性質。

（一）工作取向羣體

屬於這一類的羣體有下述幾個：里民大會，特別是里民大會中的領導羣；政黨，主要是國民黨的小組長與區分部委員；國小家長會委員，包括福村與美村二國小；新圳委員會。

1. 里民大會

里民大會不能視爲一個眞正的羣體，這是盡人皆知的事。如果說還能算數，那也只是老人、婦女與小孩的羣體，與原來所預期的結果完全兩樣。不過，即使是這樣，也還有它的意義：第一，維持了一個民主式的正常基層組織，在特別需要時，仍能發揮它的潛在作用；第二，里的領導羣藉此有更多的接觸，形成一種上層的小羣體，至少在竹村有這種功能。這些人多半比較熱心社區事務，在社區中影響力也較大。

福村與美村的里民大會，都設有兩個輔導會議的指導團體：一個叫主席團，由三人組成，其中一人爲里長，開會時爲當然主席（有時也可以由非里長擔任），其餘二人在里民大會時選舉產生，大抵每年改選一次（習慣上福村在 9-11 月間，美村記錄不全），得連任；一個叫糾察小組，也由三人組成，里民大會選舉產生，約半年改選一次

---

❷　由個人角色和羣體領袖產生社區領袖，再形成社區權力結構。

（福村如此，美村記錄不全），得連任。

　　六個人雖然分成兩個小組，他們的實際行動相當一致，幾乎構成里民大會的核心份子。他們往往在正式里民大會前邀請當地國小校長、民眾服務站主任、鎮民代表等先行交換意見，確定會議程序，甚至連提案、臨時動議都安排妥當。可以說是一個籌備小組會議。但並非每次都如此認眞。就兩個里的里民大會紀錄來看，主席團與糾察小組的人員多屬於社區中的領導羣，並且集中於少數人輪流擔任。福村的主席團是林正、李庚等 10 人⑳，糾察小組是蔣彩、江成等 24 人㉚，時間從 54 年 2 月至 61 年 11 月，前者十一屆，後者十六屆；美村的會議紀錄不全，只收到從 60 年 1 月至 62 年 8 月，其間主席團改選過一次，糾察小組改選過兩次，均爲連任。主席團是湯明（里長）、曾春、黃順；糾察小組是曾坤、李陽、游宮。

　　這種紀錄的可信度不會高，甚至完全造假。不過，從紀錄本身來看，還是可以看出一些端倪：（1）兩個里的領導羣流動都很小，或者說，可供作僞的流動性很小。而以兩里作比較，福村比美村的流動大得多，因爲兩里的戶數與人口數相差不大㉛。（2）兩種紀錄本身所顯示的缺點是美村造假的成份可能比福村多些。（3）假如紀錄中的領導羣可以代表實際的社區領導羣，則福村比美村的溝通頻率較大。

---

⑳ 林正（前任里長，共 6 屆），李庚（後任里長，7 屆），李東（3 屆），蔣彩（5 屆），江成（3 屆），林金（1 屆），張立（2 屆），王明（4屆），朱丁（1 屆），童德（1 屆）。

㉚ 蔣彩（4 屆），江成（5 屆），林廉，張立，邱美（各 3 屆），李東，林金，李庚，陳金，王明，童德，林溪，林秀，林姜，楊斌（各 2 屆），簡發，邱意，呂木，朱丁，陳慶，陳國，游慶，古炎，藍亮（各 1 屆）。

㉛ 以民國 62 年爲例，福村 569 戶，3,864 人；美村 434 戶，3,069 人（見大溪鎭戶政事務所該年統計資料）。

　　一般而言，里民大會已經完全無法達到整合政治與社會的目的，甚至所謂宣傳政令也是一句空話，它只是一個空架子，老套。但是，從另一方面來看，卻給予社區領導羣一個交換意見的機會，不能說全無用處。尤其像福村前任里長李庚，每次在會議後都請參與的社區領袖，如議員、代表、里幹事、其他要人共進午餐，每當酒酣耳熱之餘，眞是無話不談，作用頗不小。不過，這不是每一個里長都做得到，那需要不少應酬費。

　　里民大會中的提案和討論事項，照理是一項可資分析的好資料，可是，時間一久，眞僞莫辨。不過，無論眞僞，它們所涉及的都只是地方事務。由於執行困難，或者根本無法或無人執行，一件事往往重複的出現於會議紀錄中。

　　2. 政黨與家長會

　　這裏所說的政黨實際就是中國國民黨。國民黨在鄉村地方的組織多半只有小組，及幾個區分部委員。這些黨員平常只是對內有若干溝通，選舉時一些助選活動而已。不過，地方上的領導人，除極少數外，多爲國民黨黨員。因而黨員，特別是黨的領導份子的行爲，關係地方事務不小[32]。黨的每一個小組，其實就是一個小羣體，但小組活動，外人無法知道，我們在這裏只能談談黨在竹村的領導系統。國民黨在福村有四個小組，小組長是：李庚、蔡醫師、陳明、黃銘；美村有二小組，小組長是湯明、呂珍。區分部委員，福村爲黃銘、游河，美村爲呂珍、李本。

　　我們在前面說過，小組本身可能並不能發生太大的作用，但這些成員的領導人在社區事務上的重要性卻不能忽視。就上述這些人來

---

[32]　據地方若干領導份子報導，黨員中老的沒有興趣活動，年輕的都出去謀生去了。黨在地方上的作用實在不大，而且又常所用非人。

說，李庚是前任里長，游河是現任里長；陳明是前任鎮民代表，在鎮公所擔任過職務，後來又是新水圳（新修水圳）的總幹事；湯明是連任幾屆的里長；呂珍是現任美村國小校長；黃銘代表福村國小，頗有點說服力；李本爲李姓頭人之一，爲水利小組長；只有蔡醫師爲退伍軍醫，外省人，不參與社區事務。整個黨的形式上的領導羣仍然值得注意，特別在權力結構方面。

家長會是一個正式組織，聚會不多，力量也不見得大，但它代表一個羣體對某方面發生作用，它本身也象徵某一種領導羣的傾向。單獨從家長會來說，也許不是一個重要羣體，可是，與社區領導權結合起來看時，依然有它的用處❸。

民國 38 年，尾寮只有大溪國小分班（一班），後來增加一班，容納一、二年級學生。45 年增加到四班。53 年 9 月才正式獨立，翌年，黃注擔任校長，59 年才完成現有的規模。目前，美村國小有 11 班，共學生 445 人（其中男生 220，女生 225）。家長會委員共 13 人，其中常務委員三人：阮養、黃注、曾坤（主任委員）；委員黃順、李本等 10 人❸。

美村是個窮地方，一向不重視教育，居民的觀念非常保守。這個學校能辦得起來，黃注校長（本地人）居首功，其次是曾坤與阮養。曾坤做過二屆農會理事（八年）與二屆鎮民代表，了解教育的重要性，在國小建校及辦學過程中一直支持黃校長，他也一直是家長會

---

❸ 比如說民國 44 年的建校委員中有：主任委員林廉，副主任委員李東，委員有江成、李庚、林正、張立、簡安等 15 人可能在福村更有代表性。這些人多數是家長會委員。

❸ 除已提出 5 位委員外，尚有：王德、簡枝、陳紋、簡山、張祥、劉清、曾雄、李生。

長；阮是尾寮的富人，雖沒受過多少教育，卻一直支持教育與慈善事業。常務委員由這三人組成，可能是最佳組合與合作。

福村國小的建校史與美村差不多，但發展得快些。民國39年成立內柵國校福村分校，以頭寮糖廠房舍為代用教室，共二班。45年成立福村國民學校，鄭忠為首任校長。47年黃賜為第二任校長。62年是第三任校長郭容❸。學生人數從45年的7班，328人，增加到62年的18班，828人。比美村幾乎多了一倍。

福村國小家長會比美村好些，共有兩屆。第一屆成立在第二任黃校長時，會長李東，常委林廉、洪昌（已遷出），委員李庚、江成等10人❸。第二屆成立於59年，會長李東，常委簡安、簡壽（已遷出），委員游河、林金、江成等10人❸。第一屆究竟開了幾次會，已無記錄可稽；第二屆則祇於60年4月及61年5月各開過一次會議，所討論的也不是什麼大事。但是，無論如何，這個名單在社區中還是有某種程度的代表性，如果與45年建校委員對照一下❸，就可發現其間差異並不大。

據當地人士了解，福村國小在大溪鎮算是好學校，這要歸功於三

---

❸ 從民國39-62的23年間，福村國小尚有幾件大事值得一提，即44年成立建校委員會，蓋了兩間新教室；45年由於福村煤礦捐贈及該校自籌款，又增加了兩間教室；48年增加電化教室設備；48-49年地方人士樂捐增建教室；55年獨立10週年校慶；61年原有自來水被切斷。

❸ 其餘委員為：林朝、游慶、林琛、陳城、游炎、林宏、張立、黃賜（當然委員）。

❸ 其餘為：游章、林池、林琛、林肇、吳全、林順、張發、林宏、黃賜。

❸ 主任委員林廉，副主任委員李東，名譽委員顏明、簡壽，委員：游雄、游慶、江成、倪泉、林肇、楊泉、李庚、林正、許婆、陳城、黃池、張立、江枝、簡安、蔣彩。本社區大部分的領袖都納入了這張名單。

方面：一是學校教職員認眞而努力；二是家長及地方人士盡力支持；三是福村煤礦曾多方協助，如捐教室、鋼琴等。很明顯的，福村居民比美村更熱心於教育，家長會的成就也就大些。

政黨小組與家長會在實質上都沒有十分發揮它的功能，但在形式上卻是一個相當動聽的正式組織。不但竹村如此，別的地方一復如此，這正是我們需要檢討的地方：強化它的組織與功能，或是撤銷它。

3. 新圳建設促進委員會

新圳是爲了解決福、美二村灌漑用水而興建的，爲了這條水圳，全竹村的人曾經開過四次會員大會，十次委員會。時間是從 53 年 6 月 30 日至 57 年 12 月 9 日。新圳的構想開始由臺灣省議會第三屆第四次大會提出來，向省府要求 40% 的補助款。53 年 6 月 30 日在福村竹庄廟開第一次會員大會，到會者兩村計 117 人，可以說相當熱烈。會議中通過了 15 人的委員會❸。嗣在同年 7 月 9 日的第一次委員會中把 15 人的工作做了如下的分配：

(1) 常務委員 7 人：陳鍛、李東、簡安、林達、李本、游宮、李寬。其中林達爲主任委員，陳鍛、李寬爲副主任委員；

(2) 委員陳明爲總幹事；

(3) 工程設計組組長爲委員陳樹；組員有委員簡安、張發、游宮、李寬；

(4) 人工徵用組組長爲委員林正、湯明；組員有委員林金、曾坤、林達；

(5) 總務組組長爲委員李本、陳明；組員有委員盧江、李東、陳

---

❸ 第一次會員大會中討論事項會提出：「爲健全新圳促進委員會組織，擬將前所組織之會解組，由受益地區農戶會員大會決議重新組織」。但結果照原案通過。可見這張委員名單是事先擬妥，而交由大會通過。

鍛（8月間盧江因故辭職，在第二次委員會中通過由李陽遞補）。

　　這個委員會的確爲水圳出了很大的力，但也帶來許多糾紛，糾紛的起源可能由於早日的派系恩怨，以及眼前的私人利害關係。最後終於完成了，不能不特別歸功於當時的縣議員卽新圳主任委員林達。林達當時年輕氣盛，幹勁十足，他說：「竹村是個窮地方，水往三頭流，像一條翻過來的船，永遠無法改善，也永遠發不了財。這是老年人的古話，也把竹村的風水看死了。可是，如果開條水圳，把水引過來，不就把船翻轉來了嗎？」62年，水圳已經在灌漑了，有些老人對林說：「竹村從來不曾在春雷前有過水，今年有了」。今年北港進香有17輛車同時去，這是從來沒有過的。爲什麼？因爲田地有水，都把秧插過了，樂得去輕鬆一下。這就是新圳開通以後所表現的樂觀氣氛，也爲當地帶來不少經濟上的利益；而在興建時，不但一般農民有成見，委員會的意見也不統一❹。我們現在是肯定新圳對竹村的水利價值，可是，如果不是林達堅持（當然也不能忽略他的同道的支持）❹，這條水圳也許在中途就停工了。

　　我們這裏所關心的不是水圳本身的問題，而是修水圳時，那個決策羣體——促進委員會。15個委員似乎是在會前商量好的，根據什麼標準則不知道。有一點卻是可以確定，擬名單時，林達有比較大的決定權，也卽是，這些委員可能多傾向於接受林達的看法。不過，還是有他的反對派在內，如張發，在大溪事務上是站在反對的立場，李本、李寬等是從尾寮的觀點來反對。總之，15個委員中分成許多個小團

❹　十次委員會議紀錄顯示岐見存在，特別是修改原設計路線以後。

❹　如盧江辭職事件（因年老）；李本、李陽、張發、李寬辭職事件。在這兩個事件中，前者林主委批准；後者不准，並謂「希能共體後段之艱辛……繼續努力。」

體：陳樹（鎮長）、陳鍛代表鎮公所；林達、林正代表頭寮；李東、林金、陳明、簡安、張發代表竹庄；湯明、曾坤、李本、李寬、游宮、李陽代表尾寮。這幾個團體並未形成地區團體利益，平常也看不出他們究竟熱心到什麼程度，但是，當54年水利局改變工程設計時，大部分的尾寮委員及參加大會的受益農戶（見第四次會員大會記錄）均反對林達。反對者以李本爲中心。他們懷疑變更設計是爲了林達或他所代表的頭寮人的利益。這種爭吵維持了相當長的時間。在我們所獲得的6次㊷會議記錄的簽到情形，也顯示了他們的熱心和參與程度。

表八　新圳促進委員參與情況

姓　　名	職　　位	代表地區	開會次數
陳　　樹	鎮　　長	鎮　公　所	4
陳　　鍛		鎮　公　所	3
林　　達	縣　議　員	頭　　寮	6
林　　正	里　　長	頭　　寮	3
陳　　明	鎮 民 代 表	竹　　庄	6
張　　發	鎮 民 代 表	竹　　庄	4
李　　東		竹　　庄	6
簡　　安	水利小組長	竹　　庄	4
林　　金		竹　　庄	5
湯　　明	里　　長	尾　　寮	5
李　　寬		尾　　寮	2
游　　宮	圳　　長	尾　　寮	6
李　　訓		尾　　寮	2
曾　　坤		尾　　寮	4
李　　陽		尾　　寮	3

㊷ 第一至第三次會議紀錄未簽名，故無法了解。以常理推斷，後面能出席者，其前出席之可能性必較多。這個表只是第四至第九次會議，共6次。

從上面表列歷次委員會的出席率可以看出，竹庄人的參與程度比尾寮高。頭、竹地區平均每人出席 5.6 次，尾寮只有 3.6 次。

4. 其他工作羣體

竹村還有農會會員一百餘人（福村 85，美村 84），但這些人隸屬於鎮農會，平常沒有任何活動，會員彼此也沒有社交性來往。

商店也參加了鎮商會，可是同樣沒有團體活動。

這是一個比較傳統的鄉村，一些屬於新的行為體系的組織還不能引起興趣，似乎也還沒有必要，因為經濟生活尚未發展到那種程度。

（二）社會取向羣體

社會取向羣體多半為了社交或興趣而成立，一般來說，羣體成員都比較單純，雖然有時難免不發生衝突，也不致於引起太大的爭端。農村的社會羣體尤其如此。竹村的社會羣體以神明會為主，也有少數的結拜兄弟會、同學會等。神明會有：福安社、新勝社、樂園社、土地公會。除土地公會以土地公為崇拜對象外，其餘三社均以大溪聖帝廟為對象，每次都參加那裏的祭典與遊行，社址卻都設在竹庄的福安宮。

1. 福安社

福安社是三社中成立最早的一個[43]，為林傳所發起組織，時間約在四、五十年前[44]。開始時只有七、八人參加，稍後增加到 10 人，最多時十五年前有 100 多人，現在也還有 80 餘人。當初的目的是為了應付 6 月 24 日大溪聖帝廟的慶典，竹村就組成這個鑼鼓班去，參

---

[43] 也有人認為新勝社是最早成立，然後才是福安社。這種說法都是憑記憶，不易澄清。這裏用較多人提到的一種。

[44] 有說光復後才有這些社。

加遊行並熱鬧一番；同時，社員家如有婚喪事或其他慶典，也可以免費請他們去（非會員則需出錢）⑮。這似乎具有娛樂與工作的雙重作用，不過，他們的最初目的還是希望「熱鬧一下」，在遊行隊伍裏表現一點竹村人的威風。辦這種事是花錢的，如買樂器（主要是鑼鼓）、演戲、吃飯等，每次總得捐出 100-150 元左右（以目前計），他們叫這種捐款爲「緣金」。

福安社的社員起初多爲竹村的農戶，但不知從什麼時候開始，這個限制沒有了，並且可以同時參加幾個社，退出也很方便：祇要三年不繳緣金。社設代表 1 人，開始由林傳擔任；後來是邱成；三年前，代表增爲三人，由社員口頭選舉，是：童德、趙春、及另一人。每年有兩個爐主，一正一副，擲筶決定。爐主的主要任務是：收錢、一年內的祭事、開銷、錢不足時再貼出來。以後又把爐主改爲三正三副。今年的值年爐主是趙春。還有首士 10 人，主要是協助爐主收緣金。只有代表是屬於長期性的管理社內事務，特別是購置、保管樂器與籌募特別捐款。社員沒有年齡、性別、教育程度的限制，原則上以戶爲單位。有社員死了，關係人也可以繼承。這種組織的彈性可以說非常大，社內的決策過程也就非常簡單。

福安社的活動從前很多，並且經常要與新勝社或樂園社比賽，大家爭奇鬥勝，不祇是鑼鼓班，還要在演戲上互爭短長。現在就不行了：第一，這些「玩藝兒」已經引不起大家的興趣；第二，請鑼鼓班的花費太大，普通人辦不到，光吃喝就是一筆大開銷；第三，社員的流動性大了，經常在需要時找不到人；第四，教師的費用大，年輕人又不喜歡學。所以，目前的鑼鼓班正在走下坡路，有時用得着，也是

---

⑮ 事實上還有別的用途，如每年北港進香囘來（時間不一定），3 月 23 日的殺猪公（媽祖生日），或某家有特殊好事。

幾個社合起來，再不敢別苗頭了。

2. 新勝社

新勝社較福安社晚幾年成立，社員以礦工爲主，但如福安社一般，並無任何限制。現有社員 170-200 人左右。原來未設代表，後由邱火擔任第一任代表，接他的是童培。五、六年前，增加代表爲 6 人，卽童培（住臺北）、曾淸、曾保、游田、李東、阮養。爐主也是一正一副，今年的值年爐主是吳全。首士 10 餘名，比福安社稍多。其他各方面，除多一龍隊，有 40 餘名會員，由吳全爲會長外，其餘皆與福安社同。

其中有兩點稍異：其一，新勝社先演戲，福安社後演，雙方頗不愉快，後來都請不起了，在一臺戲上掛兩個牌子；其二，最早是農戶比礦工有錢，後來卻是礦工比農戶更有錢。這是經濟變遷，也是社會在變。

3. 樂圇社

樂圇社是第三個成立的神明會，略後於新勝社一、二年。目的與上二社完全相同。社員以頭寮人爲主，一般均知識程度較低，家境較差，同時年輕人很少參加。目前有社員 70-80 人左右。發起人爲林鑫、林欽、江成，現在的代表爲林深。爐主每年正副各一，去年改爲各二，今年值年爐主爲李福，副爐主江成。

上述三個社的性質與功能完全沒有什麼差異，就是結構也差異很小，稍有不同的是成員，福安社偏於農民，新勝社偏於礦工，樂圇社偏於頭寮人。雖然有幾十年的歷史了，變化卻不大。逐漸式微的情況則由於成員興趣的轉變，年輕一代外出或不願加入，乃至對宗教態度的改變等。總之，這個廟（媽祖廟）雖正在翻修，有興盛的趨勢，這些社卻在沒落中。

以參與的成員來說，每個社總有些地方上的有力人士在內，如福安社的張立、趙春、李本、楊祥、許萬等；新勝社的李東、阮養、簡安、林金、黃順、陳明、曾成等；樂園社的林德、林深、江成等。從這方面來看，新勝社的勢力的確較為優越，而樂園社最弱，並且婦女會員最多。

4. 土地公會

在竹村的土地公會可以分成三個大區域羣，即頭寮、竹庄、尾寮。目的都差不多，只是成員與聚會時間不同。這種會是完完全全的神明會，以尾寮一個土地公會為例：這個會有一筆基金，每年由會員借出去付息，不需要錢的也借，每年借完為止；他們認為，用這種錢會帶來福氣，叫做託土地公的福。

頭寮有 8 個土地公廟，土地公會只有三個；第一個是草嶺（第 4 鄰）與洞口（第 20 鄰）的 10 餘戶，共一桌，每年在農曆 2 月 10 日及 8 月 15 日聚會，各吃一次，沒有別的活動，平常也沒有特別的社交，內部組織非常鬆懈，這可以說是典型的神明會；第二個是猴洞坑（第 12 及 13 鄰），參加的人也不多；第三個是頭寮城（15 及 16 鄰），只有 5 - 6 戶參加。他們的活動與第一個土地公會完全一樣。

竹庄有二個土地小廟，分別建在南門與北門，即現在的 17～32 鄰，共有 100 餘戶祭拜，合為一個土地公會。北門（17-24 鄰）的會員祗拜自己的土地廟，用香牌⑯為輪流標記；南門（25-32 鄰）就沒有香牌。這個合起來的土地公會開始時祗有 10-20 個人參加，現在增加的也似乎不多。每年有正副爐主各一，擲筶決定。每年在農曆 2 月

---

⑯ 香牌在誰家就由誰拜廟，普通一天即交下一戶。沒人安排，完全自由輪流，如果沒有交出去，就多拜幾天。大人沒空，小孩可以代替。據說至少有 80 多年的歷史。許多臺灣別的地方也有香牌的輪流辦法。

2日及8月15日各聚會一次，由爐主主辦，錢不夠時也由爐主付，叫做「吃土地公福」。平常沒有來往，也不見得因此而增加了他們間的感情，或影響某些社區事務。目前還知道的會員有：許祥、林助、李安、游輝、趙春、盧山等。實際上這是土地公的兩個祭祀圈，卻合成為一個土地公會。

尾寮的土地公會有兩個：一個在13鄰，約20戶，均種田人家，每年聚會兩次，輪流作負責人，錢不敷用時，由輪值者負擔；另一個由14-16鄰住戶組成，約50戶，這個會很早就積存了一筆基金，現在他們聚會時利息就夠用了，聚會的時間和竹庄一樣，農曆2月2日及8月15日。屬於美村的土地公會實際不只尾寮兩個，埔心子（1-3,6鄰）和小角仔（10-12鄰）慈聖宮內各有一個，不過，這兩個會目前已沒有什麼活動。

就整個而論，土地公會的參與人員既多非社區領導人士，又不是對社區事務熱心的一羣，自然談不上有多大的影響力。他們只是聚在一起，對土地公作點傳統的儀式性行為，或者盼望獲得某種程度的保佑。

5. 其他社會性取向羣體

同學會是其中的一種，比較定形的只有一個。這個同學會完全是竹村本村人，為日據時期小學同學，現在只剩下四個人，即趙金、游珍、江良、曾樹。他們每年聚會一次，在臺北、大溪兩地輪流舉辦。除此以外，平常也很少交往。

結拜會也有，如張旺參加的一個就有七、八人。這種換帖會不但聚吃，也彼此幫忙解決困難。如果父母去世，其他的兄弟必須盡禮。和傳統的兄弟會沒有什麼兩樣。有些年輕人在軍中結拜，退伍後還經常保持聯絡，甚至互通有無。

就以上述幾種社會取向羣體而論，組織都非常單純，規範也不複雜，有的羣體根本沒有特殊的規範。他們對羣體的選擇非常自由，可以同時是幾個社羣的成員，也可以在任何時間離開一社羣而參加另一社羣。在羣體中的行為也多半不會受到太大的干涉或約束。一般來說，羣體的特定目的非常簡單，沒有爭論，因而不但個人間很少衝突，羣體間或羣體與個人間也很少衝突。

（三）工作與社會取向羣體

工作與社會取向羣體的意義就是指某一種羣體旣具有達成某項任務的作用，又具有溝通意見或情感的作用，我們不容易把它拆開來討論。以竹村而論，福安宮（卽原來的竹村媽祖廟）頗富此種功能，除開它的宗教功能不談（如祈禱保佑、治病等），非宗教功能還有下列三種：

（1）它是竹村人，特別是福村人討論社區事務重要場所之一，如新水圳的幾次重要會議，都在這裏召集，某些特殊大事，也在這裏進行；

（2）十姓大會均在福安宮召開，雖然這種聯姓與宗教儀式有關，但不完全屬於宗教，十姓的組織多少把一個散漫的社會，作了某種程度的整合；

（3）福安宮本身是竹村社會整合的象徵，竹村的移民社會只有從這裏才能顯示出它的一致性，至少有表面上的一致性，因為他們生活在一個共同的祭祀圈內。

福安宮成立的確實年代並不十分清楚，可以確定的時間是民國15年重修❼，從竹村與大溪鎭早期宗教關係的密切程度來看，福安宮的

---

❼　據《桃園縣誌》卷三〈政事志（上）・建置篇〉（頁 26-27）謂福安宮在大溪鎭福村，創建於清嘉慶 18 年（1815），土地為林本源所贈。若干報導人也證實土地由林家所贈，但無法確定年代。

建立不可能在 100 多年以前，如參與大溪的關聖帝祭祀（農曆 6 月24
日），十姓的分裂等。不過，也不應該遲至民國 15 年才有這個廟，民
國 15 年以前可能經過一個草創時期。許多有歷史性的廟宇多經歷這
樣一些過程。

　　不管這個媽祖是不是靈驗，自從竹村人有了它以後，對大溪的宗
教關係就越來越淡薄，並且很快建立起自我的「十姓」作爲聯絡的網
絡。十姓對於宗族的血緣紐帶而言，實在微不足道，可以說除了極少
幾個，如林、李的內部凝結稍微強固外，全是表面上的外姓結合。可
是，對宗教羣體而言，卻有它不可忽視的力量：第一，十姓的頭人無
疑已形成一個相當重要的羣體，這些人，如林全、李東、湯明、阮養
等，除廟務之外，在社區事務上也有很大的發言權；第二，十姓頭人
羣的交換意見，雖未必能完全代表各該族羣的人，彼此多少有進一層
溝通的機會，可以增加了解；第三，這個決策羣體不祇在宗教事務上
發生影響，在非宗教事務上有時也有很大的影響力。

　　目前構成這個羣體的成員（卽十姓頭人）是：曾成、楊祥、林金、
林琛、邱義、李東、黃發、許萬、張福、廖英、盧淸、盧章、王田、
游泉、陳成、陳欽、簡亮、簡安、湯明、阮養、趙春。在這些人中，
林金還要負比較多的管理責任，因爲這個廟沒有廟產，迄今沒有管理
委員會。這些頭人通常一作就是一輩子，許多家還是父死子繼。平
常狀況之下，這些頭人完全不干涉私人生活，一旦有宗教儀式要舉行
了，如 3 月 23 日媽祖誕辰或去北港進香，頭人就相當忙碌，而且必須
預先籌備。例如，事先決定每戶的緣金，收錢；決定祭儀及有關事項；
決定進香日期，安排進香時之一切事務。都是在頭人會議中討論，並
作決定，一般人很少參與這些事。這次重修福安宮的過程就是一個很
好的例子，幾乎全是由頭人會議決定的，再由大家分攤經費。

　　有些人故意唱反調，如曾成、湯明的不滿，林琛認為花費太大，李庚本來就對這種事沒興趣。不過，這些少數反對派，或者說一般人的不熱烈，並不能阻止翻修工作，不久，「竹村福安宮修建委員會」於 62 年 10 月 27 日組成了。

　　這個委員會名單不只包括了十姓頭人，也包括了一些曾經唱反調以及有影響力的人，前者如曾成、林琛，後者如林朗、林達。而眞正熱心的是：阮養、簡安、趙春、林金、李東、葉炘、吳旺七人。

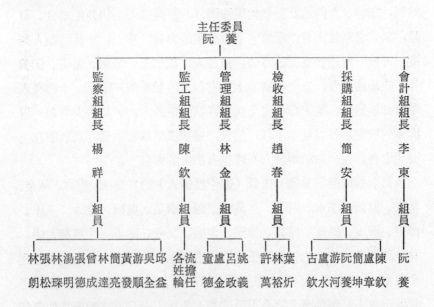

　　這個委員會一直在認眞地工作，目前，老廟已拆掉了，正在修建中。有些事，由於委員會受到了壓力，也作了適度的修改：其一，按戶分派的捐款辦法已改為原則性的規定，有錢的多出點，如阮養已認捐五萬元，沒錢的就少出些；其二，有些頭人怕將來收不到錢要賠，根本就不答應做爐主，如張福（張廖頭人），委員會也毫無辦法。一

般說來，主任委員與各組組長間還相當和諧，意見溝通也沒有什麼困難；但整個羣體還是有歧見，歧見又以情緒上的不合作較多。這對於達成任務當然有影響。

四　社區領導羣與權力結構

在上述的討論中，我們已經了解這個社區在宗族、家庭及羣體的組織與若干演變，也卽是說，我們對它的集體行爲方式已相當清楚。現在，我們必須對這些類型的集體行爲作進一步的分析，並且企圖解釋：爲什麼產生這些類型的行爲？誰在操縱這些行爲？那一類行爲的影響力最大？彼此間的互動（interaction）關係如何？等等。要了解這些，就得先了解比更具決定性力量的大溪鎮的領導系統。大溪鎮對福村、美村的影響不祇是行政體系的層級指揮，而是把宗教、政治、社會、經濟等體系揉合在一起，是一個歷史傳統下發展出來的次級文化。這裏暫且從領導權來分析大溪與竹村的關聯性。

（一）大溪與竹村：領導系統

大溪的政治中心當然是鎮公所的鎮長，誰坐上這把交椅，誰就可以對大溪的居民發號施令。因而歷年來對這個位子的爭奪都相當激烈。最早可以從第一屆鎮長選舉算起。第一屆鎮長的競爭者是呂命與黃寬，結果是黃當選。這也就種下了後來大溪鎮黃派、呂派的根，鎮長的更迭，非黃卽呂，否則就不要想問津了。竹村的領導羣也多半在這種政治浪潮中互相消長。我們不妨先看看歷屆鎮長競選的情況。

表九　大溪鎮歷屆鎮長選舉

屆別	年	競選者		當選者	說　　　　明
		呂　派	黃　派		
1	35年12月	60呂　命	63黃　寬	黃	第一次黃勝，但未超過1/2，再次選勝。
2	37年12月	呂　命	黃　寬	黃	副鎮長66黃炎。
3	40年12月	61簡　哲	黃　寬	簡	
4		簡　哲	一	簡	
5		呂　命	64陳　樹	陳	第一次呂當選，被控買票，40天下臺。補選，陳當選。
6		一	陳　樹	陳	
7		呂　命	邱　洋	邱	陳樹用來對抗呂派。
8		62邱　洋	31林　達	邱	邱得簡哲支持，跳槽。
	63年補選	一	65黃　璋	黃	邱以貪污案免職。當時黨內有6人競爭，黃以農會總幹事提名。

關於黃、呂兩家所以形成兩個派系，有許多傳說，這不重要，重要的是派系既然形成了，它對竹村有多大的影響？事實上，這兩派是否真的如傳說那麼尖銳地對立，也很難說：第一，黃、呂之間早期並沒有太多利害衝突，而黃寬很早就已離開大溪，住在南部，雖然競選後產生了政治衝突，未必很激烈；第二，黃在第二任鎮長內，以黃炎為副鎮長，黃炎卻是與呂命等人同是崁津吟社的會員[48]，這豈不是替自己為難？第三，呂命、簡哲、黃炎、陳樹都是崁津吟社的社員，常

---

[48] 這個社成立於民國 13 年，為當地呂琪所創立，參加者很多，頁 147-149。

在一起聯吟❹，大家都是詩友，如果權力爭奪眞是那麼厲害，就不容易做得到。當然，這不是說要否定他們間的衝突，衝突是有的，只是在必要時轉變也並不困難，如邱洋那樣。

　　實際，這種表面的對立，在內部運作過程上還相當單純，彼此間依附的原則也相當傳統，他們有的是姻親關係，有的是同族關係，有的是小地域關係。這兩個勢力羣可略如下圖：

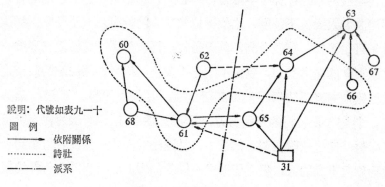

說明：代號如表九—十

圖　例

　→　　依附關係

…………　詩社

——　　派系

圖一　大溪領導羣系統

　　目前，呂命已去世，黃寬臥病不起，呂派頭子只有簡哲，黃派只有陳樹。我在前面談過，簡、陳二人同屬崁津社，詩也做得還不錯。最近簡哲爲了林達繼任農會總幹事還出面向各理事說項，林終於成功了，由此也可見簡哲的派系觀念並不十分嚴重。

　　以目前的情勢來說，簡哲、陳樹的時代已快要過去，今後的天下將是邱洋、黃璋、林達三人互爭短長。邱本來是黃派擡出來的，後來又跳槽到呂派，前後是陳樹與簡哲分別導演而成；黃璋與簡哲是姻

---

❹　如民國 42 年，他們都參加過北部詩人聯吟。均見《桃園縣誌》卷五〈文教誌・藝文篇〉，頁 149。

親，不能說沒有某種程度的接近，卻又是政治上的黃派；林達是後起之秀；以縣議員與陳樹、黃璋有密切關係（曾得陳鎮長支持修新水圳，曾爲黃的鎮長助選員）。三個人都做過農會總幹事（林達正擔任此職）；邱已任過鎮長，黃正任職中，林是否也將從總幹事達到鎮長地位？這三個人各有其特點：邱因案免職，能否再爬上來，頗成問題；黃璋在農會總幹事任內成績不錯，如果在未來的鎮長任內幹得好，將是他發展的本錢；林年輕氣盛，野心大，也相當看重自己的利益⑩，因而許多人對他不諒解，也使得這次農會總幹事得來不易⑪。從這裏我們可以了解，黃最有利，其次是林，再次是邱。這顯然已形成一種黨派型⑫的地方勢力，雖尙不十分尖銳化。但目前國民黨的政策是希望消除地方派系歧見，將來如何運用，還難以預料。不過，無論如何，林達代表竹村的新興勢力，將屬必然。誠如一般竹村人所說：「竹村一向是依附在黃、呂派下，林達是唯一的一位從竹村闖到大溪政治舞臺上去的人，很可能形成一股新勢力」。這也許對竹村的發展甚爲有利。

（二）領導羣與羣體

林達實際上已經是超社區的領袖，他在竹村的領導地位，應該沒

---

⑩ 比如他在大溪河邊蓋自己的房子、經營遊樂場，都是在縣議員任內取得；當然他也替竹村人做事，如修新圳。

⑪ 據傳說，林達被提名爲總幹事（原任黃璋當選鎮長）時，11 名理事有 7 人反對。黨部乃請陳樹疏通，陳以同派不便，乃改請簡哲、李益（縣議員）出面調解，理事們索價四萬元，最後黨部加壓力才投贊成票。

⑫ 從民主政治來說，黨派並不是壞事，但應節制，不能演變成黨派徇私，而漠視居民利益。黨派型社區權力結構是典型的一種。參閱 John Walton (1968).

有問題。其實不然，舉兩件比較重要的事爲證：（1）修新圳時，遭遇到相當強烈的反對，這種反對可以解釋爲村民不理性，也可以解釋爲林達的領導威望不夠；（2）62年與邱洋競選鎮長，竹村地區祇有美村的鎮民代表和福村里長爲他助選，原因在於他在竹村沒有根。林達由於岳家富有，在岳家的幫助與支持下，26歲當選了縣議員，然後競選連任，然後開大溪遊樂場，定居大溪，然後做了農會總幹事。目前，除了在頭寮有一間自己開設的磚廠，他與竹村幾乎沒有任何關係。也卽是說，在竹村的羣體活動或集體行爲中，很難看到他的蹤跡，他與竹村人的行爲脫了節。這樣，自不爲村人所理解和接受。這也可以說，脫離羣眾的領袖不容易成功，脫離羣體的領袖也不容易成功。不過，話又得說回來，這祇是一種理想形態的雙軌交往。依照目前的情勢，社區與林達間的依存關係還相當重要，許多社區事務還靠他支持，所以林達在竹村仍能保有不小的影響力。

我們要了解羣體與領導羣間的關聯性，便必須了解下列事實：領導羣的重要程度，羣體的重要程度，社會地位的重要程度，以及相互影響的情況。我們可以先從下表作一基本了解。

表十　領導羣與羣體

編號	領導羣	A 福安宮修建會組長	B 福安宮修建會組員	C 十姓頭人	D 里民大會主席團、糾察組	E 政黨小組長及區委	F 國小家長會委員	G 新圳修建委員會	H 福安社社員	I 新勝社社員	J 樂園社社員	K 鄰長會	說明
1	阮　養	×	×	×			×		×				主任委員兼二組員
2	李　東		×		×		×	×					家長會會長，福村建校委員
3	簡　安		×		×		×		×				福村建校委員
4	趙　春		×		×								
5	林　金		×		×		×		×				
6	陳　欽		×	×									
7	楊　祥		×		×								
8	游　河		×			×	×						
9	盧　水		×										
10	古　欽		×										
11	盧　章		×	×									
12	簡　坤		×										
13	葉　炘		×										
14	許　萬		×						×			×	
15	林　裕		×										
16	盧　金		×										
17	童　德		×		×			×					
18	姚　義		×										
19	呂　政		×										
20	曾　成		×	×				×					

		A	B	C	D	E	F	G	H	I	J	K	
21	邱益德	×	×										
22	張德	×											
23	吳金明	×				×				×			
24	湯明順	×	×	×	×			×					
25	游順	×											
26	林琛	×	×				×				×	×	
27	黃發松	×	×										
28	張松	×											
29	簡亮	×	×										
30	林朗	×											
31	林達	×						×					新圳主任委員
32	張福		×								×		
33	廖英		×										
34	盧清		×										
35	王田		×										
36	游泉		×										
37	李本			×		×	×	×					
38	林正				×			×					里長（前任）。福村建校委員
39	李庚				×	×	×						里長（現任）。福村建校委員
40	江成				×		×			×			福村建校委員
41	張立				×			×					
42	王明				×						×		
43	朱丁				×						×		
44	林廉			×	×		×						福村建校委員
45	曾春				×								
46	黃順				×				×		×		
47	曾坤陽				×		×	×					家長會會長
48	李陽宮				×						×		
49	游宮				×			×					
50	陳明銘					×		×	×	×			新圳總幹事
51	黃銘				×								

			A B C D E F G H I J K	
52	黃	注	×（G）	
53	李	寬	×（H）	新圳副主任委員
54	張	發	×（F） ×（G）	

上述十一種羣體，就影響力的大小或重要性而論，可以分為兩類：A，C–G 六種是比較重要的羣體[53]，在這些羣體中擔任角色的，影響力也就比較大；B，H–K 五種較為次要，各領導人祇是在這種羣體中出現，重要性就相對減低。

以參與 A，C—G 六種羣體中之多寡來衡量個人在社區中之重要性，可得：參與 5 個羣體的有 2 號李東、5 號林金；參與 4 個羣體的有 3 號簡安、24 號湯明、37 號李本；參與 3 個羣體的有 1 號阮養、39 號李庚、44 號林廉、47 號曾坤（還有一些參加 2 個羣體的，未超過重要羣體的半數，不計）。這些人實際上也就是社區中的重要份子，祇有三個成員因只佔 2 個這類羣體而被排斥。一個是 31 號，林達，當然很重要，但參加社區活動不多；另一個是 50 號陳明，做過新圳委員會的總幹事，能力很強；第三個是 8 號游河，新當選里長，早期未見其重要性。各重要領導人對重要羣體參與情形如下圖。

---

[53] 其中 F 種「國小家長會委員」在社區中的確不能產生什麼力量，但一般來說，這種委員常與社區重要領導人有某種程度的重疊現象，故仍列入。以前尚有一重要羣體「建校委員會」，重要人物有：2、3、38、39、40、41 等人，只列入備註欄以供參考，因許多人都已他遷。

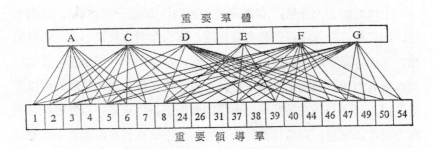

說明：A, C……表羣體；1, 2……表領導人（如表十）

圖二　重要羣體與領導羣關係

　　這個關係圖至少說明了兩點：（1）社區重要領導人沒有不積極參加社區活動，特別是羣體活動❺；（2）除了極少數外，影響力的大小與參加羣體的多少成正比。所謂少數例外，如 31 號住大溪，50 號在鄉公所工作，39 號不信宗教，都是特殊原因所造成的結果。

　　這二十一個領導人，依照他們對社區人民影響的程度，又可分為四類：

最大影響力	次　要　影　響　力		再次影響力	較小影響力
31林　達	1阮　養	26林　琛	4趙　春	49游　宮
2李　東	5林　金	3簡　安	44林　廉	6陳　欽
39李　庚	8游　河	37李　本	54張　發	7楊　祥
24湯　明	47曾　坤	50陳　明	35林　正	46黃　順
	40江　成			

❺　有一個例外是張旺，他不參加任何活動，却頗有點影響力；但據我們的了解，他從不出面，而用另一種方式表示意見。

上述的影響力分類，當然不是絕對的，係就一般而論 。分開來說，如宗教，阮養就可能最有發言權，因爲他對宗教熱心，又願意出錢；又如地區不同，影響力也會有差異，李本在小角仔李家，就比任何人更有力量。這就是說明，在社區中，除了極少數的領導人可以影響全局，普通都是在某些單一事項的決策上提出意見。以竹村最具影響力的四人來說，只有林達是全面性的，李東在竹莊，李庚在頭寮，湯明在尾寮。換一個地區，情況就不同了。這與他們的職業，家庭背景，及建立領導權的過程也有關係，特別與擔任地方政治上的角色有很大關係。

（三）角色地位與權力

旣然「權力就是參與決策」(Lasswell & Kaplan, 1969: 75)，則權力的大小也就是參與決策的多少或重要程度。這種參與，又受到角色 (role) 和地位 (status) 的限制，個人因不同的角色和地位，對於羣體決策有不同程度的參與。從結構觀點而論，角色羣只是地位羣的動態面，只是爲了實踐地位羣所賦予的權利和義務 (Linton 1936: 113-4; Merton 1957: 369-70)。換句話說，個人或羣體在扮演「參與決策」的角色時，一方面是實踐權利或義務，另方面也是表現一種權力或影響力。因而我們可以從角色，地位與權力的互動關係來分析領導羣與權力結構間諸問題。

第一個我們要分析的是領導羣的權力來源，這與他們旣有的社會，經濟，或政治地位有關，如家世、經濟狀況、職業等。我們現在先了解一下這些領導人的幾項重要背景。

表十一　領導羣的背景資料

	姓　　名	經濟狀況	家　世	現　職	過　　去　　經　　歷
最大影響力	31 林　達	頗佳，岳家富有	大溪合會工作	農會總幹事	縣議員（二屆）
	2 李　東	富有，雜貨店	父卽經營此店	老板	第 3, 4 屆里長，7, 8 屆鎮民代表 (50, 54 年)
	39 李　庚	富有，經營雜貨店	父教漢文	老板	保甲書記，兵役委員，里長 (6, 9 二屆，47, 58 年)
	24 湯　明	不好	父任里長	里長	里長 (6-10 屆，47-62 年)
次要影響力	1 阮　養	最富有，木材	很窮	老板	
	5 林　金	中等	父為保正	福安宮管理人	鎮代 (7, 8 屆，50, 53 年)，國民黨全省產業黨部區黨部書記，某礦業產業工會常務理事。
	8 游　河	商，富有	雜貨店	里長	
	47 曾　坤	中等	種田	農	鎮民代表 (8, 9 二屆，53, 57 年)，農會理事（二屆，8 年）
	40 江　成	農，中上	種田	農	鎮代 (6 屆，47年)，租佃委員（三屆，10年）農會會員代表。
	26 林　琛	中上	種田	鎮公所出納	里幹事
	3 簡　安	自耕農，中等	種田	圳長	競選里長三次失敗，土地重劃委員
	37 李　本	農，中下	種田	水利小組長	
	50 陳　明	公務員，中上	種田	鎮公所	鎮代 (6 屆，47年)茶場產業工會常務監事，軌道委員會辦事
再次影響力	4 趙　春	中下	種田	農	
	44 林　廉	中上	種田	養老	保正，里長 (1, 2屆)，農會總幹事
	54 張　發	中等	種田	工頭	鎮代 (9 屆，57年)
	38 林　正	中等	種田	養老	里長 (7, 8 屆，50, 54年)

較	49游　宮	中等	種田	圳長	土地重劃委員
	6陳　欽	中等	種田		
小	7楊　祥	中等		農	
	46黃　順		種田		
影	17童　德	中下	種田	水丁	
	30林　朗	中等	礦工	鎮民代表	佃農代表兼租佃委員
響	55張　松				鎮代（6屆，47年）
	56簡　枝				里長鎮代（6屆，47年）
力	57林　池	中等	商	碾米廠	鎮代（9屆，57年）
	58張　旺	富有	商	肉店，雜貨	（幕後力量不小）

> * 排列的次序大致與影響力的大小有關，越往後其力量便越小，只有最後
> 　一名張旺，不容易估計他的實力。最後四名都沒有參加前述羣體。

　　這個表解釋了以下幾個特質：（1）前四名最有影響力的人物中，
三個稱得上富裕，只有一個經濟狀況不好；在本地來說，父一代的情
況都相當好；都有長久的公職時間與經驗；能力都很不錯，只有第四
名（24號）稍有遜色。（2）第二組10人中（從1號阮養至4號趙春）
經濟屬富有的祇兩家（1，8號），其餘8家均屬中等（中上，3家；
中，3家；中下，2家）；原來窮苦，任公職，開雜貨店各一家，其
餘7家均種田；目前仍在種田的祇5家，其餘做老闆或任公職；在經
歷上，10人中只有四人從未任過公職。（3）第三組4人（4-38號）
經濟狀況屬中等；父一代均種田；目前的職業，一個做工頭，餘均養
老；均有過公職經驗。第四組是49號以後的10人，除一人經濟情況
較好外，均中等，另有三人不明；其先世爲一礦二商，餘均種田（其
中三人不明）；目前職業除一礦工兼鎮民代表，兩個商人外，餘多種
田；其中只有三人有過公職。

　　上述各組織領導人情況可歸納如下表。

表十二　四組領導人的特質[65]

	經濟狀況	家世	現職	擔任公職程度
甲、最大影響力	富裕	公	公或商	均長時間擔任過
乙、次大影響力	中上或中等	農	公或農	多數擔任過
丙、再次影響力	中等	農	退休	均擔任過
丁、較小影響力	中等	農	農	多數無此經驗

從上表來看，有兩個特質，非常明顯的與權力有關：其一，社區權力的大小與經濟情況的好壞成正比，即越富有的人，權力越大；其二，擔任公職時間越長，或佔有公職越多，社區權力便越大。我們在做社經地位（SES）抽樣調查時，發現商及專門職業得分最高[56]。上述甲組領導人差不多均屬此類，結果可說完全一致。這種趨勢，我們似乎可以承認：權力的大小隨經濟與政治二者而變，即：

社區權力 $\propto$ 經濟＋政治

這就是，因富裕等第上升和從政時間增加，社區權力也會加大。這種社區權力與家世、教育程度相關性不大，因為：這個農村的經濟情況普遍不好，一向無法重視教育，除了極少數，如林達、李東、李庚較好外，許多領導人都讀書甚少或根本不識字，如湯明、阮養等；每個家庭的家世也差距不大，以甲類領導羣而言，他們的祖父輩也是業農[57]。可以懷疑的是，為什麼出身於礦工家庭的領導人那麼少。一

---

[65] 各項特質中之少數，經濟狀況之「中下」，或退休中之「工」，均略而不提。

[56] 在職業結構抽樣中發現，各類職業與 SES 平均數是：商及專門職業 33.80，兼業農 24.25，專業農 19.48，工 19.16，無業 12.71（N＝82, F＝6.06, df＝4.77, p＜.001）.

[57] 在 82 個樣本中，祖父與父親間農業繼承非常高，達 90%，父親與本人間降為專業農繼承率 50%，兼業農 32%，工 16%。

個最大的可能是，早期礦工的收入不如農夫，礦工也沒有多餘的時間
去從事政治活動，或礦工多為兼業而已。

有些人在里長或鎮民代表任內時顯得相當活躍，而一旦下臺了就
消聲匿跡，這是否說明「地位」對扮演角色的重要性？ 如林池、簡
枝、張松、林正、張發、林金。另有些人，可以說根本不是人才，一
上了臺也居然做得有聲有色，如林朗、游河、湯明。實際上這些現象
不僅表明了政治地位的重要性，也表明了角色的分化確較傳統社會為
多。

了解了權力來源之後，我們要進一步分析領導人的相互依賴關
係，也可以說是互動關係。這牽涉到下面幾個問題：第一，領導羣間
的利害關係；第二，領導羣間的衝突，特別是政治與經濟上的衝突；
第三，歷史性派系衝突；第四，對社區利益的取向。由於領導羣在這
些方面的意見，往往不一致，相同看法的人自然容易結合起來，去追
求共同的利益。

假定我們把大溪政治上的黃（寬），呂（命）兩派視為演變成目
前的黃（璋）、林（達）、邱（洋）鼎足而三之勢（前面已有分析），
則竹村地區的政治氣候就比較容易明瞭。基於這次黃璋競選鎮長時，
林達曾經做過他的助選員，我們可以把黃、林當作一條陣線來看，因
而竹村的政治羣體主要就是兩面倒——邱與黃，即 62 號與 65 號。實
際仍不能算是充分的黨派型權力結構❸，因為：邱、林非勢均力敵；
而邱又非竹村人。

---

❸ 黨派的條件必須大致相若，而此則比較偏向於一面，林達有專權型的形
　式，却無專權之實。

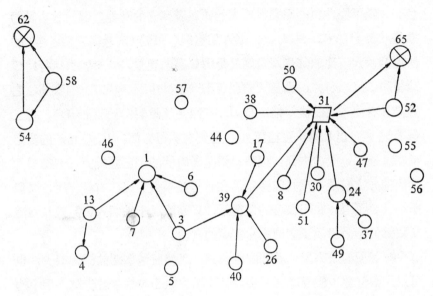

說明：代號如表九－十一

圖三　竹村的領導系統

　　從上面的勢力分割圖可以看得出來，62 號邱洋在竹村的勢力非常微弱，主要力量集中在 31 號林達，其外尚有少數游離份子。很多事件上表現得相當清楚，舉其重要的如新圳糾紛，邱、林競選鎭長，林達的力量也並不十分穩定。不過，他至少代表竹村的主流派，幾個主要力量都在支持他，如頭寮林姓，39 號李庚、2 號李東、8 號游河等。

　　這種情形就牽涉到權力分配問題。我們可以從羣體與領導羣兩方面來說，並且必須從羣體與領導羣的實質來討論，我在前面把羣體分爲兩大類，一類較重要，一類較不重要。現在必須從另一個角度來看它們在權力分配上的份量，並且把羣體當作社區集體行爲中的單一角

色。大致不同性質的羣體在不同的領域發揮它的功能：與宗教有關的羣體（表十 A-C, H-J），則以A羣體與C羣體（宗教與宗族各半）的決定權較大，比如翻修媽祖廟就是由C羣體產生，A羣體去執行；C羣體除了宗教事務，也負責處理若干宗族，主要是聯宗上的事務，它實際具有兩方面的決策權；D, E, K羣體比較偏向於政治事務，這三個羣體中，以E的決定權較大，特別在選舉方面；F, G羣體的決定權在於經濟、社會方面，但G羣體是暫時性的，已經結束，F羣體的功能卻非常有限。足見羣體行為在竹村並不很突出，有些作用，又似乎不大。不過，在不顯著的情況下，C羣體（十姓頭人會）與E羣體（政黨）還是扮演了它們相當重要的角色。

再就領導羣來看。我們剛剛說過，羣體所能掌握的權力很少，也可以說很分散；領導羣則相反，社區權力似乎有集中於少數人手中的現象：宗教事務多半由幾個熱心的人士做較大的決定，如1號阮養、13號葉炘、5號林金、3號簡安等；政治事務則集中於代表、里長、黨委、農會總幹事等，什麼事都由他們作最後或最大決策，不過，一旦沒有公職，大多數人又恢復到原來的身份⑲，如54號張發、38號林正、56號簡枝等，只有少數幾人纔能擺脫這種結果，如39號李庚、2號李東，但是他們兩人仍然受到一些影響；宗族領袖只有幾個比較定型的大族才有決定權，如林姓的44號林廉，李姓37號李本，其他如十姓頭人，在福安宮擲筶產生，沒有太大的代表性，只是在產生之後，對於聯姓仍然具有某種程度的權威，包括宗教和非宗教事務。所以，一般來說，這個社區的領導人物還不算少，可是遇到重大事件，能有決定權的總是那幾個人，例如民國44年的福村國小建校

---

⑲ 「身份」用來翻譯 role 這個字可能比現在的「角色」更貼切，此處含意則較廣。

委員是 44 號林廉（主任委員）、2 號李東（副主任委員）、39 號李庚等人，農村電力化（福村）是這些人，新圳委員主要還是這些人[60]。其次，從問卷測驗也顯示了類似的傾向[61]。我們先看下面兩個表。

表十三　為公眾事務提出意見與做決定的人

	a 8 游 河	b 24 湯 明	c 30 里 長	d 林 朗	e 2 村 長	f 39 李 東	g 47 李 庚	h 1 曾 坤	i 4 阮 養	k 3 趙 春	l 簡 安	m 57 林 池	n 54 張 發	o 其 他	合 計
A～12. 常常爲公衆事務提出意見的是誰?	10	12	3	3	7	4	2	3	2	2	1	1	1	13*	63
B～13. 對公衆事務常常能做決定的是誰?	10	10	3	4	5	2	1	2	2	1	1	1	0	10**	54

* 其他中之票無領導人士，且各爲一票，13 票卽 13 人。

**其中有 2 票是 31 號林達的，餘均非領導人。

上表各人所得票數在兩個問題中相當穩定，選擇均集中在 a－e 五人。而游、湯爲現任里長，a, b, c 三項實均爲里長票，加起來兩項各得 25 票，A 題約佔 40%，B 題約佔 46%；d 爲現任鎮民代表，d, e 相加，A 題爲 10 票，佔 16%，B 題爲 9 票，佔 18%，f－h, m, n 均曾任里長或鎮民代表，A 題爲 11 票，B 題爲 6 票。事實上，a－h, m, n 以及「其他」中一人 2 票，在兩類問題中都是曾經或現

---

[60] 這次林廉退休了，林達佔了主位，李庚換成了林正里長。這也顯示了角色跟着地位而變，特別是政治地位。

[61] 這次樣本共有 80，但在鄉村中，一般人均無法或不願說出他們的意見，所以統計的結果很不理想，只能說是一種傾向。

在從事地方基層政治工作的領導人佔絕對優勢，A題45票，佔70%；B題40票，佔74%。這種傾向就是強調政治地位在社區中的重要性，因而2號李東、39號李庚發言權和決定權反不如現任里長及代表，在實際能力上二李均超過他們。又如30號林朗，不過一礦工，而且服務興趣不濃。其次，我們來看另一種結果。

表十四　竹村人的能力與事業

	p 31 林 達	q 2 李 東	r 39 李 庚	s 1 阮 養	t 王 輝	u 8 游 河	v 58 張 旺	w 鷄 店老 板	x 30 林 朗	z 52 黃 注	p' 里 長	q' 24 湯 明	r' 47 曾 坤	s' 代 表	t' 其 他	合 計
C-14. 村子裏誰的事業做得最大？	8	8	4	3	3	1	1	6	—	—	—	—	—	—	10	42
D-17. 你認為村子裏誰的能力最強(大)？	17	2	1	2	—	8	1	—	3	3	3	2	1	2	4	49

　　C，D兩個問題的方向有相當的一致性，答案也相當的集中，高選擇性的領袖，如 p, q, u, r (w是外地人，不計)，旣比較富裕，又曾有過政治力量；s 有經濟力量；v 有經濟力，也有地方勢力，但少有地方聲望。

　　總之，無論從那方面看，社區權力都是集中在少數人手裏，正如許多村裏人所說，這個村子很單純。他們指的是人際關係，我們在這裏指的卻是權力分配。這些領導人享有的權力，因性質不同而有不同程度的分散和結合，主要屬於聯盟型的權力結構，即在不同事件上有不同的結合 (Aiken & Mott, 1970)。

五　結論

　　本文係從家庭、宗族、羣體的集體行爲來分析社會關係和權力分配；並以角色羣與地位羣作爲這種結構的基本分析方法；而從領導系統，或領導羣與社區權力結構間的關聯性，分析在社區內次級結構的分化或增殖。也就是說，在現代化過程中，傳統結構的分化和改變是必然的現象，問題是：它們爲什麼會分化或改變？如何分化或改變？最後分化或改變到什麼程度？其間互動關係又如何？這一類的問題都是我們所急需了解的，並且希望將來能針對此等問題作出對策。

　　在作過一系列的分析之後，我們得出下面幾點結論：

　　(1) 從家庭方面來說，民國 62 年的戶量平均數達到 6.93 人，相當大，與西河、萬華爲同一類型，比都市形態的臺北市 (4.6) 高出甚多，跟當地的理想家庭人口 (6.75) 幾乎一致。這就使我們了解，家庭平均人口一時還難以下降，除非年輕人的理想子女數（現在爲 5.51）將來不因年齡的增加而增加，除非減少與父母或兒女同住（現在前者爲 71%，後者 73%），除非年輕人對子女的期望數不繼續增加（現在爲 2.88）。否則，將來的家庭人數仍將保持目前的狀況。

　　(2) 家庭中兩性與年齡的分工，竹村原也跟別的地方差不多，很早就已開始，比如在農暇時，男人去挖煤、運樟腦；女人去推煤車、採茶。現在眞的有點變了，而且女人比男人變得多。有些兩性角色有互相交換的現象。這種變遷的原因在於竹村附近設立許多工廠，特別是電子工廠，女性在工廠工作的時間固定了（8 小時），男性，無論在礦山或田間，工作的時間卻並不那麼固定。據職業上的資料顯示，男人已經不得不在下午爲家人預備晚餐和看護小孩了，這時，他的妻

子或兒女還在工廠裏工作。對於這種角色的轉換，沒有人提出怨言。這不能說是小事，而牽涉到傳統行為改變的大問題。也許可以說是「錢」的現代性。這種行為的改變，顯然與社區和社區附近內設立工廠有關。我們甚至可以說，如果普遍設立不同種類的「社區工廠」，不僅可以增加農戶收入，改善農村生活，而且利用了農村的潛在勞動力。

(3) 聯宗或聯姓是竹村宗族結構的一種變形。竹村是一個移民社會，除了少數一、二姓，如林、李有較傳統的宗族意識外，一般都非常模糊。聯宗不但把宗族範圍擴大，而且在宗教整合之下，多少有點宗族意識存在，比如聯宗之內視為同姓，不婚；有聯宗的頭人，爐主等象徵宗族制度的功能。這完全是為了適應移民社會所發展出來的行為模式，模擬的宗族組織。

(4) 就羣體而論，三種主要羣體都有，但以社會取向羣體的功能最微不足道；工作取向羣體中之里民大會主席團、政黨小組、新圳委員會，以及工作與社會取向羣體中之十姓頭人會、福安宮興建委員會為較大。這幾個羣體幾乎包括了領導羣的主要份子，因此，除了少數幾個特例，如 31 號林達、50 號陳明等外，參與羣體的多少，可以作為衡量影響力大小的指標，但以工作取向羣體，工作及社會取向羣體為最重要。

(5) 影響領導人權力大小的另一些因素是：經濟狀況，地方政治職務，當前的公職。也就是說，越富裕的，擔任地方幹部職務越多或越久的，社區權力也就越大。這些人是社區中最有影響力的，如 31 號林達、2 號李東、39 號李庚、24 號湯明（他比較窮）。這些人的權力多半是自己爭來的，並不是因襲的（或歸屬的）或由於家世的關係。事實上，這些人也就是最有成就的一羣，將來社區的改善，還需

依賴他們出力。

(6) 竹村的羣體與大溪的關係雖不多，領導人的關係卻很多，特別像 31 號林達這樣的人，一方面代表竹村人出去闖天下，一方面也把外面的世界對社區內溝通。林達必須在大溪甚至桃園的政治圈裏找到自己的立腳點，然後才有機會爲竹村的次級領導羣爭地盤。他得到了農會總幹事，今後也許可以有更大的發展。這種發展可能改變竹村的領導系統，而使權力結構產生極大的變化。他正在扮演一個重要的創新角色。

總之，無論是社會關係或權力結構，角色或地位的轉變固然迫使結構轉變，如不少人在擔任鎮民代表期間及期滿後，顯然造成了權力的轉移及原有結構的分化或重新組合；另方面，新的制度或觀念的輸入，也顯然影響到原來角色或地位的改變，如工廠的固定工作時間，迫使兩性分工做了若干重新的調整，實際就是角色的轉換。這種結果說明，卽使在相當傳統的農村也無法不接受現代化的衝擊，而在現代化挑戰之下，行爲的改變並不是不可能，不但可能，而且可以做某種程度的控制，但最重要的是要了解它們間的相關程度，乃至因果關係。

傳統結構的鬆散，顯然迫使人際關係不得不另找出路，這就使擁有經濟地位和政治地位的人日形重要。而扮演這類角色的領導人就成爲權力中心人物，如 31 號林達，39 號李庚，24 號湯明。這種權力類型主要是聯盟型或決策型，但也常有派系色彩，雖不十分強烈。這種權力結構隨政治和經濟地位而轉變，屬於一種高度成就的角色。

西河的社會關係和社區權力結構

一、角色與社羣

本文從兩方面討論：(1) 分析這個社區的社會關係變遷的過程，即如何從傳統轉變到現代；(2) 分析社會關係間的互動情況。社會關係是個人或羣體在行動中所產生的結果。一般來說，社會的工業化、都市化、或現代化速度越快，社會關係的轉變也越快，因為個人必須在新的環境裏調適自己，或用自己的觀點去改善環境以資適應。從變遷的觀念來說，這種行動上的挑戰與反應也就是社會發展中整合的過程，從一連串的挫折和調適，然後獲得均衡 (equilibrium) 的發展。均衡理論❶ 有它的缺點，但無可否認的，我們所追求的理想社會的目標是均衡與和諧，不是衝突；衝突只能看作一種變遷的過程，不是結果。

目前討論社會結構的理論雖然很多，但以社會關係為分析或討論

---

❶ Davis (1949: 634) 認為是社會學分析中結構功能方法的基本理論；Parsons 把它用得相當廣泛 (1964: 84-87; 1966: 481-483)。但 Dahrendorf, Moore and Feldman (參閱 Appelbaum, 1970: 72), Guessous (1967: 23-35) 等人對這派學說提出了強烈的批評。

對象的以下列三人為主: Evans-Pritchard (1940: 262)，偏重於羣體間與個人間的關係; Fortes (1949: 340)，偏重於人際關係; Lévi-Strauss (1953: 524-50)，偏重於整個社會關係。在分析這些社會關係時，則以 Linton (1936: 113-31), Merton (1957: 369-70) 和 Nadel (1957: 20-44) 的角色系統 (role system) 理論為基礎。

Linton 是第一個把角色和地位的概念系統化。依他的意思: (1) 地位是指個人所佔有的位置 (position)，與整個社會發生關係; (2) 地位包含權利與義務 (rights and duties) 二者; (3) 角色是地位的動態面; 當個人實踐權利與義務時，也就是扮演一種角色❷。Linton 的角色理論基本上是正確的，直到今天，原則上還沒有脫離這個範疇; 但也有了不少修正，比較出名的如 Merton (1957)，是從角色羣 (role-sets)，地位羣 (status-sets)，和地位次序 (statussequences) 來討論社會結構。這個修正的主要點在於不把角色、地位當作單一的，而當作複雜的和多樣的現象來處理，並且具有連續性。Nadel 把角色與地位的概念分開，認為角色基本上是類型的或階級的，地位是指一些特殊的權利和義務 (1957: 22, 29; Goodenough 1965: 4, 21)。雖然這樣，Nadel 還是依照他的它義發展成為一種角色的社會結構理論❸。其次，Banton (1965)，用社會關係來討論角色問題，Shaftels (1967) 從角色扮演方面來討論社會價值及決策問題❹。

本文討論社會關係的理論基礎，主要將以 Linton 與 Merton 的角色理論為分析架構，特別是 Linton 的「權利與義務的結合」，

---

❷ Linton (1936: 113-115) 把地位分成兩個層面，卽歸屬的 (ascribed) 和成就的 (achieved); 而以性別、年齡等去討論角色關係。

❸ 實際上，這種理論後來用在社會心理學的小型團體研究比較多。

❹ Shaftels 主要是在討論如何扮演角色，以及角色在羣體中的地位。

Merton 的角色羣和地位羣。在角色分化一點上，將以 Levy 的九種角色分化 (role differentiation) 理論中的五種❺爲討論對象，這五種是：年齡、世代、經濟、性別，與宗教。也就是說，我們將從這五種因素來看角色的分化情形。其次，無論角色或地位都牽涉到兩個基本行動體 (actor)，即個人 (individual) 或羣體 (group)。這些行爲可以劃分爲三種類型，即：單獨的個人或羣體行爲，人際間的或羣體間的互動，以及個人與羣體的互動。我們在這裏，將採用 Stogdill (1959: 273) 的個人與羣體行爲模式理論作爲分析的基礎。Stogdill 的主要論點是把一種行爲分爲三個階段，即：輸入→行動或互動→輸出。輸入包括期望 (expectations)，輸出包括成就或目的 (achievement or goals)。這就可以轉變爲個人或羣體的需要、行動、成就 (Easton, 1963; Hare, 1962)。

在分析中，我希望把 Linton，Merton，Levy 和 Stogdill 四人的理論加以綜合，試圖從角色與地位的觀點來分析個人和羣體的行爲，也即是分析社會關係的變遷與互動。

角色行爲受到價值取向的影響很大，所以有人說，價值指導行爲 (Firth, 1963: 43)。從角色關係來說，角色的行爲是在旣存社會中接受一整套的社會價值和社會規範而操作，角色行爲和價值體系間的依存關係非常密切。我們可以這樣說，角色因動機或期望而產生某種行動，或互動；這種行動必然受價值或規範的影響；通過人際關係或羣體的社會關係，最後達成目的。最初的動機或期望是輸入 (input)，最後的目的或成就是輸出 (output)。它們間的關係可略如圖一。

任何個人或羣體，如想達成目標，就必須有行動，行動又必然牽

---

❺ Levy (1966: 306-307) 的其他四種是：政治、認知、非人類環境、團結性。

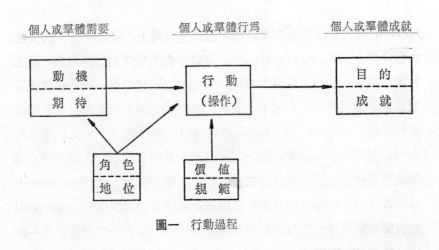

圖一　行動過程

涉到社會價值與規範，並且必然發生人際或羣體關係，通過這種過程，然後完成目的。這就是整個行為的過程，這種過程表現於外面的就是社會關係。從角色的觀點來說，個人與社羣（即前面所說的羣體）是這種結構中的主體。社羣又可以分為家族、親戚、結拜、宗教、政治、經濟等等。個人又可分為領袖、隨從、朋友等等。社會關係就是這些人或人羣活動的結果。

　　價值體系在這些活動中扮演了重要的角色，因為人的行為必須合於既有的社會價值或規範才能為社會所承認，否則就是偏差行為（文崇一，民 61a: 20）。這一點，我在〈從價值取向談中國國民性〉一文中也提到（文崇一，民 61b: 47）。從價值變遷的觀點來說，它可能由於某些社會制度或技術改變而影響到價值（Gordon, 1969: 148-90），但反過來，也可能由於價值的改變而影響到社會制度或技術（Gold, 1969: 266-91）。因此，結構與價值間的依附關係往往是很深的。

　　社會變遷就是探討社會的結構和功能的變化（Moore, 1967: 3），這種變遷與價值、規範、符號體系、文化產物都會發生或多或少的互

動（interaction）或因果關係。我們將從這種概念架構來分析社會關係的變遷。權力結構是指權力分配的不同類型而言，不僅涉及權力的多寡，也涉及有無黨派的問題。

二、社羣組織與功能

西河的社羣（social group）可以分成兩個基本類型：一類是以血緣爲基礎的，如家庭、家族、親戚，可以叫做血緣社羣；另一類是以個人興趣或意願爲基礎的，如兄弟會、父母會、神明會、農會、漁會，可以叫做志願社羣。西河的羣體活動，大概可以從這兩類集體行爲中得到解釋。

（一）血緣社羣

西河共有 438 個家庭❻，計世居本地者 350 家，2345 人，每家平均人數 6.79；外來者 88 家，417 人，每家平均人數 4.74(t＝22.78，p＜.001)。即是西河世居的平均家庭人口較外來人爲多。其次，兩者的家庭類型也有差異（x^2＝30.33, df＝6, p＜.001）。即外來戶的核心家庭多於本地戶（前者爲 86.36%，後者爲 60.86%），外來戶的主幹家庭少於本地戶（前者爲 4.55%，後者爲 28.29%）。這兩種家庭實際也是本地人的主要家庭形態，佔總數的 89.15%。

家庭在中國傳統社會扮演過重要的角色，Parsons 所強調的「集體主義」（collectivism）❼和許烺光所說的「處境的」（situational）

---

❻　此處所指家庭係 family 的意思，非 household，並且有 33個單身戶未包括在內。

❼　Parsons（1966: 96）說：「構成中國傳統價值的基礎是集體主義。」

社會 (Hsu, 1953)，都與中國的家庭結構有密切的關係。所謂集體，是以家庭爲基點，然後發展到家族，親屬，以及地方；所謂處境，也是以家庭爲首先考慮對象，來調整個人的價值標準。前者如光宗耀祖，後者如忠孝不能兩全，等等。西河是一個從傳統農業社會蛻變而來的郊區，不獨角色的分化不大，就是家庭類型與功能也還相當程度的保有這類傳統特徵，只是在某些應付環境的細節上有若干轉變。

西河原來是以農業和漁業爲主要收入，家庭成員在這種比較靜態的經濟結構下，對家庭的依賴性自然較大，共財的意義也較爲強烈。傳統中國農家處理金錢的辦法是：男人把錢賺回來，由家長統一支配；女人從事手工所賺的，則可作私房錢，不必交給家長。所謂「同居共財」，就是在這種方式下進行。那時，職業分化不大，消費行爲也少得多，行之頗爲有效；同時，傳統性格也支持了這種經濟行爲。目前的西河，由於生產關係已經有不少轉變，如靠純農業收入的家庭大量減少，普通工人增加等。許多家庭的子女雖然在外做工，做店員，或做公務員，賺了錢還是交給家裏支配，並非自己花用。這一點與傳統精神相符合。例如下表：

表一 子女對金錢處理的辦法

	(1)全部交給家裏		(2)全給家裏用時再要		(3)一半交給家裏		(4)三分之二交給家裏		(5) 其 他		(6)未囘答		總 計	
	實數	%	實數	%	實數	%	實數	%	實數	%	實數	%	實數	%
女	4	3.64	62	56.36	10	9.09	10	9.09	22	20.00	2	1.82	110	100
男	4	3.64	68	61.82	7	6.36	10	9.09	19	17.27	2	1.82	110	100
總 計	8	3.64	130	59.09	17	7.72	20	9.09	41	18.64	4	1.82	220	100

$x^2=1.03$ $p>.05$

表中男女沒有差異。就整個來說，大部份集中在第 (2) 項，即賺了錢全交給家裏，用時再向家裏要。

雖然如此，西河的老一代還是在埋怨青年人不聽話、不尊敬長輩，對他們的行為有一種無助感，甚至到廟裏去求菩薩幫忙，使兒女孝順。他們認為「子女自己賺錢，在外看的事情又多，就不像以前那麼對父母順從；同時，懂得去交男女朋友」。於是，家庭不易作有效控制。

血緣社羣還有宗族與親戚。西河有 61 姓，較大的只有三個：林姓，148 家；陳姓，87 家；黃姓，40 家。其他的姓多半是 10 家或 20 家，有些只有一家。每一個姓中因為來源的不同，也常常分為幾個羣，例如林姓又可分為西河、錦園及其他三種。因為每一個大姓差不多都有幾個來源，所以同姓之間的關係並不很密切，如「北投陳與另一支的陳，宗族關係不但很疏遠，婚葬喜慶也沒有往來」。除非他們屬於一個小羣，如西河林。即使在這樣的小族內，既沒有族長，又沒有族譜，大家憑記憶論短長，可數說的歷史就非常有限。這也影響族內領導階層的建立。這是西河每一個族所具有的特徵。這種移民社會的宗族關係已變了不少。

親戚在中國傳統社會中也扮演了重要的角色，但從社會關係來說，它有等級之分，即所謂一等親、二等親之類的姻親。它對宗族的關聯比較小，對家庭與個人比較大。如果以個人為基點，在傳統中國社會三者間的關係有下列二種形態：

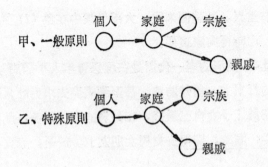

上述排列的先後、遠近表示關係親疏的程度，卽普通處理事務的過程。與團體有關者，按上述程序辦理。特別事件，才可能把宗族與親戚不分親疏看待。在西河，這種關係有點改變，他們都自認宗族關係已經相當鬆懈，「婚喪喜慶旣不以同族爲邀請對象，有大事也不一定找同族人商量，又沒有族長或祖祠作爲聯絡的中心」。親戚卻是最重要的，「有要事，多半都找親戚商量，親戚也會幫更大的忙」。除了親戚，要算朋友，同族人列爲最後，家庭成員當然還是最有密切關係。這就有了較大的轉變。轉變後的形態是這樣的：

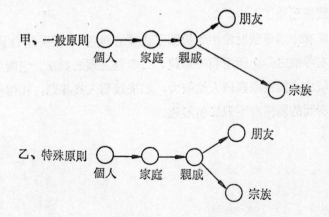

可見西河的宗族關係在衰落中❽或屬於另一類型。其中家庭還保持典型的地位，親戚、朋友、或同事的地位提高了。這種變遷也符合我們從問卷中所得的資料（問卷第 25 題，假使這幾人的條件都一樣，在選舉時，你選誰？(1) 親戚 (2) 換帖兄弟 (3) 同族 (4) 朋友 (5) 其他）。

表二　人際關係㈠

	親 戚	換 帖	同 族	朋 友	其 他	未回答	總 計
次 人 數	21	10	3	18	48	12	112
百 分 比	18.75	8.93	2.68	16.07	42.86	10.71	100

表中除「其他」一項應另作討論外，其餘各項以親戚所佔比例最高，18.75%；而同族最低，2.68%，若如前表以先後表示親疏關係，就變成：個人→親戚→朋友→換帖→同族。與前述模式完全一致。家庭未列入，係因為他們均承認它的重要性遠超過表中各項之上。「其他」一項雖佔 42.68% 的多數，對整個解釋並無影響。在這一欄中所填的偏重於以個人的「能力」、「道德」、「公正」等為選擇標準。這種標準，不但不偏重同族、親戚，而且是一種家族觀念的改變，為現代社會所要求。

為了深一層的了解，我們還可以從下表獲得較具體的說明。

---

❽　可能因西河是一個移民社區，當初的情況就如此，而早期就已非傳統中國那種典型模式，就不能說「衰退」了。

表三　人際關係(二)

	是		不 一 定		否	
	實數	%	實數	%	實數	%
A. 76. 家裏有要事決定時，應和親戚商量一下	53	48.62	29	26.52	27	24.77
B. 84. 和親戚應該常常有來往	90	82.51	16	14.66	3	2.75
C. 102. 同事或朋友的確比親戚更願意幫忙	15	13.76	67	60.14	27	24.77

　　三個問題中 A, B 兩題是同方向的，兩題的答案均肯定了親戚的重要性。但兩題所代表的程度並不一致，B 題較一般化，A 題較特殊化，而 B 題所佔的比例(82.51%)較 A 題(48.62%)爲高，這與前述模式完全吻合。C 題從反方向問，否定(24.77%)多於肯定(13.76%)，實質與 A, B 兩題相合；不過，中間數佔 60.14%，似乎不能確定同事或朋友一定會比親戚關係更好。總之，兩表的方向是一致：除家庭外，親戚是比較親密的一種人際關係。這種關係，在血緣社羣中表現得很明顯。它的次序是：從家庭到親戚再到同族。

(二) 志願社羣

　　這一類的社羣相當多，依性質可分爲下列三類：

1. 社會性的：換帖兄弟會、父母會、文館。
2. 經濟性的：農會、漁會。
3. 宗教性的：媽祖宮董事會、玉女宮管理委員會、黃帝宮信徒會、福壽會。
4. 政治性的：民防隊、義警隊、里民大會（非完全志願社羣）。

這種分類，多少是就它們的主要特性而定，有些會，如換帖會、父母會，含有若干宗教儀式；　如神明會、福壽會又含有一點社交意味，就不管它了。今依次就它們的組織與功能作一分析。

　1. 社會性社羣

先討論換帖兄弟會。這種「換帖」無疑是傳統中國社會所謂的「義結金蘭」的拜把兄弟，或結拜兄弟。把不同姓氏的人在一個特定目的或特別感情下結合在一起，於是情同手足。西河究竟什麼時候開始有換帖會，已經不十分清楚。據一般的了解，早期很少，光復初期比較多，目前又不大流行了。爲什麼早期很少呢？「早期莊裏的人少，比較樸實；成天在家裏種田、抓魚或做雜工，很少出去，用不着結拜」。後來在外面的活動多了，才與同事或事業上的朋友結交，求得彼此的照應，因爲沒有一點特殊關係，人就不肯出力幫忙。

依據許多人的看法，　西河換帖會的特定目的有早期與晚期的不同。早期：（1）換帖兄弟間的來往多，牽涉到男女關係；（2）因此種關係引起糾紛或打架，結合起來可以作爲自己的後盾❾。晚期：（1）換帖兄弟有較多經濟上的來往或幫助；（2）爲事業或感情上比較融洽的朋友。由於前後期換帖的目的不同，在人際關係上、功能上也就有很大的差異：早期的目的是鬧事、打架，成員絕大多數是本地居民，對社區沒有功用；晚期的目的是經濟、事業上的互助合作，成員是超社區的，對當地的社會結構和價值取向有不少影響。

這種換帖兄弟會多少帶有幾分秘密性，報導人多不願把組織和功用，特別是參加者的姓名說出來，因而遭遇不少困難。現在我們把已經找到的幾個例子表列如下。

---

❾　《諸羅縣志》第 143 頁有類似的記載。

表四 換帖兄弟的組織

組別	組成時間	主要參與者	目　　　的	聚吃時間	分佈地區
1	36年[a](1)	黃源瘦[b] 黃士俊 林資奇 陳錦化 陳　聲 林丙坊 陳　廣 蔡　恬 杜林照 陳復漢四、五十人。	幫助競選；婚喪喜慶時互相幫助。	每年春夏秋多各吃一次	西河，北投，石碑，仙里[c]。
2	(2)	黃士俊（共參加三個：一個三人，一個五人，一個12人）[d]。			
3	(3)	林友圳等共21人[e]。	海軍士校同學	每年一次	西河，陽明山各地。
4	(4)	黃士俊 黃友信 林良坪 黃世紀 林　民 林隆堂 林錦華 翁漢德 林錦寶 黃金聲等12人[f]。	互相幫助。	每年一次	西河（另一組12人。均非西河人）。
5	(5)	陳崇發等7人。	經濟幫助。		西河，南部。
6	56或57年	林照資等40餘人。	職業的結合（廚子）。	每年一次	西河，臺北，淡水，新竹。
7	40年前	魏錦同6人[g]。	媽祖宮同事。	每年一次	西河。

(a) 一說成於民國38年，也有人批評他們這一夥只是爲了吃喝。

(b) 黃源瘦死後，其子黃士俊繼續參與活動，故可以視爲成員之一。

(c) 包括北投農會總幹事謝錦雄，媽祖宮總幹事雷宇各，區公所主秘詹士特，前鎮長李××等。

(d) 黃拒絕說出名單，但12人可能就是黃友信一組。

(e) 林說，這個會現在已經沒什麼作用了。

(f) 當日（民國60年12月9日）另一桌也有12人，來自臺中1人、宜蘭2人、基隆1、松山、三重、臺北、樹林共8人，均很有錢。早期共30餘人。未知是否爲一盟。

(g) 其餘爲陳庭宇、黃世、黃同宗、黃源瘦、林××，均爲老年人了。

　　表中說明，成員來源不一致，目的也不一致，但沒有打架、滋事一類的壞事。

　　傳統的「義結金蘭」是想把非血緣的人羣用結拜的手段變成類似

血緣的社羣。西河的換帖兄弟會顯然不是這種想法（即使有也不明顯），只是希望用這種方式把距離拉短，而達到某種目的。西河從開始就是一個移民社會，家族關係自然不如中國傳統社會那麼強，又受到現代政治與工商業的影響，換帖就有它的特殊功能，比如父母死後的埋葬費、失業的恐懼、人事糾紛等等，到處都需要換帖兄弟來解除物質和情緒上的焦慮。這也許可以說明西河何以有那麼多換帖會的原因。從角色理論來說，換帖會替代了傳統社會的一部份宗族功能。由換帖的過程而得到某種程度的滿足或成就，卽意味着人際關係的再整合。

　　另一種社會性社羣是父母會。父母會與換帖會的性質有些相似，只是功能範圍窄一點。有些報導人說，父母會是換帖會的另一形式，所以也有人把上述魏錦同與黃友信的換帖會看作父母會。這種會的主要目的是爲父母去世時安排喪事❿。林資奇是一個父母會的原始參與者，他回憶當時的動機說：「大約三十年前，我們幾個人在一起喝酒聊天。有人說，大家的經濟情況都不大好，父母有個三長兩短怎麼辦？於是就決定成立一個父母會」。不只是這一個，許多人提到父母會時都着重在喪葬費這一點上。有時還採取分攤喪葬費的方式。同時要幫辦喪事，及以孝子身份送葬。平時，倒也跟換帖會差不多，每年吃一次或幾次，輪流作東或分攤。一般來說，父母會有時間性，父母死後就自動解散。一個人也可以同時參加幾個父母會，如林資奇、黃源瘦就在兩個不同的父母會中出現。我們現在所知道的四個父母會，人數都在 8-16 人之間。成員多半都在本社區，四個中只有一個是超

---

❿　可以說包括兩種意義：一是經濟上的互助；二是增加送葬的人數，顯得比較有面子。

社區的。目前這種會不獨已經很少，也已經失去了重要性。

第三個社會性社羣是文館。文館是一種娛樂性團體，分兩派：一派叫和樂社，成立較早，屬早期的西河區域，以演歌仔戲爲主；一派叫新安社，又叫鼓亭會，成立較晚，屬店仔尾區域，以南管爲主。日據時期曾禁止活動，光復後又開始演戲了。成員由個人自願參加學習，都不過四、五十人，後來由於競爭演戲而變爲人事上的衝突，至兩派分裂。有一個時期演變爲兩個地區居民的不和睦，選舉恩怨也牽涉進去了。目前，這兩個組織均已衰退，不大有人去過問了。他們說，電視比那種戲好得多，誰還願意學呢？

這是受電視影響所產生的結果，看起來從電視上固然獲得了消遣，卻也使個人失去了眞正參與休閒生活的機會，顯然是得不償失。

2. 經濟性社羣

這種社羣有兩個，農會與漁會。農會的主要工作是推廣農業和研究農事。原則上包括技術、知識、資金幾個方面，但歷年來推行成績並不理想。

西河農事小組屬北投區農會，北投農會有 47 年的歷史，不算短。日據時期叫信用組合，戰時叫農業會，光復後改合作社，民國 51 年再改名農會。農會由會員組成，基本會員有兩種：一種是正式會員，本身從事農業或從事與農業有關的職業，如自耕農、佃農、農校員工等；一種是贊助會員，不論職業。前者有選舉與被選舉權，後者無。會員選會員代表（以里或地區爲單位，30 名會員以下選 1 人，以後每增加 30 人加選 1 人）及小組長；會員代表選理事；理事選理事長；理事長聘請總幹事，由理事會通過。

表五　農會組織

甲、選舉系統　　會員┬→小組長
　　　　　　　　　　└→會員代表──→理事──→理事長

乙、行政系統　　理事長──總幹事──各部門員工

　　表例：──→選舉　──指揮

這個相當龐大的組織是指北投區農會。西河的規模小得多，只是區農會下的一個小組，小組長黃健（實際由他的兒子林友圳負責），理事有林阿杉。正式會員 32 名，贊助會員 37 名，最少的參加一股，最多的也只有四股。正式會員全部擁有自己的土地，不少人當過理監事。

表六　農會歷任理監事

姓　　　　　名	股　　份	理　　事*	監　　事*
陳　錦　化	1	✓	
陳　同　良	1		✓
林　資　奇	1	✓	✓（常務）
陳　　　廣			✓
林　阿　彬	1	✓（現任）	
黃　　　健	3	現任小組長	

　＊ 任職的起訖年月不詳

上述諸人，除陳同良外，在當地社會都有些影響力，社會經濟地位也比較高。由於農會的效率不高，如在肥料換穀，介紹新知識與新技術方面，已經難以取得農民的合作。新設立的農會西河辦事處雖然給予農民存款上不少便利，其他業務仍無法展開。總幹事謝錦雄也曾

想從開發山坡地，介紹新品種及其他經濟作物來提高農業的生產力；但以西河目前的地理環境來說，很難收到效果，因為農業收入偏低，許多人早就不願種田了。

漁會在西河的情況也不十分理想，組織比農會還要鬆，漁民自漁會得到的福利比農會所給予農民的還要少。西河漁會會員由淡水漁會直接指揮。以前淡水河的魚獲量豐富時，聯絡較多，組織的功用也比較大；現在淡水河污染，好的魚不能生長，品質較低的魚也多半逃到海裏去了，以漁為生的人越來越少，它的功用就更少了。漁會的組織形式與農會大致相同。

表七　漁會組織

```
                    ┌─→小組長
甲、選舉系統   漁會會員─┤
                    └─→會員代表──→理事──→理事長

乙、行政系統   理事長──總幹事──各部門員工
```

漁民會員有兩種，一種是甲類會員，完全從事漁業或每年從事漁業在三月以上，會費 30 元，競選時較佔優勢，西河這類會員僅 3 人；一種是乙類會員，以漁為副業，會費 15 元，不容易當上理事，西河有這類會員 51 人。

3. 宗教性社羣

此類社羣有媽祖宮董事會、玉女宮管理委員會、黃帝宮信徒會、神明會、福壽會。前三者為正式組織，後二者為吃會。

首先我們討論媽祖宮。媽祖宮具有 261 年長遠的歷史⓫。初期只

⓫ 康熙 56 年 (1717)《諸羅縣志》卷 12〈寺廟志〉謂干豆門天妃廟建於康熙 51 年 (1712)。並參閱方豪（民 58：751-752）對於建廟過程有較詳細的討論。

是一個茅屋小廟，後來雖經屢次重修改建爲大廟，直到民國 42 年以前，還是由魏錦同一人管理。民國 42 年由陳瑞堂爲主持人時，才具有羣體的形式。以下分爲幾個步驟說明。

(1) 民國 42 年，主持人陳瑞堂。另設修建委員會，主任委員廖柱，總幹事陳發應。

(2) 民國 47 年，組織管理委員會，主任委員陳金龍，總幹事陳發應。修建委員會仍然存在。

(3) 民國 49 年，改選，將兩會合併改稱媽祖宮管理委員會，主任理事陳正勤，總幹事黃頂。

(4) 民國 52 年，改組重選，理事長黃頂，總幹事雷宇各。

(5) 民國 54 年，依法申請登記爲財團法人，對外招募信徒會員。並改選，由上屆連任，一任四年，改稱董事長。

(6) 民國 57 年，改選，仍由上屆連任。因上屆辦理登記未果，本屆重新辦理，至民國 59 年核准。董事會依法得延長兩年，迄未改選。

這是媽祖宮歷年來的一筆流水賬。可以看得出來，早期雖有社團之名，卻無社團之實；直到民國 47 年管理委員會成立及民國 54 年對外招收信徒會員，才算確定了它的組織形式。

表八　媽祖宮董事會組織

```
                          ┌→董事會──董事長
信徒會員──→會員代表─┤
                          └→監事會
```

會員代表選舉分六區：淇里岸、石牌、北投、桃園和一德，西河地區（包括西河、竹圍、龍形、八里），臺北（民國 59 年加入）。每區選會員代表 11–12 名，再選舉董監事組織董監事會，由董事會選舉

董事長，董事長再聘請總幹事。媽祖宮董事共 15 人，監事 3 人。屬於西河的只有理事陳錦化 1 人。從組織上看，這個廟是超社區的。目前有信徒會員共 978 人。董事會不僅常有權力衝突，甚至導致社區領導系統的分散。如兩位社區有力人士，林資奇和黃士俊，在改選時落選（民國 57 年），就使與陳錦化之間加深了磨擦，並且也加速了另一個廟——玉女宮的發展。

玉女廟，據說已有 142 年的歷史，長久以來，它只是一個地方性的小廟。民國 56 年，忽然有一個在南方澳捕魚的漁民李田發（高雄人）跑來宣稱玉女娘娘非常靈驗，地方上人士才開始把它擴建。民國 57 年，林資奇、黃士俊二人在媽祖宮董事會落選，參加了這一行列，開籌備會，募捐等等，這個廟自民國58年開始到現在尚未完工。目前，它只有一個管理委員會，委員 24 人（據說已增加到 50 人左右）。理事長謝坤奇，臺北人；總幹事黃士俊。新增委員是由原來的委員會聘請，未經過選舉的程序。24 人中有 17 個屬西河，其他均為外地人。這樣，玉女宮也由地方性成為超地方性的大廟了。

兩個廟中，玉女宮本身的整合性大些，因為不但有 17 個本地理事，而且幾個主要理事，除理事長為臺北人外，都為本地人，包括總幹事黃士俊，財務林資奇、林火木、黃應嶺等。媽祖宮只有一個董事陳錦化為本地人。媽祖宮的組織比玉女宮合理得多。經費也是媽祖宮較好，每年約有三至四百萬元的收入。有些人試着想把兩個廟合併，然而，反對的不少，一時恐怕還難以辦到。現在，在兩個廟同時做董事及理事的只有三人，這三人的影響力並不大，想利用這個途徑整合也有困難。

西河第三個廟是黃帝神宮。這是一個新興勢力。據說，早幾年黃帝神像擺在媽祖廟裏無人問津，現在居然熱鬧起來了，擁有幾十個本

地信徒。黃帝宮的組織與前述兩廟不同，它是由上而下的管理，非經由選舉。黃帝宮的總會在臺北，主教是大宗伯王寒生，有部長、副部長之類的職位。西河只是一個佈道所，信徒叫宗友，入教叫歸宗。他們把西河 47 個宗友分成四組服義務：效勞組， 9 小組， 27 人；訪問組， 6 小組， 12 人；傳道組， 1 小組， 6 人；記錄組， 2 人。這些人為黃帝宮做事，無報酬，效率還相當高。主持西河佈道所的只有一個林助教（太太）和一位宗友施度鹿（西河人）。宗友絕大多數是老年及中年太太，男性甚少。如民國 61 年 2 月 6 日新歸宗的 72 名宗友中只有四個男性。不管新、舊宗友，幾乎全為西河人。黃帝宮打出來的最響亮口號是：治病，行孝道。這個口號很有效，每天都有不少人拿了大小瓶子去盛神水，據說很有效。許多老太太看着年輕人不聽話，不孝順，日夜默禱黃帝道祖幫忙。正如廟主施度鹿說：「道祖能醫治人的不快活」。這話很有點心理分析的味道，許多廟大致都在這種情況下發達起來。

　　媽祖宮和玉女宮是本地的廟，卻擔任超社區的角色；黃帝宮是外來的廟，卻對本社區產生了影響力，甚至打進許多家庭，扮演社會化的角色。這可以從兩方面來說：其一是，兩種廟的結構不同，使當地人產生不同的參與感，國人素來不排拒外來宗教，只要相信，什麼宗教都可以獲得發展的機會； 其二是， 黃帝宮有新的輸入成份， 如孝道， 使信徒認為在信仰的過程中就可以達到新的目的（新的輸出）。從這個觀點來看，黃帝宮目前雖只是在較低的婦女階層中流行，將來還可能有較大的成就。

　　另外一種宗教社羣是神明會，即以某一個神為結合的對象。我們知道的有兩個，姑婆會和太子爺神明會。姑婆會成立於幾十年前，為西河林姓所專有。媽祖姓林，林姓的人都叫她姑婆，為尊敬而組織了

這個會。共約 30 餘人，每年聚餐一次，演戲、祭媽祖。近來由於公產已被放領了，媽祖宮又為外人所控制，無形中等於散夥了，除了每年還照例吃一頓。尚存在的會員有林特等 12 人。太子爺神明會的成員全為漁民，共 20 人。這個會民國 58 年才開始成立。那年他們在海上打魚，檢到一個神像——太子爺，回來就組成了這個會。他們輪流供奉，當爐主，每年六月做戲，吃一頓。據說，這樣他們的魚獲量會特別多。

還有一種會叫做福壽會或長壽會。目前知道的只有以玉女宮為對象的一個。這個會的成員也就是玉女宮管理委員會的 24 個委員，包括黃士俊、楊丁慶、林火木、林資奇、蔡恬、陳廣、謝坤奇、楊士奇等人。除最後二人外，均為本社區人，在西河的影響力不小。目的是「吃老康健」，藉以長壽。實際也有團結內部，聯絡感情的作用。這些人吵吵鬧鬧，喝起酒來倒也同心協力。

綜括社會性、經濟性、宗教性幾種社羣來看，差不多把社區中大部份成員都納入這些組織中。在這些社羣中，換帖兄弟會的影響力要算最大，因為它曾經安排地方選舉，又分別進入兩個主要的宗教社團，媽祖宮與玉女宮。也即是說，這些人控制了西河的大部份活動，社會經濟地位也比較高。由於他們，特別是陳錦化、林資奇、黃士俊三人的活動範圍是超社區的，吸收了更多的知識與觀念，辦事能力也比較強。他們的成就願望已經有超社區的傾向，企圖向外發展，而不以西河的事業為滿足。這種情形，上述三人中以陳錦化表露得最為明顯。

4. 政治性社羣

這類社羣有民防隊、義警隊及里民大會。前二種只在多防或特殊情形下才組織起來，平時沒有活動。民防隊有小隊長林友圳、義警隊

有隊長黃士俊，都是村中的領導人，所以必要時還是有些作用。里民大會早已流於形式，不過在這種社羣中扮演主角的里長、里幹事、鄰長，在村中多少有些號召力，也可以算是政治上的領袖。里長手下的里民大會、鄰長會議儘管沒有太大功用，對里長而言仍不失爲一種力量。

　　從血緣社羣與志願社羣的組織與功能而論，兩者在行爲模式上所表現出來的，早期與晚期之間，顯然有不少變異：(1) 早期的移民社會，親戚比同族關係爲密切；(2) 由於宗族關係衰微，社會性社羣的影響力就比較大，而實踐了原來屬於宗族的若干功能；(3) 又由於職業的分化越來越大，受教育的機會較爲普遍，同學或同事關係已漸漸受到重視。這種社會關係已變成下面的形態，個人與家庭的關係雖難

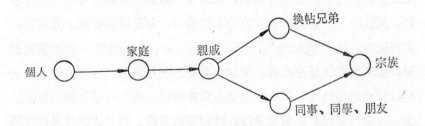

免有些疏離，比起其他各種關係，還算變得最少。也許可以說，我們目前還無法說明，現代文化究竟對家庭的衝擊有多大。

三　領導羣與權力結構

　　領導的形式並不一致，有些是正式組織的領導人，可能很有影響力，也可能沒有，如董事長、里長、鄰長；有些人在社羣中並不是領導份子，或者根本沒有參加本村的社羣，可是仍然具有影響力，或某

種潛在影響力，如林幼裕； 有些人並不住在本村，但參加了某些社羣，對本村或本村的領導份子產生某種影響力，如黃頂⓬ 。

分析的重點將集中在下列幾個方面：(1) 領導份子與社羣之間的關係與權力的分配；(2) 領導系統建立的過程；(3) 領導份子間的互動關係；(4) 領袖本身對社區的影響力及其價值取向；最後 (5) 權力結構的形態。在分析的過程中，我們並不把這幾個方面分別提出來，只是用以作爲討論的方向。分析目前的領袖與權力結構之先，我們要先討論一點關於這方面的歷史的發展。

最初時期的情況，我們已不十分清楚。大約從日據時代的晚期開始，還可以描出一個輪廓。當時在西河，正如別的地方一樣，警察最有權力，他可以處罰老百姓，可以決定許多事情。除了警察，就要算保正了。那時候是殖民地統治，保正秉承殖民政府的命令處理地方事務。其他的人所能發揮的影響力不是沒有，可是非常有限。光復後，實行民主政治，除村長外，還有鄉民代表、社羣主席一類的領袖出現，領導羣就比較複雜些。所以，從史的發展來看，西河的領導系統可以分成兩個時期：第一時期是殖民地統治，第二時期是民主政治。每一時期又可以分爲兩個階段，共得四個階段。爲了明瞭起見，我們把它劃成一個表，如下。

⓬ 在了解影響力時，我們把地位、聲望、決策力三者合併考慮。參閱 Aiken (1970: 193-360) 與 Bonjean (1971: 159-2216) 二書。

表九　政治上的領導羣

時期	階段	姓　　名	職　　務	說　　　明
殖民地時期	第一階段	林　金　燦	保　　正	黃士俊曾祖父
		陳　　方	保　　正	陳光祖祖父
		黃　讚　謀	保　　正	
		林　金	保　　正	林相父
		林　千	保　　正	當時最具有影響力
	第二階段	林　現	保　　正	
		黃　裕　義	保　　正	黃士俊祖父
		林　金　百	保　　正	林良坪父
		林　成　敬	副　里　長	
民主時期	第三階段	陳　發　應	媽祖宮總幹事	後經商，頗富
		林　合　城	鄉 民 代 表	林資奇父
		黃　頂	媽祖宮董事長	已遷居臺北
		黃　源　瘦	里長，水利會	黃士俊父
		黃　紀　土川	代　　　表	
		陳　錦　化	鎮 民 代 表	
		李　誠　徒	富　　商	
	第四階段	陳　錦　化	鎮民代表里長	
		林　資　奇	水 利 會 專 員	
		黃　士　俊	里　　長	
		林　友　圳	民 防 隊 長	
		李　誠　徒	富　　商	

附註: 本表着重在地方政治人物方面。

　　表中所顯示的:（1）領導階層變動甚大，特別在日據時期;（2）領導權具有連續性的只有兩家，黃士俊一家每階段都出現，林資奇家從第三階段開始;（3）光復後由於實行地方自治，領導權比日據時期

更爲分散，也培養了較多的人才，領導方式是多元的。

　　領導羣的競爭也可以從鄉民代表和里長的選戰中看得出來。除了極少數例外，這兩種選舉總是對西河領導人在社會經濟地位和能力上的一次測量。不管成功或失敗，敢於嘗試的人多半在這個小社會「站得起來」。我們先看看歷屆鎮民代表和里長競選的情況。

表十　歷屆鎮代及里長競選狀況

屆　別	鎮代競選者	當　選　者	屆　別	里長競選者	當　選　者
1	林　合　城	林　合　城	1	林　士　振	
2	林　合　城			黃　源　瘦	黃　源　瘦
	陳　錦　化	陳　錦　化	2	黃　源　瘦	黃　源　瘦
	陳　達　第		3	黃　士　俊	黃　士　俊
3	陳　錦　化	陳　錦　化	4	李　誠　徒	
4	林　資　奇			林　　　相	
	陳　錦　化	陳　錦　化		黃　士　俊	黃　士　俊
5	陳　便　牧		5	黃　士　俊	
	陳　錦　化	陳　錦　化		陳　錦　化	陳　錦　化

附註：鎮代與里長屆別的時間不同，西河屬北投區後，取消鎮代，陳錦化與黃士俊乃競選里長。

　　這個表說明，陳與黃的勢力相當穩定。雖有不少人想插手進來，終歸無效。陳錦化最爲突出，似乎攻無不克；黃家父子只佔有限度的優勢。據報導，當初兩家合作無間，等到鎮代被取消，陳、黃兩人終於不免短兵相接，結果陳錦化勝利了。這一次也結下了兩人的選舉恩怨，把權力衝突擴展至媽祖廟乃至社區事務上。

　　同一年（民國57年），媽祖宮董事會改選，林資奇與黃士俊等一批人想利用謝潭（臺北市人）競選董事長，使自己保留在董事會內，

以便獲得媽祖宮的控制權。結果不但謝潭沒有成功，林、黃也被排擠在董事會外；陳錦化卻當選爲董事。董事會只是一個財團法人，實權在五人手裏：董事長黃頂，總幹事雷宇各，監事蔡水元（竹圍），董事陳許世（女，北投人），陳錦化。目前蔡已不熱心了，陳許世只是一個女流，陳錦化是本地人，權力特別大。陳與雷本來就是換帖兄弟，雷接近陳，黃頂也莫可奈何。因此，陳錦化對媽祖宮的支配力遠超過他人。

林資奇與黃士俊二人被擠出媽祖宮後，便致力發展玉女宮，算是差強人意：理事長謝坤奇只是一個名義，偶爾出點錢，決定權在林、黃手中，因爲黃爲總幹事，林爲三人財務組的主腦。這個社團也還有些人物，如林火木、楊丁慶，影響不大。

西河國小家長會委員，在某種範圍內，也是一些決策人物。選擇這些委員時，大致總要對他們的社會經濟地位及個人的品格與能力作一番考慮，因爲牽涉到國小的發展與經濟上的支援。國小第六屆家長委員會共有委員 24 人，屬於西河者 10 人，計：常務委員林資奇、陳錦化、黃士俊三人，委員陳廣、魏土城、林相、林火木、李興第、楊丁慶、林廣鴦七人。這些人分別與媽祖宮或玉女宮有不同程度的關聯，影響力最大的還是林資奇與陳錦化二人。這二人經濟情況比較好，又慷慨，說話就不怕沒人聽從。比如最近國小要成立少年棒球隊，沒有經費，捐款就是這二人首先決定的；其他的委員只好跟進（包括非西河的委員）。不過這個委員會對該區的直接影響究竟不十分大。

現在我們要談到鄰長的態度。鄰長在村中的影響力還是很大，許多人對於鄰長交辦的事務多半會照着去做。也即是說，鄰長可以支配鄰內的若干居民。這種情形是可以理解的，西河人還不習慣於從大眾

傳播工具上來了解外面的世界，靠口傳獲得消息的機會比較多，因而里鄰長或里幹事在這方面較具權威。從理論上說，黃士俊、陳錦化是先後的里長，對於鄰長的影響程度應該相差不多，但實際上有很大的差異。除了一鄰鄰長林資奇，六鄰鄰長陳黃俊支持黃士俊，以及若干中立派鄰長，如 8、11、12、13 鄰外，餘均支持陳錦化，如下表。

表十一　支持陳錦化的鄰長及其關係

姓　　　　名	鄰　長　次	關　　　係	說　　　　　　明
陸　錦　榮	2　鄰	朋　　友	
陳　阿　村	3　鄰	親　　戚	
許　林　籐	4　鄰	朋　　友	
林　流　迗	7　鄰	朋　　友	
李　誠　徒	15　鄰	親　　戚	西河最富財力之人
林　保　川	16　鄰	朋　　友	
陳　　聲	14　鄰	朋　　友	漁會小組長
林　　特	5　鄰	朋　　友	
林　×　×	9　鄰	朋　　友	

這個事實說明陳錦化的潛在影響力確比林、黃兩人為大。這與從報導人中所獲知的情形也相當符合：許多人都認為，陳、林兩大派別是西河的兩大勢力，黃士俊由於好酒，已失去不少力量，多依附於林資奇出面奔走。

在另一方面，黃士俊曾任西河區分部黨常委兩三屆之久，目前雖已改選由他人擔任，黃在這方面的勢力還是相當雄厚，黃自己也常常利用這種勢力來進行某些工作。該區分部屬下在西河大約有二至三個小組，委員有林資奇、陳錦化、黃士俊等人。與黨有深厚關係的林幼裕，在這方面是一股不小的潛在力量。他屬於高一層的地方黨部，曾

負責監督許多次西河地方選舉。人緣相當好，只是對地方事務缺乏趣。

　　從社羣組織和社羣領袖來看，我們可以把西河社區的領導羣分成幾個階層：屬於第一階層的是陳錦化、林資奇和黃士俊，其中又以陳的勢力最大；第二階層是林友圳、黃善良、林振樑、林相、楊丁慶、陳廣、李誠徒、林丙坊等人；　第三階層是一種潛在勢力以林幼裕為首，加上各大學生。

　　我們現在必須從領導人的背景、性格、品德、及社會經濟地位，作進一步分析，並進一步分析他們在社羣中的眞實角色與地位以及角色間的衝突。作爲一個領導人，理論上必須具備一些條件，如高度的辦事能力、不自私、好的品德、能調解糾紛、滿足羣眾欲望……等等❸。從西河來說，有無這些因素多少可以看出個人領導地位的昇高或降低。我們先討論第一階層的領導人，卽陳錦化、林資奇、黃士俊。

表十二　第一階層領導人性格與能力

姓　名	年齡	學歷	性格與品德	能　　力	主　要　現　職　與　經　歷
陳錦化	46	國小畢業	慷慨豪放，公正，積極。	會說話，懂外交，有錢，會辦事。	里長，媽祖宮董事，黨委，家長會委員；曾任鎮民代表。
林資奇	56	國小肄業	慷慨，相當公正，還積極。	不善說話，有錢。	鄰長，玉女宮理事，黨委員，家長會委員；曾任家長會會長，玉女宮總幹事，軍友社總幹事，水利會專員。
黃士俊	38	國小畢業	反應快，能表現自己。	辦事能力不錯，會說話，經濟不太好。	義警隊長，玉女宮總幹事，黨委，家長會委員；曾任里長，軍友社總幹事，黨常委，媽祖宮監事，家長會會長。

❸　Garina (1957: 39-40) 是從身體狀況、精神與道德三方面來考慮；McGregor (1966: 73) 是從四個主要變項來討論領袖問題。

　　從表的內容分析，可以說三個人各有所長短。照一般人的看法，陳錦化的膽量、氣魄、能力、對外關係，都不在二人之下。由於他經營商業，當過多年的鎮民代表，關係是超社區的。在知識上、觀念上、和行動上他都比較強。黃士俊雖然常識豐富，但酒喝得太多了點，難免不誤事。林資奇頗得人信任，可是辦事能力有限。黃士俊很了解這一點，經常把林捧出來。這幾個社區領導人，看起來都有些缺點和優點，但這是沒辦法的事。我們所希望了解的倒不是優點或缺點本身，而是它們對領導權所產生的影響力。

　　陳錦化的條件比較優越，他自己也明白，他不只一次表示過，不想再做里長；他很想去競選議員，又限於資格，看起來是無法實行了。他對村內人物有過一些批評，他說：「我看現在的西河，如果出來競選里長的話，黃士俊與林資奇是兩個尚可以罩得住大局的人。他們在玉女宮的社團內結交不少莊裏人，如林火木、林相、陳振樑之兄，楊丁慶、黃應嶺、林丙坊等。年輕的，目前沒有那一個可以獨撐大局。陳振樑的頭腦不錯，經濟情況也不錯；但做事沒決斷與魄力，碰到棘手的事，就退縮不前。黃善良，人很聰明，做事能斷有魄力，卻缺乏經濟基礎，怕會動歪念頭。陳廣是外來人，很直爽。林丙坊不太合適。如果林資奇與黃士俊競選，則林較適當，他不敢貪錢。」據我們的經驗，陳錦化這段話說得相當中肯，也等於替我們分析了第二階層的領導羣。這些人多半是小學程度，只有陳振樑是初中畢業。林幼裕等一班具有潛在力量的人（第三階層），目前不發生作用，要看以後的變化。

　　另外一批人，如黃頂、雷宇各、魏錦同等僅對媽祖宮產生影響；謝坤奇對玉女宮有若干影響；林不替對黨方有些影響。這些人對社區事務既不參與，也不會有太大的作用。

　　現在我們不難了解，西河實際上的領導人不過是陳錦化、林資奇、黃士俊三人，這三人對西河公共事務的決策具有最大影響力，**特別是陳錦化**⑭。分析社羣結構時，我們曾把它分成許多類。但這是一個小社區，政治領袖、社會領袖、經濟領袖、宗教領袖常常是重疊的，差別不大，如圖二中6號與7號領導份子。要把這些領導人的權威性勉強分類的話，可得下圖。

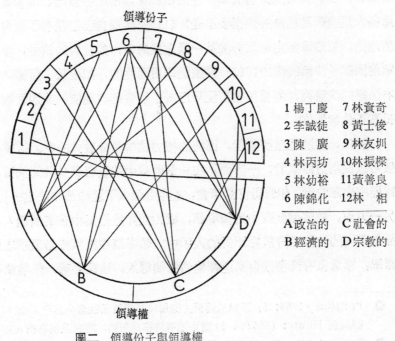

1 楊丁慶　　7 林資奇
2 李誠徒　　8 黃士俊
3 陳　廣　　9 林友圳
4 林丙坊　　10 林振橾
5 林幼裕　　11 黃善良
6 陳錦化　　12 林　相

A 政治的　　C 社會的
B 經濟的　　D 宗教的

圖二　領導份子與領導權

　　本圖表明 12 個領袖在四種領導權中所表現的權力分配，如果從總數來看，相當平均；如果以個人為標準，則6號所涉及權力範圍最

---

⑭　席汝楫（民 61: 16）的發現與此略有不同。

廣，7號次之，8號又次之，其餘多不足論。

假如把權力（power）當作一種社會關係系統⑮來看，則這種涉及權力的多寡，正表現了個人對社區影響力的大小及參與的程度，對社會所扮演角色的重要性。

就領導形態來說，如用 Sahay 的分類⑯，則這些上層領導份子，不只是世俗的（包括政治的、經濟的、社會的）同時也是神聖的領袖；論實質，他們無疑又是屬於黨派性的領袖⑰，兩派各以陳、黃爲首。這些人建立領導地位的途徑多半是：(1) 父親或自己已經有了社會經濟地位，被羣眾認定可以扮演某一類重要角色，如社會的領袖，並信賴他而賦予決策的權力；(2) 經由選舉而產生的，如里長、董事，便有法定的決策權，這種領袖可能早已有了社會經濟地位，或因當選而提高了社會地位。

所以，從社區整體來說，西河的權力結構是分散式的⑱。這種分散可以從兩方面來看：一方面，在一個社羣中的領導羣是共同決策，或經由會議決策，如媽祖宮董事會，並非由個人下達命令來決定一切；另一方面，在整個社區中的領導羣，權力並非完全集中在某個個人，而是不同的決策權分散在不同的人手中。領導羣在決策時必須顧慮到羣眾，羣眾也有許多機會來選擇他們的領導人。這種形態，無論領袖

---

⑮ Presthus (1964: 5) 研究社區權力階層時是用這個觀念來處理。這個觀念在 Hunter (1953: 2-3) 書中已有詳細的討論，唯意義稍有出入。

⑯ Sahay (1969: 47) 把傳統領袖分爲世俗的傳統領袖 (secular traditional leaders) 和神聖的傳統領袖 (sacred traditional leaders)。我在這裏不用傳統的觀念來分析。

⑰ Aiken (1970: 487-521) 用專權式(pyramidal)，黨派式(factional)，聯盟式 (coalitional)，散漫式 (amorphous) 來討論社區領導權。

⑱ Apter (1965: 94)，把權力分成三種類型。

或羣眾，都已擺脫傳統的方式而走向現代，至少可以說在某種程度內已經現代化了。但從羣體的角度來看，黨派性仍然非常強烈，特別表現在政治活動上，陳、黃兩派已演變成為對立的情勢。這兩派原屬於同一羣體，後來為了各自的利益而分裂，乃至互相衝突。衝突的起因基本上不是由於選舉，而是由於北投改制，取消了鎮民代表，陳錦化轉而競選里長，直接妨礙了黃士俊的旣有權利。這種衝突情況，我在另一文中（文崇一等，民 61: 60-61）已做過初步分析，這些上層領導人本來同在一個換帖兄弟會內，整合得相當良好，直到北投改制時才開始產生權力衝突。我們可以用下圖說明。

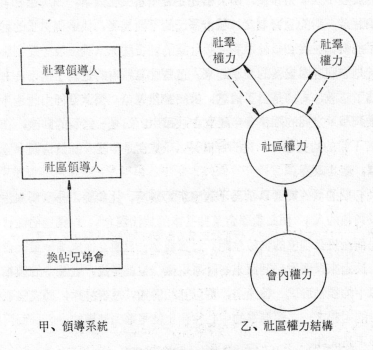

甲、領導系統　　　　　　　　　乙、社羣權力結構

圖三　領導羣與權力結構

甲圖表明無論社羣領導人或社區領導羣都出自於一個兄弟會，反過來說，這個兄弟會的領袖們就是社區事務的決策人。乙圖表明權力結構因領導羣的分裂而產生黨派性的對立，對立反過來又影響社區權力的分配，而在社區事務上形成某種程度的衝突。

四 結論

早期的西河，基本上是一個傳統式的中國農村社會，除了宗族關係比較衰落外，大致還保留原來的形態。包括日據時期在內，這個村子的變遷不大。光復後，由於引進了若干新文化因素，如民選官吏的政治意識，新的教育制度，城市移民的不同規範，使這個村子的社會起了些變化。從初級社羣和次級社羣的社會關係來說，最先受到影響的就是志願社羣慢慢的多了起來。這些社羣，有的是爲了選舉，有的是爲了宗教，有的是爲了情感，衝突雖然難免，領導羣卻由此產生。領袖與羣眾之間的關係多半建立在社羣中。這是一些新的動機，在達成若干目的的過程中，使大部份人，特別是年輕人的價值觀念遭受衝擊，產生改變。

初期的價值變遷只是爲了適應新的環境，比如說，一個新來扮演里長角色的人，便必須學會某些基本的政治觀念，以調適他從普通居民而至里長地位的價值差距。這種觀念一旦建立而成爲一種社會價值，反過來又要影響到原來的社羣組織。也就是說，社區中的領袖和社羣中的領袖形成一種通道，可以互相溝通，或者排斥，而成爲取得權力的過程之一。領導羣的中心往往也就是權力結構的中心。西河的情形正是如此。

就變遷的觀點來說，新的價值促成了西河社羣在組織和功能上的

變革，這種變革又造成了價值的再轉變。舉個例，都市化的價值觀念使西河的生態環境、職業結構有了改變，增加了不少低級白領階層人物，這種轉變所產生的新價值是使薪水階層的社會地位提高了，結果，西河的大學生就比以前多得多，可以說是空前的多。

這種互動關係不只表現在結構與價值間，也表現在其他方面，如換帖兄弟會顯然是代替了原來屬於宗教的若干功能，羣眾希望從社羣中得到滿足，領袖則爲了某種社會地位而設法滿足羣眾，在社區中獲得了領導權的人往往容易取得社羣的領導權，反過來，可能性也很大。這樣一連串的互動關係，使社會變遷一直延續下去。從新的輸入，不論是價值的或制度的，經過有機的組織或再組織，而產生一種新的輸出，達成目標。

西河血緣社羣中的宗族關係並不十分強烈，家庭和親戚關係還保有原來的功能；志願社羣中以換帖兄弟會和宗教團體最佔優勢。這個社區的權力分配很不平均，因爲全被一個兄弟會的成員所掌握。這個兄弟會的三個重要領導人在社羣或社區事務的參與程度非常深而廣泛，甚至可以說，重要的決策都出自他們。在改制以前，內部整合很良好；以後，由於利益衝突，才引起權力之爭，而分裂爲兩個團體。這兩個團體仍然在社區事務上扮演重要角色。這種黨派性的權力分配，如果運用得當，對改善社區事務實際上是有利的，因爲很明顯，社區權力中心就在這裏。從羣體的角度而言，它是一種黨派型權力結構；但從社區而言，它又是一種散漫型權力結構。

岩村的社會關係和權力結構

一 理論架構與方法

這裏所說的社會關係主要包括兩個層面：一是個人在羣體行為中所扮演的角色和所處的地位，這種行為又以血緣羣體中的宗族和家庭，志願羣體中的政治、社會和宗教為主；二是個人在羣體或社區中所能分配到的決策權，即是權力結構的形態。這在理論上可以從三方面來討論：(1) 社會關係必須由羣體表現出來，而羣體以血緣和志願兩類為主，血緣羣體是農村社會的基本集體行為之一；志願羣體則以工商業社會較多，或者說為現代社會的行為特色。從 Stogdill (1959)，Hare (1962) 的羣體成就和小羣體理論，Smelser (1969) 的集體行為理論，我們可以分析個人在羣體中的行為方式，羣體運作過程，羣體成就，以及羣體對個人或社區的影響等。(2) 社會關係中的角色與地位 (Linton 1936; Merton 1957) 系統構成結構上的複雜現象，這種現象一方面表示角色羣在羣體中的運作，另方面也反映個人與羣體的相互調適和整合。(3) 社會關係的具體化可以從領導羣、羣體成員、決策者、以及權力分配等看得出來。也即是說，這種人際關係主要建立在羣體的或社區的權力結構上 (Hunter 1953; Dahl

1961; Aiken & Mott 1970; Bonjean, Clark & Lineberry 1971)。

這種結構關係，個人因社會經濟地位、教育程度、職業或家世的不同而有差異，大致不外下列三種情況之一：

(1) 個人在所有的社會關係中只是扮演一種被動或跟從者的角色。這種人對社區事務沒有影響力，不是本文的主要討論對象。

(2) 個人透過羣體及羣體領導人角色而成為社區領導人之一，並參與決策。這種人可能是正式或非正式組織的領袖，也可能只是意見領袖。

(3) 個人因原有的聲望或決策權直接成為社區領導份子而取得決策權力。這種人往往有較大的政治背景或其他特殊原因。

這種社會關係的模式可簡如下圖：

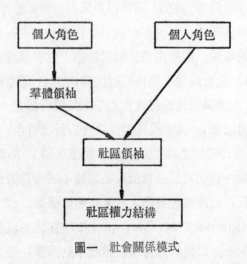

圖一　社會關係模式

這個模式說明，有些人需透過羣體活動才參與社區事務，有些人卻直接參加社區活動，這種情形以往在西河、萬華、竹村的研究也有發現，

美國也有類似的結果（Aiken 1971）。從這個模式可以把本研究的社會關係具體化如下圖：

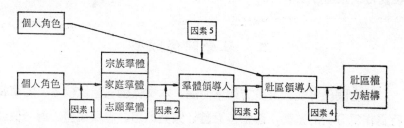

因素1：指個人的需求、動機、目的等均可影響這一階段的運作。
因素2：指個人能力、公正度、滿足成員欲望等。
因素3：指個人更高的成就以及對社區事務的關心與努力。
因素4：指個人所擔任的領導角色，因角色不同，權力分配也會有差異。
因素5：指個人的特殊關係與能力，而不透過羣體。

圖二　社會關係運作過程

經過上述的運作過程，有些人因參加羣體而接受影響或影響別人，成為領導階層的人物，有些人卻仍然只是一個普通羣體成員，這要看個人的能力以及許多相關因素。

從這個架構，我們就可以提出研究設計或方法，已經運用過的有三種：一是結構式的訪問，我們把羣體和社區的重要人物找出來，用預先準備的訪問綱要進行深度訪問，這種方法所得的資料最多；二是觀察，從里民大會、鄉民代表會、婚喪典禮、以及一般活動來觀察社區居民，特別是領導人的社會關係和權力關係；三是問卷，由於居民知識程度不高，對十幾個問題的回答並不理想，不過還是可以獲得不少資料，特別是幾個主要領導人。我們找領導人的方法有三種：第一種是從問卷所得的指標，第二種是參與羣體及在羣體中決策權的多

少，第三種是對社區事務參與的程度或決策權，這個辦法最適宜於找意見領袖。找出了高階層領導羣，就很容易找到核心領導人物了。然後就可以瞭解社區權力的分配情形。

二　社會關係類型

社會關係可以從許多方面來討論，本文係就三種比較重要的羣體行為作為分析的基礎，卽宗族羣體、家庭羣體、志願羣體。對一個社區而言，這幾種集體行為不但較為穩定，而且較具有普遍性。實際上，社會關係不祇是人與人，人與羣體，或羣體與羣體的關係，它也受到外在環境的干擾或影響，比如社區生態環境變了，或經濟結構變了，或政治組織變了，社會關係就必然被迫而作若干改變，以求適應。以岩村來說，本來只是一個稻作農村，農村的社會關係是恬靜與和諧，也許有些小的爭執，但那算不了什麼；後來設立了工業區，水田很快蓋成了工廠，荒涼的山鶯路兩旁盡是商店；陌生人進來了，許多陌生的觀念和行為也進來了，社會關係自然有些改變。正如村長說的，以前在路上碰到人，立刻可以打招呼，叫出他的名字；現在不同了，簡直不知道他什麼時候搬進來的。

個人如果能遺世獨立，社會關係自然不存在，有無也不關緊要，可是事實上辦不到，每個人不祇有他的基本需要，如食物、性生活、安全、自尊等，還有他的社會性需要，如地位、榮譽、權力（Colby 1960）。這些問題均必須經由某種固定的或不固定的社會關係來尋求解決的辦法。岩村這個社區，由農業轉變到工業，表現在社會關係上的行為模式有些什麼轉變呢？推行社區事務的領導系統和權力結構又有些什麼轉變？我們將依據前述架構一一予以分析和討論。

（一）宗族羣體

岩村已有兩百多年的歷史，開始的時候雖然住戶星散，但到民國初年約有八十多家在這裏從事水稻耕作，光復初期則發展爲二百多戶了。這裏本來是一個純農業區，設立工業區以前，有 120 多甲水田，以後就只剩下 10 多甲了，可見在生態上改變之大。不僅是生態，職業結構、人際關係、價值觀念也變了不少。

由於工業發展的關係，已經相當程度地影響到居民對住所的選擇性，有人把土地賣了，遷居別的地方；有人從農轉爲工，離開了原住地；當然也還有不少人留在本來的住所。從早期開始，岩村就有六個姓聚族而居。到目前，六個姓的人很多已搬遷外地或村中離族而居，但仍有許多沒有搬動，這六姓就是吳、游、呂、劉、黃、徐。吳、游二姓居東角仔，今 1，2 鄰；呂姓在呂厝，今 3 鄰；劉姓在埤仔下也叫劉厝，今 6，7，8 鄰；黃姓在田心仔也叫黃厝，今 9 鄰；徐姓在徐厝，今 10，11 鄰。這些地方也就是他們主要的世居地，歷來很少變動。但設立工業區後，情況有些改變，一方面是本村人的流動增加，比如原來住在東角仔的吳姓居民搬到徐厝附近去了；另方面是外來同姓而不同族的人增加得很快，如第 9 鄰，每一姓的人都不少。目前本村各姓分佈情形如下表。

表一　各姓分佈情況

（單位：戶）

鄰別＼姓別	吳	游	呂	劉	黃	徐	其他	總計	說明
I	10*	1	0	1	0	0	12	24	東角仔
II	4	8*	0	1	4	0	8	25	東角仔
III	1	1	14*	2	3	1	26	48	呂厝
IV	3	3	0	2	2	2	7	19	
V	1	1	3	4	9	0	27	45	
VI	1	2	1	8*	8	0	35	55	埤仔下
VII	1	3	0	13*	13	1	78	109	埤仔下
VIII	1	4	0	9*	0	0	10	24	埤仔下
IX	20	8	4	9	37*	11	288	377	田心仔
X	14	3	5	1	3	9	99	134	
XI	4	2	1	1	1	18*	39	66	徐厝
XII	4	3	2	7	10	7	106	139	
總計	64	39	30	58	90	49	735	1,065	

* 各族之世居地。

從表中可以看得出來：(1) 各姓屬於非世居的居民越來越多，世居者未佔絕對優勢；(2) 六姓中以劉、黃二姓佔的比例較大，現在如此，以前也是如此；(3) 9至12鄰「其他」欄內戶數大增，主要是山鶯路的商店，徐姓因此受的影響較大；(4) 7鄰因新建公寓，故外地人日多；(5) 1至6與8鄰尚能維持早期形態，不過仍有不少工人租住。大致的說，六姓的地理分佈，清代已經形成，目前除山鶯路上的黃、徐二族遭到破壞外，其餘各族還能表現當初的情境。自當時至現在，各族之間相處尚稱和睦。

吳姓距工業區較遠，現在還是種田，大房、三房已遷出，只留下二房，聚居在東角仔一端，族內關係很不錯，但與呂姓不通婚，傳說

係祖先的恩怨。游姓居東角仔另一端，經濟情況比較好，族內關係也相當和諧。呂姓就在游姓的隔壁，人不多，土地也少，對工業區一無好感，因為不但沒有得到好處，水田減少，反而使生活受到威脅。這三族正好是現在的 1，2，3 鄰。以經濟收入、人際關係、對工業的態度而言，游姓都比較好。吳、呂二姓可以說是本村較為窮困的居民，表現在態度上較為退縮。三族隔鄰而居，除了吳、呂不通婚，一般關係尚好。游姓遷居此地並不早，原來只是一個佃戶，後來卻發達起來了。

住在田心仔的劉姓是岩村的大族，據說乾隆時代就由福建（漳州南靖）遷臺，已歷七至八世，約 200 多年。擁有土地非常多，後來的黃、徐二族，當時還是他們的佃戶。劉家在岩村有祖墳，但無公廳，族內各種儀式性生活也很少。劉姓受到工業化的影響來自龜山，而非新設立的工業區，龜山距該地較近。劉姓在社區事務上的發言權相當大。

黃姓原住 1 鄰，為劉姓佃戶，後遷今黃厝一帶。現住岩村者為一系中的八大房，有公廳、族田，族內關係相當好。現在是本村最大家族，從工業區和山鶯路的開發得益不少，他們有許多人在山鶯路上經商。徐姓原來也是劉姓的佃戶，後來自立，成為徐厝一帶的世居，共有五房，祖祠原來很不錯，有過一個時期的熱鬧，現在已經破落了。工業區發展後，對徐姓也是有利的，目前有不少人從事商業活動，經濟情況與黃姓幾乎不相上下。

如以地理環境為區分單位，從前有上下路之分，上路指吳、游、呂、劉四姓，下路指黃、徐二姓。上下路難免有時意見不一致，特別是在選舉的時候，但多數事件上看不出差異。以現在的情況來看，吳、游、呂是一個地理區域，劉是另一個，黃在山鶯路頭，徐在路

尾，可以說是四個居住集團。但在經濟上，黃、徐最好，游、劉次之，呂、吳最壞。也可以這樣說，黃、徐二姓受工業化之益最大，吳、呂二姓最小。

族內關係，早期自然要密切些，這有幾個原因：第一是水田耕作需要彼此換工或請短工，增加了交往的機會；第二是對外交通不方便，相對就增加了內部的溝通；第三是族羣的認同感較爲強烈；第四是同族間尚有若干儀式性行爲，如清明掃墓、冬至祭祖。以徐厝爲例，四十多年前還把全族人召集在現在殘破的祖祠祭祖，大吃大喝。後來慢慢就沒有了。直到建立了工業區，不但徐姓人他遷，連祖祠也賣給鐵工廠當宿舍。徐家五房人口在婚喪大典上都難得見面，其他日子就更不用說了。像這種情形，不只是徐姓，黃姓也是如此，其餘四姓聚居的形態好些，關係卻也比以前疏遠。這就是工商業社會所創造的忙碌症，使大家都缺乏時間閒聊。

吳、游、呂、劉四姓不像黃、徐姓那麼分散，族內的關係多些。夏天，他們可以坐在四合院內彼此交談；有事，也可以互相幫助。看起來，早期的族羣關係還有相當的團結力。但，這也只是其中的一面，另一面卻是表現在年輕男女多半進了工廠；就是閒在家裏，也還有不少工廠把半成品送來加工，已經沒有多少時間可以閒下來坐四合院了。可見由於工業化的結果，人際關係已經呈現緊張的一面，不再是往日那種農村景象。

族與族之間，就早期所建立的六族而言，除吳、呂不通婚，似曾有不愉快事件外，尚能同心協力，團結一致。這種現象，早期可以從禦盜、拒匪等事情上看得出來，當時就因岩村人團結，才把土匪趕走了；後期可以從選舉事務上看得出來，各族間雖不無意見，但很少產生眞正的糾紛或衝突。

這是就六姓世居而論，至於山鶯路的商店，公寓中的住戶，不但同姓之間少有或沒有來往，連鄰居關係也無法建立。這就是現代社會。現代社會太匆忙了，即使是在有深厚傳統的基礎上，也不容易把某些生活方式聯繫起來。岩村的世居與非世居居民表現得非常明顯，幾乎是兩種完全不同類型的族羣行為。

（二）家庭羣體

家庭在岩村也有兩種類型，一種是六姓的世居者，有較大的內聚力，社會化功能也較大，結構較具有傳統取向；一種是非世居的外來戶，多經營商業，無論結構、功能都較具現代取向。即使是世居本地的商人，也相當程度的不同於農家，表現在家庭羣體行為上有較大的進取心。在討論家庭問題之先，我們來看看這個村子的戶量。

表二　戶口分佈狀況及戶量

每戶人數	戶　數		總人數	每戶人數	戶　數		總人數
	實　數	%			實　數	%	
1	13	1	13	11	12	1	132
2	97	9	194	12	14	1	168
3	136	13	408	13	5		65
4	195	19	780	14	5		70
5	189	18	945	15	2	2	30
6	156	15	936	16	4		64
7	102	10	714	19	2		38
8	69	6	552	20	1		20
9	39	3	351				
10	26	2	260	總　計	1,069	100	5,797

每戶平均人數為 5.4（單身戶未計入）

表中有幾點需要解釋：(1) 戶量指的是戶籍上的「戶」，而非通常所說的「家」或「家庭」❶，在結構上頗有點差異；(2) 每戶平均數5.42，顯然不高，這有兩個原因：一是山鶯路的商店戶已經超過世居戶，商業家庭人口一般偏低❷；二是本地居民已受到工業化影響，戶量難免不減少。在許多典型的四合院中，如 1 鄰的吳家，2 鄰的游家，7 鄰的劉家，多半是好幾家合住，但實際上他們都早已分家了。有些人認為，放棄種田是件可惜的事，把原來的人際關係破壞了，那種樂趣也沒有了；不過，大多數人，特別是年輕人還是喜歡從事工商業，農業的收入偏低，工作較辛苦是原因之一，更大的原因還是城市的不同生活方式，以及不同的職業性質。當經濟景氣的時候，不但許多家庭有人到工廠去工作，家庭也幾乎變成小型的裝配工廠，不少外銷貨品都是在這種情況下趕工出來的。岩村的男女老幼全在忙，凡是有工作能力的全有事做。幾年過去了，全世界的不景氣也影響到岩村，家庭的忙碌景象消失了，又恢復到農業時代的寂靜。收入是比較少了，休閒的機會卻多得多，家庭的緊張氣氛也緩和了。

工業區增加了青年的就業機會是毋庸置疑的，同時也改變了若干價值觀念，特別是對工作的選擇能力，接受新的職業訓練，以及與不同次文化的人羣互相適應等。有人說，男孩子一大就進了工廠，免得在社區裏成羣結隊的打鬥，比農耕時代好得多；不過也有人認為，許多外地青年男女租住社區中，良莠不齊，容易發生問題，有時不祇把家庭氣氛破壞了，把好人也帶壞了。這是已經發生的兩個極端，其實，

---

❶ 岩村戶數太多，無法一一查對，故改用以戶為單位。

❷ 如西河居民，從都市遷入者的戶量為 4.74；萬華為 5.1，臺北市為 4.6；劉清榕（民 64：8-9）的平均數卻高達 8.03 人；龍冠海等（民 56：121）的抽樣調查，平均為 7.8 人。

好壞還得從長遠打算。對家庭來說，眞正的影響還在進一步工業化後所產生的結構與功能上的改變，這一點，目前尚不十分明顯，雖然年輕一代多半已不住在岩村了。

岩村原來是個純樸的農村，不少老年人懷念當日的恬靜生活，提到那個時候，似乎有無限傷感。他們對工業區所帶來的一些新問題，具有強烈的反感，比如山鶯路與工業區中的太保滋事，女工墮胎或交男友，男工不負責任的亂找女孩或喝酒打架，這些行爲都相當程度地影響甚至危害岩村原來的家庭生活。年輕人與老一輩不合，就跑出去了。事實上這不一定是危機，而是兩代間所受現代生活的衝擊不同，彼此的觀念與行爲一時難以調適，如果我們多加解釋，或合理地預防，隔閡就會小得多。

工業區對於山鶯路一帶原來的生態體系破壞很大，對於徐、黃二姓原來聚族而居的人際關係也給予了相當程度的破壞，而使不少家庭面臨了新的鄰居關係，必須設法調整；但就吳、游、呂、劉四個族而言，除了極少部份，都還保持了原來的生態環境和鄰居關係。這種關係頗具有傳統性，比如參加婚禮，祇要親戚關係較好，幾乎都攜老帶幼傾家而出，那眞是農村風光。

除了少數家庭，如吳、呂二姓，因土地被工業區徵用，耕地面積減少，又無法從事工商業而抱怨外，大部份家庭都因工業區而獲得利益，特別是因工業發展而提高了他們對於子女在事業和教育上的期望。他們鼓勵子女到外地去經商或做工，不但增加發展的機會，而且加強了獨立生活的性格。

（三）志願羣體

早期的農村社會關係多半以血緣羣體和地緣羣體爲重，如同鄉

會、宗親會之類；現代社會關係卻比較偏重於志願羣體，即以個人的興趣爲主，如參加政黨、農會、同業公會等。這是人類行爲一個比較大的轉變，甚至有人以個人參加志願羣體❸的多少來衡量社會的現代化程度❹。岩村只是一個剛從農業社會過渡到工商業社會的村子，而世居該地的村民， 大部份雖已不從事農業， 行爲模式卻並未完全改變，所以志願羣體不如想像中那麼多，以下分作三類來討論：1. 政治經濟性羣體，如政黨、農會；2.社會性羣體，如結拜兄弟會、國小家長會；3.宗教性羣體，如土地公會、媽祖會。其間有時也有重叠的現象，如神明會也含有社交的性質，遇到這種情形，我們只在一個類別中討論，不再重複。

1. 政治經濟性羣體

（1）村民大會　大家都知道，村民大會早已流於一種形式，沒有實際的作用。岩村原來的村民大會還算不錯，出席率相當高，目前卻受了兩個因素的影響，即工廠工作太忙及改爲半年開一次，以致出席率也偏低。我們在這裏仍然要討論這種效率不高的羣體，主要因爲它畢竟牽涉到社區領導羣，無論在開會前或開會時，村長、村幹事、鄰長、鄉民代表多少可以在這個正式組織中產生力量。村民大會的確已經沒有什麼功能了，但參加會議的領導階層還是可以交換一些社區事務的意見，甚至作出決策。這個會的最大發言權當然是村長劉地、村幹事呂鐘、鄰長陳福等人，鄉民代表黃傳有時也是會中的主角。發言權象徵一種社會地位，而不是爲了解決問題——事實上也無法或無力

---

❸ 這類羣體也有人叫做興趣羣體或利益羣體，是從 interest group 翻譯過來的。

❹ 主要是指次級羣體 (secondary group) 的多寡，非初級羣體(primary group)。

解決問題。參與會議的 12 個鄰長是：

1 鄰	吳壽	2 鄰	游財	3 鄰	陳福
4 鄰	楊榮	5 鄰	陳來	6 鄰	林順
7 鄰	劉儀	8 鄰	劉潔	9 鄰	黃治
10 鄰	蕭川	11 鄰	周仁	12 鄰	陳法

(2) 政黨　這裏所說的政黨實際就是國民黨。國民黨在岩村有一個區分部，屬地方黨部。目前有 15 個小組，人數不算少，村裏許多有影響力的人，如劉養、游興、陳福、徐水等都是黨員。現任常委紀儒，為國小教員，委員有吳標（兼小組長），教員；黃進，鄉公所課員；易春，隊長；呂恭，教員。其中祇有吳標為本地人。此外本地人尚有小組長姜祐、劉雄、徐俊、陳江。

岩村的黨務原分為三部份，卽龜山監獄、工業區、和本村。但監獄屬特種黨部；工業區的產業黨部一直無法建立，地方黨部又無力管理；　結果只有本村區分部還算在順利推行工作。　和別的地方黨部一樣，目前小組所能發揮的力量甚小；聯合小組會由於討論全村事務，如道路、路燈等，情況卻好得多。本來區分部的書記為義務職，多由地方士紳擔任，也頗得對黨務熱心人士支持；現在改由村幹事兼任，每月津貼 200 元，似乎有專責了，但不是每一個村幹事都熱心黨務，地方人士卻從此不願再管，以致改制後情況並不比以前更好，這是當初料想不到的。而這種情形只有地方基層幹部才了解，縣以上的黨幹部就無法知道了。還有一種改變是，從前為農村，人們對黨務比較熱心，常常把對黨的服務視為一種榮譽；現在成為工業社區，經濟情況的確較好，但大家都變得現實了，他們認為，黨又不能給什麼好處，何必那麼熱心？這可能隱藏一個問題，就是辦理工業區黨務在方法上應有些差別。

(3) 民防隊與義警隊　民防隊原屬民防指揮部指揮，現在和義警隊一樣，同屬警務處管理。在多防時期擔任巡更、站崗、救火、抓小偷等工作。三年一任，年紀 30-50 之間都可以參加，服裝等待遇與義警相同。民防隊員通常並不聚在一起，不過基於每個隊員對社區事務差不多有相同的取向，內部還相當和諧。現任小隊長游發，隊員九人為吳達（農、工）、林隆（農、工）、陳勝（雜役）、劉茂（小生意）、吳培（小商）、楊雄（礦）、林寅（麵店）、簡木（農）、陳通（農）。從權力階層來看，這些人的地位並不十分重要。

義警與民防的不同處在於服務的時間，民防一般在多防時期才召集，義警沒有這種限制，必要時就可以召集。義警在岩村也只有 10人：分隊長游運，小隊長陳福，隊員詹雄（商）、黃勇（商）、黃治（商）、呂龍（商）、徐福（工、厨師）、陳詩（商）、林世（荣販）、戴樂（商）。兩者相比，民防隊員以農工較多，義警隊以商較多。

(4) 農會　農會在農村的功能比里民大會好些，因為它做些存放款的工作。岩村的農會只是龜山鄉農會的一小部份，鄉農會幾年來鬧人事糾紛，非常不景氣，不要說農事推廣業務，連存放款也停頓了一段長時間，所以影響是免不了的。現任總幹事在力圖振作，教村人養豬，並計劃開發山坡地養牛羊❺。但是業務計劃、預算都需理事會批准，目前的理事還是民國 58 年改選的，岩村無人當選。農會所面臨的另一難題是，種田無利可圖，農人都願意把土地賣給工廠，利用價值高，子弟去工廠找工作遠比種田好。比如去工廠做工，每月 3,000多元，一年就 40,000 元；而種田，一石（100 斤）穀子不過 400 元，

❺　這類工作大都只是紙上談兵，因為根本沒有專業人員，誠如吳聰賢（民64: 113-119, 144）所說，應該交給政府主辦。

40,000 元就是 100 石，一甲地那能賺這許多？不賠本已經很好。事實上，岩村的農民早就在一天天減少，因爲可耕地也只剩下 10 多甲了。

根據農會資料（不全），民國43 年第一屆，徐水曾任理事長（龜山鄉），當時本村還有評議委員黃錢。黃傳也曾在民國52 年任理事。民國 58 年（12 月）第七屆（目前尚未改選），就無人當選理監事，但有會員代表二人，黃正（佃農、國小）與戴柳（自耕農、國小），戴也是候補監事；另有小組長陳來（自耕農、不識字），副小組長林銀（自耕農、不識字）。這一類的人在農會很難發生作用，一般人對這種職務也不看在眼裏。民國 58 年有正式會員 42 人，除上述四人外，還有吳壽、林順、黃傳、戴柳等；贊助會員 44 人（名單祇 41 人），如黃錢、游添、游財、劉養、徐水等。其中有些人在村中頗有影響力。

在政治性羣體中，以政黨、村鄰長小羣體的力量較大，其餘三種羣體可以說有名無實。

2. 社會性羣體

（1）國小家長委員會　岩村國民小學開辦很晚，當時主要還是爲了軍眷村子弟就學而設立，以後才逐漸擴充，今天已是一個不小的小學校了，在桃園縣一向以體育成績特優而出色。家長會開始於民國56 年 1 月，那是第一屆（55 學年度）。這一屆的主席是梁月（軍眷村），另兩名常務爲王山和戴乾。家長會也是個沒有多大用處的組織，早期還可以替學校出面募捐，解決部份財政困難，現在除了搞搞體育經費以外，恐怕就只能參加運動會的開幕禮了。從羣體方面來說，家長會畢竟把地方上一些較有名望或熱心的人士選出來了，他們聚在一起，久之自然也有相當程度的溝通作用。從民國 56 年第一屆到民國 63 年

第八屆❻的八年間，曾經被選爲家長會委員的有一百多人；其中曾做常委兼會長的有梁月三屆，黃石三屆，黃傳三屆❼；曾先後做過多次常委或委員的有名人物，如劉養、黃石、黃傳、戴乾、莊木、劉儀、戴樂、劉地等❽。可見家長會雖只是一個形式上的組織，地方上的士紳卻幾乎都到這個羣體轉過一圈，除非他從來沒有過孩子。家長委員會的委員，特別是常務委員與別的羣體組織的成員相比較時，也可以當作一種指標，比如有無參加兄弟會？是不是黨員？曾否擔任過村鄰長？

(2) 換帖兄弟會　這種會，老一輩的人比較注重；現在不是沒有，似乎少些，而且仍以中年以上的居多。關於結拜的目的，岩村人意見分歧：一種認爲對自己的事業多少有點幫助；另一種認爲只是一個形式，多半都變成酒肉朋友或有頭無尾。也有人說：「結拜無非把朋友聚起來做點事情，爲父母做生日，或婚喪喜慶時送點重禮，以示幫助之意；可是，我有四個兒子，將來死了也夠熱鬧的了」。可見任何形式的結拜都不過爲了一些生死瑣事。

根據傳統的習慣，結拜總是帶點秘密，不願意讓局外人知道，所以我們在訪問時碰到不少阻礙，名單也不夠齊全。以下是已經找到的幾個換帖會，資料仍嫌不足。

---

❻　實際有 10 屆，其中兩屆重複，校方只承認 8 屆。

❼　第 3 屆（57 學年度）會長未註明。

❽　常務委員數不穩定：除第 3、8（63 年）屆不明外，餘均有紀錄可查核。

表三　換帖兄弟會

羣別	參與者姓名及人數	目　的　及　說　明
1	林順[a]、游興等7人。	
2	黃爐[b]、戴樂、黃傳、吳財、吳吉、游義、徐吉、呂明8人。	當初同在一起學「排只」而結拜。年初四聚會。自己或太太不到都要罰錢。
3	游運、游村、游義、黃傳、黃海、黃豐、葉旺、劉儀。	
4	徐玉、黃標等。	在山鶯路。
5[c]	陳龍、戴樂、泥水匠等7人。	多爲生意人，而陳爲慈惠堂主持人。

a. 林說他參加過兩三個結拜會。

b. 黃後來在中途退出。

c. 據說劉祿、黃添、吳和也參加了換帖會，但迄未得名單。

　　這種換帖會都很鬆懈，除非加入了現代的意識（文崇一，民64），如幫助競選之類的目的，就不會產生緊張關係。在上面的表中，有的自認參加過幾個兄弟會，如林順；有的已經參加了兩個兄弟會，如戴樂、黃傳、游義。不過在這五個兄弟會中的會員，除黃傳、戴樂少數幾人稍有名氣外，對社區事務都沒有什麼發言權，所以對社區影響不會太大。

　　(3) 同志會與復興會　同志會是在日據時期成立的，那時候他們一些想學日文的人，興趣相同，就組成了這麼一個研究會，共有20個人參加，男14女6，包括黃石、劉發、劉祿等。兩年後，他們又組成一個話劇團（新劇），到各地巡廻演出，或用日語或用臺語劇本，看情形而定。同志會有時候並不完全接受日本人命令，就不免鬧得不愉快，後來，大家的興趣減了，同志會就解散了。

　　光復初期，劉地、徐乾等人又組織一個復興會，也是想演戲，共

有 10 餘人參加，但在當時的環境，很不容易進行，所以沒有幾年就消失了。

這兩個會也可以算是娛樂團體，雖然對社區沒有產生太大的作用，也不是一個壓力團體，但能在比賽中獲得冠軍，亦非易事。

3. 宗教性羣體

(1) 五穀先帝會　五穀先帝會創設於日據時期，那時候岩村只有七、八十戶人家，多半都靠種田為生，五穀神保護禾稼，這些種田人就拜為主神，組成了這個會，同時籌募了一筆基金做為聚會之用。後來這筆錢被一個會員倒掉了，日本人又禁止拜神，五穀先帝會就這樣解散。

民國 38 年他們成立「復興岩村五穀先帝會」，募了新臺幣一千元作為基金。把這個會定名為「岩村五穀先帝會」，宗旨是「為善導會員信仰，提倡農村互助、融洽、團結」（會員章程第二條）。每年農曆 4 月 26 日由值年爐主主辦拜神祭典，當日聚餐，並舉行會員大會，以「連絡各會員情感，融洽信仰，提倡農村年多豐收為念耳」（同前第六條）。顯然這是一個大型的神明會，藉祭典而達到溝通意見的目的。第一次有會員 80 人，分為八班，每年輪值，以班內一人為值年爐主，擲筊決定，爐主負責辦理有關祭典及聚餐事務，並下達命令至各班班長。費用由會員自付，但爐主要多出些。會員如連續三年不參加大會，就算退出。其後，民國 60 年及民國 61 年增加 20 名新會員，前後共有會員 100 名，編為十班。其中民國 53 年有 5 名放棄，當即另補 5 名新會員。

從許多現象來看，這個會可以說是一個組織比較嚴格的羣體，只是領導系統很散漫，除了擲筊產生的值年爐主外，就是 10 位班長，別無任何領導人；每年除了一次聚會，也沒有其他經常性的事可做，

眞是名符其實的連絡感情。不過，保守點說，像這樣一年聚餐一次，雖全是村裏人，是否眞能達到他們所揭示的目的，頗成問題。

從第一班到第十班班長依次爲黃婦、吳壽、游泉、林順、劉養、徐德、黃生、陳來、李火、陳福。會員中尙有戴樂、徐水等人；會員章程起草人游興，鄉民代表黃傳，第一屆村長徐乾，都只是另一些會員的繼承人；現任村長劉地則未參加。假如以姓氏劃分，黃姓會員27人，劉姓 10 人，吳姓 12 人，游姓 9 人，呂姓 7 人，徐姓 15 人，六姓共 80 人，其他各姓 20 人，六姓會員所佔比例甚大。六姓中又以黃、徐二姓會員較多，這與二姓原來總人數可能有關。

自民國 38 年以來，每年爐主均有記載，如民國 38 年黃榮，民國 55 年戴樂，民國 64 年林銀。可見是一個很有條理的組織。

(2) 土地公會　這個會是游興的祖父那一代組織起來的，由六大姓的人參加，可以說是六姓共同討論問題或增加溝通的好機會。歷來他們似乎並未作有效的利用，而只是舉行一點通俗的宗教儀式。所以當六姓人日漸眾多，舉行聚會越來越困難時，便不得不把每年正月十四日的例會也取消了，雖是仍然保留了這日拜「新丁龜」的儀式。這是指六姓人家每添一男丁，次年是日就必須用紅龜到土地廟前去祭拜，然後把紅龜送給鄰居或與人交換。這種儀式看起來也可能增加六族人的內凝力，或者互相交換一些消息。

(3) 媽祖會　據說，這個會創始於 100 年前，由幾個人出錢組成，每年定期聚吃，把吃剩的錢買田地，當時的財產還眞不少，可是後來土地被徵用，雖然有一個財團法人的組織，實際卻沒什麼用處了。

目前的會員有黃榮、戴樂、陳福、游興等 35 人，只是維持一種儀式性的活動。大多數會員都對社區事務沒興趣。

就志願羣體整個來看，種類不能說少，參加人數也相當多，但多

半都組織鬆懈，所能發揮的作用不大。在許多交談的機會中，他們都強調本村人能和睦相處，也許這就是羣體的作用，看起來羣龍無首，實際許多人均能透過羣體的參與關係去瞭解對方，於是形成所謂農村的社會關係：單純、樸實、和諧。

三　羣體與領導系統

在討論社會關係時，我們曾經把血緣羣體中的宗族與家庭，志願羣體中的政治經濟性、社會性、宗教性羣體做過詳細的描述與分析。現在我們要把那些羣體的領導份子，社區領導人，以及整個領導系統作一分析，用以瞭解羣體或社區與領導系統間的關聯性，領導系統建立的過程，及其對社區事務的影響。

下面這個表是說明一般村民所參與羣體的種類，亦卽社區居民參與了那些羣體？一般來說，參與羣體的多少與個人的活動能力及對社區事務熱心程度有關。表中的人物，最少都參與過兩個羣體；根據我們訪問所得資料，絕大部份是關心社區事務，或曾經爲社區做過事，可以說是些比較有影響力的人。另有少數是社區中較爲活躍的人，雖不一定爬得上去，但很想往上爬。

表四　羣體與重要成員*

編號	姓名	I 各族頭人	II 家長會委員	III 鄰長會議	IV 政黨黨員	V 義警隊員	VI 農會會員	VII 先帝會會員	VIII 媽祖會會員	IX 不同兄弟會會員	羣體總數
1	徐　乾	√		√			√		√		4
2	徐　水	√			√		√	√			4

	姓	名	Ⅰ	Ⅱ	Ⅲ	Ⅳ	Ⅴ	Ⅵ	Ⅶ	Ⅷ	Ⅸ	
3	吳	壽	✓	✓	✓			✓	✓			5
4	吳	標		✓		✓						2
5	游	運	✓	✓			✓			✓		4
6	游	興	✓			✓			✓	✓		4
7	游	喜			✓	✓		✓				3
8	呂	路	✓					✓	✓			4
9	劉	養	✓	✓	✓	✓		✓	✓			6
10	劉	地	✓	✓	✓							3
11	劉	祿	✓			✓				✓		3
12	劉	儀								✓		3
13	黃	添						✓		✓	✓	4
14	黃	石	✓	✓								2
15	黃	傳	✓	✓				✓		✓		4
16	黃	錢	✓									3
17	黃	治		✓	✓		✓			✓		4
18	戴	樂		✓	✓	✓	✓			✓		6
19	林	順		✓				✓		✓		5
20	陳	福			✓			✓				5
21	陳	來						✓				3
22	戴	柳						✓	✓			2

* 凡在社團中只出現一、二次，而又不參與其他社區事務者，視爲不十分
重要成員，本表均未列入。如家長會委員，很多都不見於其他社團。

　　上表有幾點很明顯的可以看得出來：(1)羣體的重要性很難劃分，
勉強分類的話，大致可分爲兩種， Ⅰ-Ⅵ 爲屬於事務性的羣體，涉及
解決社區問題，爲社區居民的集體行爲，自較爲重要； Ⅶ-Ⅸ 爲情感
或宗教性的羣體，多半在羣體內運作，涉及的範圍較小，重要性自然
小些。(2) 22 名重要成員中，17 名（77%）屬於六大族，5 名爲其
他姓氏，但所有這些成員均爲岩村的世居居民，新遷入居民（卽山鶯
路的商店）一個也沒有。(3) 六大族中以黃姓最多，5 人；劉姓次

之，4人；再次為游、徐、吳、呂。這種分配與目前岩村的人口分配
情形相當一致。(4) 以個人參與羣體多寡計算，則 9 號與 18 號最多，
各 6 個；3, 19, 20 號，各 5 個；參與 4 個羣體的有 1, 2, 5, 6, 8, 13, 17
號；參與 3 個的有 7, 10, 11, 12, 16, 21 號；參與 2 個的有 4, 14, 22 號
❾。這種分配受了 Ⅶ-Ⅸ 三類羣體的影響，如果這三類不計入，則除
9 號參與 5 個羣體，3 號參與 4 個外，餘均為 2-3 個，相當平均，
也就是說，羣體成員的權力分配可能很均勻。(5) 在一個社區來說，
參與羣體的多少（特別是重要羣體）往往是象徵對社區事務決策權的
大小。除了幾個特殊例子（如 15 號旣不是村鄰長，又不是黨員；5
號與 17 號也不是黨員），本村的情形也大致如此；而由於權力分散，
故不容易從羣體中找出領導人物❿。(6) 以 Ⅰ-Ⅵ 羣體的重要成員來
看，可以分為兩類，一類是年紀較大的，如 1, 2, 3, 6, 9, 14 號；一類
是年紀較輕的，如 4, 5, 10, 11, 15, 18 號，這種分配相當巧合，似乎上
下兩代之間很少差異⓫。事實上這也是實際情形，工業區的介入，對
羣體行為的影響還不大，所以目前正在鬧着分村而治，把新遷入的幾
百戶商店分出去，另成一個新村。

　　這種情形與我們從問卷所得的結果也大約接近。由於一般居民對
所問問題不願作答或不知如何回答，四個問題（卽 16, 19, 20, 22 題⓬）

---

❾　參與 2 個羣體的成員還相當多，但那些成員不大管社區事務，故此處不
　　列入。

❿　這種社區權力結構多半是散漫式的 (Rossi, 1970: 114)。

⓫　事實上，有些人會經頗具影響力，而現在沒有了，就不計算。如 7 號游
　　喜，為鄉公所退休人員，當時為游族大將，目前却神智不清；16 號黃
　　錢也因年老而失去作用，過去是鄉農會評議委員（顧問）。

⓬　16. 你認為什麼人對我們村內的事情比較熱心？
　　19. 除了現任村長外，你認為還有什麼人適合做村長？
　　20. 除了現任鄉民代表外，你認為還有什麼人適合做鄉民代表？
　　22. 你認為我們村內比較有名望的人是誰？

表五　可能的社區領導人物

編號	姓名	16題新居	16題世居	16題合計	19題新居	19題世居	19題合計	20題新居	20題世居	20題合計	22題新居	22題世居	22題合計	總計
10	劉　地	4	23	27								10	10	37
15	黃　傳	2	16	18		2	2	1	2	3	3	8	11	34
6	游　興	1	2	3	1	5	6				1	5	6	15
14	黃　石	1	1	2					3	3	1	2	3	8
9	劉　養	1	2	3		1	1				1	2	3	7
3	吳　壽	1	1	2		4	4							6
24	游　枝	2	1	3							3		3	6
5	游　運		3	3							1		1	4
25	游　耀					2	2		2	2				4
23	游　財	1	1	2										2
7	游　喜											2	2	2
13	黃　添					1	1					1	1	2
17	黃　治								1	1		1	1	2
11	劉　祿					1	1					3	3	4
26	王　寧		1	1		1	1							2
2	徐　水					1	1					1	1	2
27	徐　火					1	1				1		1	2
28	黃　能		1	1		1	1							2
21	陳　來					1	1							1
19	林　順					1	1							1
12	劉　儀					1	1							1
20	陳　福		1	1										1
18	戴　樂								1	1				1
1	徐　乾				1		1							1
4	吳　標					1	1							1
	其　他*		7	7		1	1		1	1	1	3	4	13
總　計		13	63	**76**	3	21	**24**	1	10	**11**	12	38	**50**	**161**

* 每人均爲 1 票，這些人名在羣體、訪問談話中均很少出現。

的統計數字不甚理想，不過，一種趨勢還是可以看得出來，這個趨勢即是與羣體分析所得結果相彷彿，我們先看表五。

　　以表四與表五對照，有幾點值得注意：（1）前表從羣體成員所得結果，只有三人（8 呂路，16 黃錢，22 戴柳）未在本表出現；本表資料不夠完整（因被訪人的選擇性回答），結果比較分散，仍只比上表多出 19 人（23-28 號，其他 13 人）。可見兩表的趨向頗一致。(2) 本表是從找社區領導人着手，如爲社區服務、未來村長候選人、誰的聲望高等，所以答案集中在 10, 15, 6, 14, 9, 6, 24 ⓭號七人，其中尤以前三名，乃至前二名被選數最高，這與實際情形也相合。（3）回答的結果，大部份均爲世居居民的選擇，新遷入居民爲數極少，如 16 與 22 題爲 4:1，19 題爲 5:1，20 題爲 10:1。這與參與羣體的情況大致相似。

　　假如我們以 16 及 22 題⓮再做一點分析，就會發現 10 號與 15 號的被選數佔絕對多數，確與領導系統有關。16 題問的是誰熱心爲社區服務？22 題問的是誰的名望最高？作爲一個領導人，兩者均需要，缺乏前者，不能算是好的領導人；缺乏後者，難望成爲領袖。現在均集中在兩人，10 號被選次數爲 35.5% 與 20%，15 號爲 23.7% 與 22%。其他人，除 6 號⓯外，無一超過 3 次（4%，6%）者，這種強烈的對比，似乎無需更多的說明。所以造成這種趨勢，可能與該二人爲現任村長及鄉民代表有關，與許多別的方面也可能有關，容後再

⓭　24 號游枝是 5 號游運的父親，曾爲鄰長多年，喜爲人服務，家庭經濟甚好，可稱富有。但多數事務是由兒子出面工作，24 號的票實際應加在 5 號頭上。

⓮　因爲我們要討論的二人，分別爲現任村長及鄉民代表。

⓯　在社區中很活躍，知名度頗高；同時也是生意人。

討論。

　　從表四參與羣體數目來說，10 號與 15 號均不多，前者三個，後者四個。但是，這是可以解釋的：第一、二人均未參加政黨，不知是對政黨沒有興趣，還是無人介紹入黨？第二、二人均未參加任何神明會。所以二人在參與羣體總數上就顯得比較少。這也就是說，如果沒有辦法區分羣體的重要性及其特質的話，就很難以參與羣體多少來等第個人在社區中的地位。

　　羣體領導羣與社區領導羣有時候是一致，如西河研究的發現；有時候並不完全一致，如竹村社區的發現。岩村由於羣體在社區決策中所扮演的角色並不很重要，羣體中的領導人物也不十分明顯，所以無法完全由羣體來分析社區領導系統，而必須把兩者合起來討論，以分析社區領導人與羣體領導人是否一致。

　　我們在前面說過，岩村的開發已有兩百多年的歷史，可是在社區領導人方面只能追溯到日據時期一位保正，以前的事就無法知道了。那位保正就是徐琪，屬於六大姓之一的徐姓，當時是岩村望族，有錢有勢。以後歷任保正或村長如下表。

表六　歷任村長

29	徐　琪	保　正	日據時期。
7	游　喜	保　正	日據時期。
1	徐　乾	村　長	光復後第一、二屆村長，劉養任第二屆副村長。
9	劉　養	村　長	3－9屆，共十餘年，號「村長伯」。
10	劉　地	村　長	10屆，民國62年當選。

　　據說游喜頗能執行命令，很能幹，但也招致許多村人的不滿。徐乾仍然代表徐家在岩村的勢力，很得地方人士支持，兩任下來，做了

不少事，如舖路造橋等，有時自己親自動手。劉養是徐乾第二任時的副手，在村內不祇能做事，也很有聲望，所以一上任就做了7屆（3-9屆）村長。民國62年他實在不想做了，召集了一個包括鄰長及有意競選村長人士的會議，以商討改選的人選。他想請游運出馬，但游沒興趣。後來聽說黃添要出來，他深不以為然，說「難道沒有別人了嗎」？於是他們最後擡出了劉地，變成黃、劉二人競選局面，黃的本錢之一是大族，可能有不少同族人支持他❶；之二是黨員，同志會支持他；但他的缺點是人緣不好，聲望也不高，辦事又不甚切實際。反過來，劉地這家雜貨店，不僅是幾代的老店，在工業區以前且是村內購物及消息傳播中心，一到夏天，許多人都到這裏來聚談，此其一；其二，劉人緣好，聲望高，服務精神也不錯，得許多大族的支持；缺點可能是非黨員，但這要靠選民的選擇。選舉結果，劉地當選。所以，從村長這條線索來看，還都夠得上作為社區領導份子。這條線索所顯示出來的社區領導人就是：早期為徐琪、游喜二人；中期為徐乾、劉養二人；後期為劉地，而游運、黃添也許可以當作候補人選。

岩村的另一種政治結構是鄉民代表。從某個角度來看，鄉民代表的社會地位比村長還高些，影響力因而要大些。當徐乾任第一屆村長時，岩村的鄉民代表卻是劉養，那是第一屆，民國35年。歷屆鄉代異動情形如下表七。

表中眷村代表是在代表會中替眷村發言，在社區中無影響力。10屆鄉代中除劉一屆，徐二屆外，餘為黃家天下，正好祖孫三代❶，而

---

❶ 黃添是岩村黃氏八大房之外，與黃石、黃傳同姓而不同宗。他在競選之前才入黨。

❶ 黃石的父親黃朝；黃傳的父親黃鐘；祖父黃錢。朝與錢是同胞兄弟。

表七　歷屆鄉民代表

屆　別	年	代　　表　　姓　　名	說　　　　　　明
1	35	9 劉　養	
2	37	1 徐　乾	
3	39	16黃　錢，黃　益	後者爲眷村代表。
4	42	2 徐　水	
5	44	14黃　石	
6	47	14黃　石，劉　秀	後者爲眷村代表。
7	50	14黃　石，薛　碧	後者爲眷村代表。
8	53	14黃　石，梁　月	後者爲眷村代表。
9	57	14黃　石，朱　淑	後者爲眷村代表。
10	62	15黃　傳	

＊ 資料來自鄉民代表會，很完全。而前述村長資料不全，時間難定。

黃石最久，歷5屆，13年。民國62年改選時，黃石力薦黃傳，並預計必然當選。但黨部還是把戴樂推出來與黃競選（黃非黨員），黃石一氣之下，自己也報名競選，說是擾亂票源。結果還是黃傳當選，戴樂頗不服氣，下次還要和他力拼一下。戴、黃（傳）與黃（添）、劉，情形頗相同，但戴在村中的說服力似比黃（添）大些。所以結果是可以預見的。

從鄉民代表這個線索得到的領導人物，第一期有9劉養、1徐乾、16黃錢、2徐水；第二期有14黃石、15黃傳；18戴樂可能是候補人選。

除了這些人以外，社區中還有沒有別的領導人呢？比如說，意見領袖。他們沒有正式的職位，但對社區事務的影響力或決策權不小。這種人物是有的，可以分成三類來討論：第一類是純農業時代的人

物，如6游興、3吳壽；第二類是受了近代工商業影響的人物，如11
劉祿、5游運、4吳標、17黃治；第三類是一般常識豐富，而行為未
必完全配合，如18戴樂、13黃添、20陳福。以上三類人屬於兩個時
代，即第一類為老一代，第二、三類為少一代。將來為岩村效力的
以第二類人的可能性最大。現在我們可以從下表八來了解每個人的特
性。

表八　社區意見人物

第 一 類	6 游　興	為人厚道，對宗教極熱心，在村中聲望極高，但對村 長一類職位無興趣。
	3 吳　壽	較固執，但朋友甚多，熱愛土地。
第 二 類	11劉　祿	穩重，不亂發表意見，聲望不太高。
	5 游　運	頗有江湖氣，擔任義警隊長很成功，對村長沒興趣。
	4 吳　標	桃農畢業，是本村的知識份子，以孝順和做事認真出 名。
	17黃　治	木訥而老實，家裏很有錢。
第 三 類	18戴　樂	熱衷代表一職，很能苦幹，只是條件不甚理想。
	13黃　添	很想當村長。
	20陳　福	自以為很重要，什麼事都想插一手。

　　這些人也都是參與許多羣體活動的，不過，由於羣體本身的權力
分散，或羣體在社區中的重要程度不高，以致無法由羣體測出所有領
導人物，但是，他們在社區中的領導地位，或領導潛力是存在的，特
別是表中的第二類人物。

　　從上述一連串的討論與分析，我們大致可以了解這個社區的領導
份子是那些，他們與羣體關聯到什麼程度，以及將來可能的發展是什
麼等等。我們也看得出來，這些以前的、現在的、或將來的領導人物
都或多或少在已有的羣體中出現過，都對社區事務有興趣或出過力，

根據這些標準我們可以把社區領導系統鈎劃出一個輪廓，如下圖。

甲、正式領導系統

29徐　琪—7游　喜┬1徐　乾—9劉　養—10劉　地
　　　　　　　　　└16黃　錢—2徐　水—14黃　石—15黃　傳

乙、非正式領導系統

30黃　正—6游　興、3吳　壽—11劉　祿、5游　運、4吳　標、
17黃　治—18戴　樂、13黃　添、20陳　福

圖三　地區領導系統

甲的領導系統很可能經由村長劉地和鄉民代表黃傳交給游運等人。很明顯的，無論在羣體或社區，領導系統都相當散漫。而眞正建立領導權幾乎均與正式的政治職位有關，特別是村長和鄉民代表。這種情形，我們可以從兩方面來解釋：一是岩村本來只是一個單純的農村，每個人的社會經濟地位都差不多，既沒有太多的知識分子，也沒有什麼集體行爲需要特殊的人才來領導，所以任何足以提高身分或地位的官職介紹進來，就很容易被視爲優秀人才，而變成社區領導人；二是受了現代文化和政治的影響，正式的職位代表或象徵一種權威與責任。凡是掌握這種職位的人就成爲當然的領導份子，因爲只有他的意見或決策才被認爲有實行的可能性。於是一旦失去這種職位，發言權就跟着減少或喪失。就本村而言，可能兩個原因都有，但前者的份量要重些，比如，岩村一直沒有培養出重要的讀書人能夠在桃園地區獨當一面，或在村子裏支配社區事務⑱；反過來，前任或前幾任的村

---

⑱　這種情形有點像黃大洲（民 64: 172）所說的，多少對社區事務有些妨礙。岩村很少派系糾紛。

長和鄉民代表，下臺後的影響力就立刻降低，最少在我們的測量上是立刻降低了，因為劉地與黃傳到任不過一年多，而劉養和黃石都已經做了十多年的公職❶。

四　社區權力結構

從前面幾節的分析，我們瞭解宗族羣體中有些比較突出的人物，特別是六大族中，如吳姓的吳標，劉姓的劉養；志願羣體中也有些，如家長會的黃石，神明會的林順、游興。有些人在羣體中並不顯得重要，卻在村中佔有比較重要的政治地位，和較大的發言權，如鄉民代表黃傳，村長劉地。又有些人連政治地位也沒有，只是喜歡出意見，如戴樂、黃添。還有更多的是所謂沉默的大眾，他們也許是羣體成員，也許只是一個普通村民，除了偶爾或遇有必要時跟社區領導人，如村長有點接觸外，通常沒有任何交往。他們的社交圈子限於親戚關係和少數的朋友鄰居間，與羣體權力或社區權力很少關聯。下面的表

表九　村民找村長次數

	新　居　民		世　居　民		總　　　計	
	次　數	%	次　　數	%	次　　數	%
有*	2	2	10	12	12	14
無	35	43	35	43	70	86
合　　計	37	45	45	55	82	100

* 新居 2 次為兵事；世居 10 次，每次內容均不一樣。

❶　這種領導型態多少與席汝輯（民 61：16）所作的結果有些不一樣，也可能因為領導權不集中的緣故。

是我們提出問題（21.你找過村長做過什麼事情嗎？）的答案。

這說明：（1）村民找村長真為公事的甚少，樣本中有 86% 從未找過村長，新遷入居民與世居居民情況相同，這是可以理解的；（2）正常的溝通既然極少，一般村民的參與機會或決策權就相對減少。也因此，我們在討論社區的社會關係時，普通居民就不如社區領導羣那樣牽涉廣泛。

在一個羣體中，權力分配永遠不會均等，羣體的高階層人士或領導份子的決策權必然比一般成員大些和多些，比如宗族的頭人，家長會的常務委員和會長，村民大會的村長和鄰長，農會的理事。一般成員多半是跟隨領導份子的意見或行為而行為，可以說是單線的溝通，上情下達。比如說，五穀先帝會有什麼活動，爐主通知 10 班班長，班長再把消息告訴他的九個成員，事情就這樣決定了；一般成員幾乎沒有機會在適當的時候反映自己的意見。一般成員當然也可以在會議中把意見說出來，但是，這種過程相當複雜，他們往往沒有或者把握不住這種機會，即使說了，決定實行的權力仍然不在他們手裏。以民國 64 年 3 月 4 日的村民大會為例，這次到了二百餘人，據說為二十多年來未有之盛況。會議進行到討論六個正式提案時，均無異議通過，事實上這些提案還是事先由少數幾個人擬出來應景的，這表示村民不習慣於表達自己的意見；其後為臨時動議，顯得有點活躍了，可是除兩位太太外，全是村中的本來就是活躍份子，如陳福、黃傳（發言三次）、游運（發言二次）、黃添、戴樂、吳壽，再也沒有別的人說話了。他們提到的問題，如馬路壞了，水溝不通，公墓管理不善等等，都是些老問題。假如這一次有關單位答覆說，設法改善，下一次還是這樣答覆，並且只能這樣答覆，因為沒有錢。也許因而減低了居民發問的興趣？不過，無論如何，一般人都不大愛提出自己的看法，

已經是一種相當普遍的現象。

由於這種現象，社區中的領導階層就顯得特別重要，因為所有的重大決策幾乎都落在他們手裏。這種權力結構與社會關係的類型也有關係。我們在前面已經把幾種主要羣體行為中的領導人都找出來了，這些人一方面在羣體內起領導作用，一方面在羣體外，如社區、超社區發生影響力。現在我們要進一步分析：領導人的領導權是如何建立起來的？ 與社會經濟地位還是與政治地位有較大關聯？ 權力分配如何？ 等等。

關於這個社區的領導人物， 大致已見於表四及表五， 即表四的 1-22 號及表五的 23-28 號（其餘與表四重疊），這些重要社區領導人的領導權也不是每個人都一樣， 有些人大些或多些， 如 5 黃傳、10 劉地、6 游興；有的人卻小到極小， 如 27 徐火、28 黃能。我們現在分析的重點在表 4 中的主要人物，加上歷史上的幾個要人，如 29 徐琪、30 黃正、及已病的 7 游喜。

我們在前面說過，岩村原來以六大族為主，六族中又以徐、黃、劉三姓為最，地方政治權力一向也控制在三姓手中，除游家曾經任過一次村長外，各姓從無問津機會。如把岩村的雜姓當作第七個族羣，則七個族羣中僅有三個姓分配到較多的權力，其中又以劉、黃二姓掌握這種權力的時間最長久。分別用圖四說明。

顯然，村長這一邊的權力集中在劉姓比較久，鄉民代表這一邊的權力則集中在黃姓比較久；但是在早期，徐姓卻較能掌握全社區，他們在權力的兩邊都間或出現；現在的趨勢卻很明顯，劉、黃二姓的權力地位還可以維持一個時期。如果山鶯路的商店居民不積極參與社區活動，則這種均勢的時間會更長。

圖四中， 7 號生病，該族也沒有接替人，這裏不談。徐、劉、黃

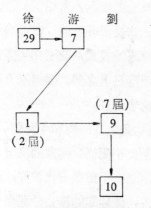

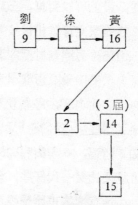

甲、村長權力轉移情況　　　　　　　乙、鄉民代表權力轉移情況

圖例：──▶表示權力轉移

　29 表示權力享有者，其中數字爲姓名代號，見表三─五

圖四　權力轉移情況

三姓幾個權力人物在本族中的系譜關係可略如下圖。

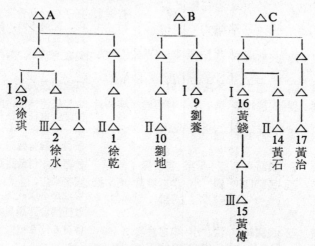

圖五　徐、劉、黃三家簡譜

　　從系譜上可以明瞭，三族在權力轉移上的情況非常相似。這也可以說三族的歷史背景相當接近。到目前，徐姓已經分散，在可預見的將來，怕無法再控制村權；劉姓還保存原來的模式，特別在生態和社會關係上，受工業區影響不大；黃姓有蒸蒸日上之勢，因為原來農地變成商店和住宅區，得益最多，經濟情況也最好。

　　除了這些，我們還可以提出來討論的是：3 吳壽和 4 吳標，24 游枝和 5 游運，6 游興和 25 游耀，都是父子關係。將來的發展，子一代可能要比父一代好些，最明顯的原因是，不但環境比較好，對外溝通、生活程度等也比較好。六大姓之外，雜姓羣的權力分配似乎一

表十　早期權力階層人物的特質

編號	姓　名	出生年	教育程度	職　業	現　職	經濟狀況與社會政治地位
1	徐　乾	民國 8 年	國　小	自耕農	工廠夜班管理	徐姓頭人之一，日據時期村長。
2	徐　水			商	管理米店	長子在水利會次子為工程師，經濟不錯，曾為農會理事長，鄉民代表。
3	吳　壽	民前14年	識　字	自耕農		吳家的頭人，對外交遊頗廣。
8	呂　路	民國 2 年	不識字	農		呂家的頭人。
9	劉　養	民前13年	國　小	自耕農	前任村長	中等經濟情況，頗得村人擁護。曾任鄉民代表。
6	游　興	民前 1 年	國　小	公務員	退　休	觀音寺董事，龜山鄉公所職員，最有聲望。
7	游　喜	民前 8 年	初中畢業	自耕農	無	曾經是本村最活躍之人。
14	黃　石	民國11年	國　小	半自耕農	老　板	經營米店，生意不錯，社會地位不壞。
16	黃　錢					曾任農會評議員。
30	黃　正	民國16年	國　小	半自耕農		曾與 6、9 號同為本村要人。

向都不太理想，目前有些年輕人想在權力階層擡頭，但可能性不大。

　　假如我們把這些權力階層的人物分成兩個系統來討論，一個是曾經掌握過實權，現在退休了，或半退休了，已不大管社區事務；一個是目前正在主持某些事務，或將來極可能出來管理公眾事務。這樣就比較容易了解歷來領導系統建立的原則，過程，以及權力分配的情形。

表十一　後期權力階層人物的特質

編號	姓　名	出生年	教育程度	職　業	現　職	經濟狀況與社會政治地位
4	吳　標	民國24年	高農畢業	工	技　士	黨委兼小組長，頗有點地位，爲本村知識份子。
5	游　運			商	義警分隊長	精明能幹，爲本村富家之一，頗得好評。
10	劉　地	民國16年	國　小	雜貨店	村　長	曾經是最有錢家庭之一。
11	劉　祿			商	管理員	很穩重，但名望不大。
13	黃　添			商	業務員	跟5號相同，現在保險公司工作。
15	黃　傳	民國24年	國　小	自耕農	鄉民代表	實際爲商人，頗獲本村人好評，亦頗富。
17	黃　治			商	老　板	開皮鞋店，因祖產多，爲本村富家。
18	戴　樂	民國24年	國　小	工	商品推銷員	花磚生意，稅捐處多年，出身貧困。
20	陳　福	民國22年	國　小	工	雜　役	義警小隊長，曾在汽水廠作外務員。

　　表十有10人，表十一有9人。用兩表作比較可以發現：後期的教育程度高些，最高的是高農，早期最高的爲初中程度；後期的職業業農者減少，工商增加；早期的多擔任過公職，後期的已經任過或現任公職者較少；後期的經濟情況比較好，如5, 15, 17號均可謂富人，

但如 13, 18, 20 號收入又很不好，可見彼此間相差頗懸殊，早期則較為平均。這也許是工商業所造成的現象。現在我們可以瞭解，晚期權力人物所具有的特質一般均比早期為優越，對於岩村將來的發展不無幫助。

到目前，早期的權力人物，除 6 游興對宗教尚有興趣，9 劉養和 14 黃石偶爾參與村務外，其他的人都不聞不問了。後期的權力人物也不是什麼都由一兩個人發號施令，而是各管各的，即政治的由 10 劉地和 15 黃傳處理；宗教的為 18 戴樂；幕後出意見的為 4 吳標，5 游運；社會經濟方面為 5 游運，7 黃治，二人均十分富有；唱反調的以 13 黃添，20 陳福為最。可見權力相當分散，甚至可以說是一種典型的散漫式 (amorphous) 權力結構⑳。我們在西河、萬華、竹村幾個社區所發現的權力結構類型多少有些黨派性 (factional) 的成份，而岩村幾乎找不出明顯的派系衝突痕跡，這是不是即我們通常所強調的和諧？或由於整合性比較大的緣故，對於行為的適應性或達致目的都不至於發生困難 (Clark 1971: 174-187)？從岩村的早期發展史來說，他們行為的同質性的確相當高，六大族的衝突的確很少，地方政治領袖在處理社區事務上也的確很公平而不偏袒個人或族羣。這可能是一個好傳統，所以今天的領導人和村民都還能循着這條路線前進。

這種結構是如何造成的呢？從權力在族羣間轉移的過程來看，可能與「族」本身有關：第一、岩村雖然號稱六大姓，實際上吳、呂二姓不但人少，財力單薄，而且人才寥落，在一般社區事務上，這二姓的人多半是跟從者，很少能站出來領導羣眾；游姓有一個時期頗具雄

---

⑳ 一般來說，社區權力結構屬於散漫式的比較少，屬於黨派式、專權式、或聯盟式的較多。最少美國的發現是如此 (Aiken 1970: 478-519)。我國此類研究尚少，難以估計。

厚經濟力，但人口少，人才也不多；因而眞正爲岩村的大姓，而又能領導村民的是徐、劉、黃三姓。如果這三姓在權力分配上能取得妥協，其他的事就好辦了。這就是說，各族的組織雖然極爲鬆懈，族的形態與認同感還是存在，還是對個人與羣體行爲產生影響力，它的功能或許沒有從前（如19世紀的社會）那麼大和那麼多（Hsiao 1966: 341-342），但依舊有維持某些傳統的作用，特別是族內的團結這一方面。第二、族間沒有「世仇」，彼此意見上的溝通還相當多，長時間均能保持一種和諧的局面；同時，三大姓在推出社區領導人物時都很愼重，這從歷任村長和鄉民代表人選也可以看得出來，甚至在目前的選舉階段，選民（卽村民或族民）也還能維持一定的選擇標準，游運提出劉地，黃石選擇黃傳就是好例子。第三、族的整合可以導致各族間的和平相處，是不是也導致權力分配的不集中？或者說導致散漫式的權力結構？這是可能的，因爲在沒有或很少衝突的情況之下，任何族姓的人出來領導，只要領導人本身無問題，都可以合作無間。不過，另一方面，沒有「村廟」也可能使地方權力不容易集中在少數人手裏。岩村只有幾間土地小廟，要拜大廟就得去桃園景福宮或壽山岩觀音寺或更遠的地方，這使得宗教領袖難以塑造㉑；岩村有兩個全村性的神明會，土地公會和五穀先帝會，可是除了每年各聚會一次，就沒有別的活動，除了爐主，也沒有理事或委員之類的頭銜以加深成員的印象。

　　最後我們可以這樣說，岩村的社區權力結構是散漫式的，以不同的形式分佈到不同的領導人手裏，重疊的情形非常少；一般社區成員參與決策的機會不多，溝通意見的機會也不多；羣體的影響力因性質

㉑　村廟往往是社區權力中心或社區權力中心之一（Hsiao 1966）。

不同而異，羣體間的互動關係因而減少，對社區而言，沒有任何羣體有決定性的影響力； 羣體領導人多牛屬於儀式性的或形式的， 如爐主、政黨小組長、家長會委員，社區領導人不必透過羣體；社區領導權建立的途徑以政治地位爲主，因而村長、鄉民代表爲社區權力的象徵，當失去這個地位時，權力便立卽跟着轉移；能否取得領導權與個人的品格、經濟狀況、能力有高度相關，這從歷來的社區領導份子可以看得出來。總之，這是個和諧的小社會，權力衝突眞的非常少，正如老居民所強調的，「我們相安無事」。不過，現代的工業社會因素介入了，我們如何去保護這份寧靜，倒值得做進一步的硏究與探討。

五　結論

(1) 岩村目前雖已發展爲一千多戶，但仍以原來的吳、游、呂、劉、黃、徐六大族爲基礎， 一切的社區活動， 領導權， 地方政治事務，均在這些人手裏。六族中又以劉、黃、徐爲較大，影響力也較大。黃、徐二姓宗族組織較完整，本來都有祖祠、祭祀公業，現在也式微了。工業區介入後，對二姓的經濟幫助很大，但原來的生態體系及人際關係有不少改變。另方面，其他四姓卻還相當程度地保持了原來的結構。六族間的互動關係雖不多，但很少衝突，相處頗爲和諧。

(2) 家庭平均人數爲 5.4，不能算高，主要原因是不少年輕人遷出去了。經濟景氣的時候，工業區的產品送到各家加工，不但客廳變工廠，收入也增加不少，對於潛在勞動力的利用尤爲收效。許多家庭把多餘的房間租給工人，從一方面說是增加收入，增加與外界溝通的機會，增加知識；從另一方面說是改變了原來的家庭氣氛，甚至產生了新的行爲方式。

（3）志願羣體大都偏向於現代性的，如家長會、農會、政黨；也有傳統性的神明會，但較少。羣體的領導系統並不十分明顯，影響力也不見得大。有些權力不大的人參加了較多的羣體，有些掌握實權的人卻未在很多羣體中活動，可見參與羣體的多少與領導權無太大相關。社區領導系統與地方政治職位，如村長、鄉民代表有直接關聯，這是個人建立領導權的主要途徑。

（4）由於羣體及羣體領導人的影響力不容易看得出來，社區權力結構就無法透過羣體作分析，而必須從社區領導系統找答案。岩村的社區領導系統以政治職位為主要工具，誰在村長或鄉民代表的位置上，誰就有較大的發言權，幾十年來均如此。但是，對於宗教事務、經濟事務或社會事務，不一定由他作決策。所以，社區權力是分散式的，分散在許多領導人手裏；這種分散並沒有造成權力衝突，反而是和諧的合作。

（5）就整個來說，岩村的社會關係正由農村模式，過渡到工商業模式，人們有時不免發生行為適應上的困難；但從它的發展史而論，這是個成功的過渡期，因為整個社區仍然保持了原來的和諧與合作。一般討論社會關係在工業化過程中都強調它的焦慮，挫折，難以適應，等等，岩村在這方面卻沒有那麼緊張。

假如這種現象是真實的，即在工業化過程中社會關係可以設法調整而免於遭受挫折，我們就可以利用傳統的宗族組織和羣體行為來作為緩衝，以減輕個人在工業化影響下精神上的負擔。不過，以岩村的情況來說，這必須要領導階層沒有太尖銳的衝突，社區權力分配可以做到相當程度的均衡。

這個結果和我們的假設大體是一致，即社區權力結構是由社區領導羣所決定，而社區領導羣有兩個來源，一是羣體中的領導人物，一

是個人的單獨角色。一般而論，羣體領導人在社區中扮演較為重要的
角色，但在岩村以個人的地方政治職位直接成為社區領導人為重要，
原因是這個社區的羣體不如預期的那麼能發揮它的作用。

中縣領導階層的變動趨勢

　　目前我國的縣級地方行政單位，可以說是一種比較完整的自治體系，從村里長到鄉鎮市長到縣長，從鄉鎮市代表會到縣議會，都由選民選舉產生。如果這些人均能遵守選舉時所提出的諾言、政見，在行政單位和議會爲民服務，不僅行政效率可以提高，地方自治日趨穩固，地方權力中心無疑也將集中在這些機構和這些人身上，這就形成一種權力的領導人物，甚至是領導階層。

　　通常所說的地方領導人物，當然不止於這些，還應該包括地方士紳、各種職業團體和社團的領導人、與中央有關的地治人物、乃至各階層的意見領袖和具有影響力的人❶，但由於資料不全，又無法做實地調查，本文祇能就現有資料作一點分析。現有資料比較完整的也祇有歷屆縣議員一種；歷屆鄉鎮長、縣長名單相當齊全，但祇有學歷可資統計；其餘各種資料都相當零散，無法分析。這些資料大部份是臺中縣政府提供的，部份縣議員資料是中央選舉委員會提供的，僅藉此感謝居司長、孔組長和陳縣長。

---

　　❶ 地方領導人物，通常可以經由正式羣體和非正式羣體中發現，然後依據影響力的大小，加以區分 (Dahl, 1961; Mills, 1956; Clark, 1971; Mott 1970)。

一　行政領導人物

　　這裏所說的行政領導人物包括兩類：一類是基層的鄉鎮市長；一類是縣長。前一類可以說是各鄉鎮的形式上最重要的領導人，他們負責推動地方的行政和建設工作。後一類是全縣的形式上最重要的領導人，只有他才能對全縣行政系統發號施令。這兩類人物在做決策時也許還受到別人的影響，但他們在行政體系上的行為，不僅具有法定權威，而且影響層面甚大。

　　包括豐原市在內，全縣共有二十一個鄉鎮市，如以屆別計算，共得鄉鎮市長一八九人次，其中有的連任二次、三次、或四次，實際祇得鄉鎮市長一一四人。其分配情況如下表：

表一　歷屆鄉鎮市長學歷

屆別	年　次	國(初)小	國(初)中	高中(職)	大　　專	留　日
1	民國40	5	2	10	1	3
2	民國42	4	4	10	1	2
3	民國45	7	1	8	—	5
4	民國49	7	1	4	3	6
5	民國53	5	1	11	2	2
6	民國57	2	1	8	7	3
7	民國62	2	—	11	6	2
8	民國66	1	—	12	7	1

9	民國71	2	—	10	9	—
屆別人數總計		35 (18.5)	10 (5.3)	84 (44.4)	36 (19.0)	24 (12.7)
實際人數總計		17 (14.9)	8 (7.0)	52 (45.6)	26 (22.8)	11 (9.6)

資料來源: 臺中縣歷屆鄉鎮市長名冊、臺中縣民國 71 年選舉總報告。

　　就二十一鄉鎮市長的一八九人次或一一四鄉鎮市長的學歷而論，以高中（職）程度的最多，其次爲大專程度者，第三爲國小，第四爲留學日本者，最少爲國中❷。這種分配情形，使我們可以了解，鄉鎮長領導階層的學歷以高中爲主，約佔 50％。

　　從時間或屆別來看，我們發現: 國小程度的鄉鎮長，有越來越減的趨勢，從早期的五人或七人降到後期的一、二人；國中程度和留日的，也有差不多相同的趨勢，到最後一屆都沒有了；大專程度的鄉鎮長則有漸增的趨勢，第一、二屆只有一人，到第九屆（71年）已增爲九人，增加的幅度相當大；高中程度的鄉鎮長變動不大，甚至可以說沒有什麼變動，例如第一屆爲十人，第九屆也是十人。這種分配狀況跟當時的大環境可能也有關係，早期受到從前日本教育政策的影響，故教育程度一般偏低，以及留日的較多；後期則明顯的受到教育程度提高，以及鼓勵參與地方政治的影響。雖然到目前爲止，高中程度者仍佔重要地位，但將來可能會由大專以上程度者所取代，這從大專程度當選者越來越多，以及其他各級民意代表學歷有漸次提高的傾向可知。

------

❷　國中、國小程度者，早期爲初中、初小，其間可能有些差異，有的僅註明「中學」，難以判定爲初中或高中，但計算時多列爲高中，此或使國中人數受到一些影響（臺中縣歷屆鄉鎮市長名冊）。

各不同鄉鎮在學歷上的差別還是存在，例如豐原、外埔、梧棲、烏日、大甲偏高，太平、龍井、大安偏低。如下表：

表二　各鄉鎮歷屆鄉鎮長學歷

鄉　鎮	總人數	國小	國中	高中	大專	留日	連　任　情　形
豐　原	5			2	1	2	二任一人，四任一人
神　岡	6	1	1	2	2		二任三人
潭　子	5	2		1	2		三任一人，二任二人
后　里	6		1	4		1	三任一人，二任一人
東　勢	5	1	1		1	2	三任一人，二任二人
新　社	5	2		1	2		二任四人
石　岡	6	2		1	3		二任三人
大　雅	5			5			三任一人，二任二人
外　埔	5			2	2	1	四任一人，二任一人
大　甲	6			2	4		二任三人
清　水	5			4	1		三任一人，二任二人
沙　鹿	6	1		5			二任三人
大　里	5		1	3	1		三任一人，二任二人
太　平	5	3		2			二任四人
大　肚	4			2	1	1	三任一人，二任三人
和　平	6	1	1	3	1		二任二人
梧　棲	5			2	2	1	四任一人，二任一人
龍　井	5	1	1	3			二任四人

烏 日	5			1	2	2	三任一人，二任二人
霧 峯	7		1	4	1	1	二任二人
大 安	7	4	1	2			二任三人
總 計	114	17	8	52	26	11	

資料來源：同表一。

　　上表對各鄉鎮民選鄉鎮長學歷的高低，可以說一目了然，大致偏高的有十個鄉鎮（包括市），中間的有九個鄉鎮，偏低的有三個鄉鎮，可見鄉鎮市長的學歷並不過低。與臺中縣公教人員的學歷作比較，差別也不太大❸。

　　鄉鎮長選舉雖已九屆（71 年），但連任二、三、四次的情形相當普遍，故平均每鄉鎮祇得五‧四人。所有當選人都是男性，沒有一個女性鄉鎮市長。所有的鄉鎮市長也都是當地人。這顯然也相當程度的反映了我們這個社會的性質，性別和地緣關係的傳統性格，在政治行為中完全表露出來了。

　　縣長為一縣份最高行政首長，它的重要性自無庸多言，一至九屆的臺中縣長如表三。

表三　臺中縣歷屆縣長

屆別	年	姓　名	姓別	年齡	籍　貫	黨　籍	職業	學　　歷	經　　　歷
1	40	林鶴年	男	38	臺中縣	國民黨	公	大學畢（日）	教授
2	43	陳水潭	男	58	臺中縣	無	自由	醫專畢（日）	省議員
45（補）		廖五湖	男		臺中縣	國民黨	公	大學畢	商職校長

---

❸　臺中縣統計要覽（民 71：48-49）對於該縣民國 71 年公教人員的學歷等有簡單的統計資料。

3	46	林鶴年	男	44	臺中縣	國民黨	公	大學畢(日)	教授、縣長
4	49	何金生	男	49	臺中縣	國民黨	公	大學畢(日)	督學、局長、議員
5	53	林鶴年	男	51	臺中縣	國民黨	公	大學畢(日)	一、三屆縣長、董事長
6	57	王子癸	男	54	臺中縣	國民黨	公	高中畢、革命實踐研究院	農會總幹事、縣副議長、縣議長
7	62	陳盈齡	男	38	臺中縣	國民黨	公	大學畢	國中校長
8	66	陳盈齡	男	44	臺中縣	國民黨	公	大學畢	國中校長、縣長
9	70	陳庚金	男	42	臺中縣	國民黨	公	研究所畢	

資料來源：董翔飛，中華民國選舉概況（中央選舉委員會，民73）下册，頁 360, 402, 416, 420, 426, 431, 442, 454, 465, 480, 491, 496。

縣長選舉共九屆，其中一人三任，一人二任，一人任內死亡補選一次，故九屆共有縣長七人。七人中年齡最高的五十八歲，最小的三十八歲，多數均在 42 至 54 歲之間，可謂都是盛年當選，對管理行政應該很有幫助。七人的學歷，出身於日本大專者三人、本國研究所者一人、大學者二人、高中者一人。一般而言，學歷比鄉鎮長高得多，但鄉鎮長的另一種趨勢也在這裏出現，即早期多日本留學歸來的，晚期為國內訓練出來的人才。職業多為公務人員出身。除一份外，均為國民黨黨籍。男性化和本地化傾向，和鄉鎮長一樣強烈，相信在短期內不會有什麼改變。縣長可以說是一縣之中的主要領導人，至少是形式上和看得見的領導人物，他綜理全縣重要行政工作，指揮行政人員行使職權，其重要性自不庸置疑。這類人物的一些特性必然對縣民有相當程度的影響作用，尤其是因選舉而產生，作用將更大些。

綜觀上述兩類領導人物，一為鄉鎮基層，一為地方高階層，但所表現的特性頗為接近：清一色的男性首長；本地化傾向濃厚；四十歲

左右的壯年；　學歷有越來越偏高的傾向；　大部份有相當多的辦事經驗，並經過比較激烈的競爭。這些條件對於處理地方行政事務應該是極有利的，　但一般而言，　地方行政效率並不是很高，　問題究竟在那裏？地方派系牽制，中央干預過多，制度有缺失，經費不足，還是專業知識欠缺？或者這些方面都有些問題？地方派系可能仍是一個重大問題，如果林、陳兩派在地方事務上不能取得協調，將因衝突而產生負面影響❹。

二　議會權力階層

在民主社會裏，　議會是另一個權力中心。　行政單位行使行政權力，爲選民服務；議會則監督行政權的行使，積極方面，督促行政單位執行預算計劃，消極方面則防止行政單位執行不力或濫權。所以議員雖不直接參與決策，卻對決策有極大的影響力，議會的權力地位不容忽視。

臺中縣議會至今已十屆，從民國 40 年至 71 年，各屆議員累計共502 人（各屆有重複累計者）。歷屆議員在性別、年齡等項方面的結構如表四。

從性別來看，女性有一點增加的趨勢，最早只有四名，以後增加爲九名，雖然不知道女性議員在議會中的發言權究竟有多大，人總算多一點。外省籍貫有減少趨勢，四屆有外省議員三人當選，十屆只有一人，這不知是偶然現象，還是省籍問題在臺中依然有些隔閡。黨籍

---

❹　據趙永茂（民 67: 48, 51, 64, 213-22）的研究，　林鶴年與陳水潭所形成的兩派，不僅控制縣長的輪流趨勢（1, 3, 5, 7, 8 屆爲林派，2, 4, 6 屆爲陳派），也影響到鄉鎮長及議會的選舉。

表四　臺中縣歷屆縣議員

項目	屆別	第1屆 40年	第2屆 41年	第3屆 44年	第4屆 47年	第5屆 50年	第6屆 53年	第7屆 58年	第8屆 62年	第9屆 67年	第10屆 71年
總人數		47	49	52	56	52	48	49	49	50	50
性別	男	43	45	47	50	47	41	41	40	41	42
	女	4	4	5	6	5	7	8	9	9	8
籍貫	本省				53	49	47	49	47	47	49
	外省				3	3	1	0	2	3	1
黨籍	國民黨				32	33	35	40	36	45	45
	無				24	19	13	9	13	5	5
年齡	39⁻	16	18	19	26	17	11	18	20	17	17
	40-49	22	20	24	19	22	22	16	14	14	19
	50-59	9	9	9	11	11	12	12	13	12	9
	60+	0	2	0	0	2	3	3	2	7	5
學歷	國　小	12	15	15	24	18	11	12	5	4	4
	國　中	2	3	3	3	3	1	4	4	7	13
	高　中（職）	16	20	13	14	18	20	22	24	27	25
	大　專	11	1	3	3	0	1	8	9	7	7
	留　日	6	9	18	10	10	7	0	1	3	0
	其他或不明	0	1	0	2	3	0	3	6	2	1
職業	商　業	13	17	14	15	5	10	18	20	19	21
	農　業	14	11	16	20	18	15	11	11	16	16
	工　業	1	2	3	9	8	5	3	4	0	3

業	公　　職	13	11	0	0	3	1	7	6	9	3
	自　　由	6	3	12	11	17	13	5	6	5	4
	無（或家管）	0	5	7	1	1	4	5	2	1	3
經	鄉鎮代表	12	4	3	12	11	9	3	3	9	7
	基層人員	6	6	3	2	3	3	24	5	3	9
	公司負責人	4	2	14	11	1	8	4	6	5	5
	社團理監	12	8	9	19	7	9	4	2	1	7
	公　　教	8	0	6	3	2	1	4	3	4	0
歷	縣議員	5	22	17	9	28	17	10	27	27	21
	其他或不明	0	1	0	0	0	1	0	3	0	1

資料來源: 中央選委會縣議員當選名冊; 臺中縣統計要覽; 臺灣選舉實務; 臺中縣 71 年選舉總報告。

記載跟籍貫一樣，從第四屆開始，國民黨與無黨籍的比例是 32 對 24，相當接近，但到第十屆，就是 45 比 5，顯然是國民黨在選戰上更能贏得勝利。

歷屆議員年齡的變動不大，大致是 39 歲以下組和 40-49 歲組佔有差不多相同的比例，每組 20 人左右；50-59 歲組略少，10 人左右；60 歲以上的議員，早期甚少，後期則有些增加。可見議員的年齡集中在壯年這一階段，精力充沛，應有助於議事效率，但事實並不如此，許多議會在討論議案時，總是出席率不高。這有兩個可能：一是私務太多，二是不明瞭議員的職責和重要性。

議員的學歷分配，可以從兩方面來看：一方面是國小和留日出身的，有漸減的趨勢，前者表示對學歷要求的提高，後者表示日據時代

的影響漸少；另方面是國中、高中、大專有漸增的趨勢，明顯的是教育程度普遍提高的結果。高中程度的在每屆都佔多數，則不知是受了議員社會背景的影響，還是中產階級的特徵。

職業和經歷的記載不一定確實，特別是經歷，每個人都有好幾種，多半祇能選擇比較重要的一種作為計算方式，所以這兩方面只能做為對議員身份的一般了解，只是一種趨勢。例如，議員多數為從事商業或農業，公職和自由職業只佔次要部份，工業的卻極少，也許正可以說明非工業城市的原因，它們在每屆的比例都相當穩定，變動不大。經歷上則以曾任議員為最多，歷屆如此，只有第一屆例外。事實很明顯，多數議員都尋求連任，所以越到後來便有越多的人曾任議員。只有第七屆以基層人員當選者最多，不知是什麼原因。

經上述各種分析可以發現，議員領導階層有幾個重要特質：一是女性、外省人甚少，他們在議會中屬於少數民族，影響力可能比較小；非國民黨議員有越來越少的趨勢；歷屆議員多半是盛年，如果認真推行和監督行政，對國家建設將可產生極大作用；整體而論，學歷仍然偏低，雖然大專程度議員有逐漸增加的趨勢；職業以農、商為多，顯然受到臺中縣大環境的影響；競選連任的議員居多數，可能議員這個職位對個人社會地位和事業還是有相當大的幫助，特別是在臺中這樣的地區。

議長和副議長在議會中，一方面扮演維持議場秩序的工作，另方面也要有能力和聲望主持會議，雖然其中牽涉到地方派系的權力分配，仍然必須為眾多議員所接受，否則便無法發揮議事效率。中縣議會從第一屆至十屆的正副議長共計 20 人，其中連任議長一屆者 2 人，連任副議長一屆者 1 人，實為 17 人，如下表。

表五　歷屆正副議長

屆別	年	正副議長	姓　名	姓別	年齡	籍　貫	黨　籍	職業	學　歷	經　歷
1	40	正	徐灶生	男	52	臺中市	國民黨	商	初中畢	市參議員、副議長
		副	邱欽洲	男	41	臺中市	國民黨	公	高中畢	市參議員
2	41	正	李晨鐘	男	55	臺中縣	國民黨	工	國中畢	鄉長、縣議員
		副	張振輝	男	52	臺中縣	國民黨	農	高師畢	縣議員
3	44	正	邱秀松	男	50	臺中縣	國民黨	商	商專畢（日）	董事長、縣議員
		副	楊　丁	男	49	臺中縣	國民黨	自由	高師畢	中學教務主任、縣議員
4	47	正	王　地	男	39	臺中縣	無黨籍	自由	醫專畢	
		副	林朝堂	男	29	臺中縣	無黨籍	工	高中畢	工廠廠長
5	50	正	王子癸	男	47	臺中縣	國民黨	農	高中畢	縣副議長
		副	楊澤盛	男	60	臺中縣	國民黨	自由	國中畢	縣議員
6	53	正	王子癸	男	51	臺中縣	國民黨	農	高中畢	縣議員
		副	林呈瑞	男	42	臺中縣	國民黨	商	革實院結	廠長
7	58	正	蔡江寅	男	53	臺中縣	國民黨	自由	大學畢	縣議員
		副	黃演熾	男	60	臺中縣	國民黨	商	大學畢	合作社經理
8	62	正	謝毓河	男	42	臺中縣	國民黨	商	高中畢	縣議員
		副	賴生德	男	51	臺中縣	國民黨	自由	小學畢	縣議員
9	67	正	謝毓河	男	46	臺中縣	國民黨	商	高中畢	縣議員
		副	賴生德	男	56	臺中縣	國民黨	自由	小學畢	縣議員
10	71	正	黃正義	男	41	臺中縣	國民黨	商	高商畢	縣議員
		副	林啓成	男	46	臺中縣	國民黨	商	高農畢	縣議員

資料來源：同表三頁 194, 209, 225, 242, 260, 286, 309, 334, 360, 402。

　　表五所列正副議長全為男性，除第一屆二人屬臺中市，第四屆二人無黨籍外，餘均為臺中縣人，屬國民黨，這兩個特點，在其他公職人員也有相同的傾向。年齡 39 歲以下只有二人， 60 歲以上也是二人，以 40-49, 50-59 歲各八人為至多，都屬壯年。在職業上以從事商業者七人，自由業五人為最多，餘均為一、二人。學歷以高中（職）八人為至多，大專四人次之，餘均為一、二人。這種情形，跟議員的狀況很相似，很可能也是全省的一般趨勢，學歷不太高，議員連任的機會很普遍。

三　結論

　　本文因資料關係，僅以各鄉鎮市長、縣長、縣議員作為分析的對象。這種分析並不以權力結構和領導系統為研究目的，而在於領導階層的變動趨勢，即是把這些權力人物當作一個階層加以考察，它在那些方面顯示了變化。

　　經過初步的分析，我們獲得幾點結果：

　　（1）男性中心、本地化傾向相當強烈，如果沒有政策上的改變，這種傾向將會延續下去。

　　（2）政黨的競爭並不激烈，這個地區的政治意識可能比較傾向於國民黨。除非有突然的衝擊，這種趨勢也將延續下去。

　　（3）由於年齡結構較接近青年羣， 對推行地方行政事務非常有利，如果能在制度和獎勵方向加以努力，以克服目前行政系統上的許多困境。

　　（4）學歷的要求，將會越來越高，不論鄉鎮長、縣長、或議員。提高學歷，相當程度的等於提高專業知識，這對於處理行政事務的能

力可以加強。

（5）從各方面觀察、分析，臺中縣的領導階層似乎已經向着有利的方向發展。它的困難在於如何面對大環境的壓力，而尋求特殊發展的機會，以及如何緩和地方派系的惡性鬥爭。這必須整個領導階層在某些有利的條件下，深思熟慮，以設計發展策略。

臺東縱谷土著族的羣體與
社區權力結構[*]

泰雅、布農、阿美三個聚落的比較研究

一 序言：羣體與社區權力結構

　　立山、樂合、卓溪是不同文化的三個社區，卓溪屬布農族，樂合屬阿美族，立山屬泰雅族❶。由於文化的不同，表現在個人和集體行為上也必然有些差異。我們希望從羣體、羣體成員、領導羣以及權力結構幾方面來討論他們的集體行為。這種行為可以用下列關係說明：

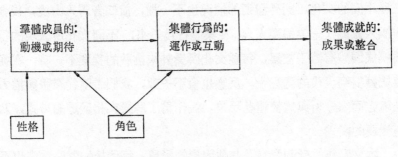

圖一　羣體運作過程

　＊　本文由文崇一、兪祖庚、許毓秀、孫和智合著。

　❶　這些村落的地理、經濟情況請參閱阮昌銳（民 64：44-87）論文。

這就是說角色或性格都會直接或間接影響羣體成就。另一方面，這種羣體關係也必然牽涉到社區權力結構，而羣體領導人也多半就是社區領導人，在羣體中握有權力的領袖也多半在社區中握有較大權力，二者重疊的地方非常多。重疊正表現了權力結構的複雜性。

正因爲領導權的複雜，在分析羣體時，我們採用兩種分類方法：一種是以 Bales 等人 (Boles, 1950; Hare, 1962; Madron, 1969)的標準加以調整，把羣體分爲工作取向羣體 (task-oriented groups)，社會取向羣體 (social oriented groups)，工作與社會取向羣體 (task and social oriented groups) 三類，這種分類對於整體的分析比較有效；另一種是以個別特質爲標準，如我們在西河研究中使用過的，依社會性羣體、經濟性羣體、政治性羣體、宗教性羣體而劃分，這種分類對個案的分析比較容易控制。也就是說，我們在個案分析時採用後一方法，在整體分析時採用前一方法，以適應我們的需要。

本研究所選取的社區，立山泰雅、卓溪布農、樂合阿美，不只是三種不同的文化，對外溝通的情況也不一樣，前二者需入山境，後者與漢人雜處（一半爲漢人）。從集體行爲看來，不同文化所表現的行爲模式固然有若干差異，每種文化所受外來挑戰的程度不一時，在從傳統轉變到現代的過程中，反應也會不一致，我們希望從羣體與權力結構方面來分析與比較這些現象，並作爲了解異文化變遷的方式，乃至變遷的模式。

本文寫作，受到資料及其他因素的影響，每個族的討論次序也不盡相同，方向則完全一致。在作三個族的比較分析時，方向也是一致的。本文資料的搜集，主要是由參與觀察及訪問所得；初步草稿由俞祖庚、孫和智、許毓秀三位同學負責整理。最後由文崇一改寫完成。

二　立山的羣體與權力結構

立山是一個遷移型社區，自民國 32 年才先後從西寶太魯閣遷居此地。在社會羣體組織方面變化最大的是原有的 *gaga* 組織已完全消失了。目前最重要的羣體是教會，基督教長老會和眞耶穌教會。教會本身不僅有宗教的功能，也有社會、經濟、教育的功能，所以，它在本村的影響力最大。此外也還有社會性團體，如近親羣、民眾服務小組；經濟性團體，如幫工組織、農會；政治性團體，如政黨、里民大會；教育性團體，如家長會、母姊會、教師活動等。

（一）宗教性羣體

宗教羣體主要有兩個，卽眞耶穌教會和長老會，兩個羣體對社區居民影響都很大，但後者教徒較多，所以實質上還是有若干差異。

1. 眞耶穌教會

眞耶穌教會目前有信徒 466 人，最高的權力羣體當然是信徒大會，但這種會開得很少。經常負責推動事務的是一個教會的正式組織，這個組織的領導羣才是眞正的決策中心。它的組織形態是層級式的，如下圖：

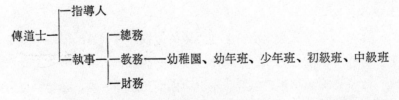

圖二　立山眞耶穌教會組織系統

傳道士、總務、教務、財務人選，均由總會選派，爲終身職。從教會本身來說，傳道士是一個相當崇高的地位，主要掌管傳道的業務。總、教、財務則承執事之命而處理教會各種雜務及照顧信徒的生活，特別是屬於教務的兒童教育講習會，它是爲了培養或訓練爲宗教服務的教師而創辦的，把社區中一些初、高中學生及成年人組織起來，經過訓練、考試合格後再去推動幼、少年班的教育。對社區而言，這個講習會相當成功。

眞耶穌教會不但在社區事務上、個人或羣體間的糾紛上擔任實踐或排難解紛的角色，而且對個人行爲，特別是一些不良行爲，如酗酒、抽煙等都有很大的約束力。教會也在多方面產生宗教社會化的作用，如在各種班級的教育中安排宗教課程、教唱聖樂、利用奉獻金作爲互相幫助的基金、實行教徒間的換工、舉辦運動會、歌唱比賽等，都有實際的社會化功能。

目前，立山村兩個聚落（古村與山里）的傳道士都是邱某負責。實際不只在這個村，也在山地巡廻傳道，每個地方住幾天或幾十天又走了，過一段日子再來。兩個聚落的教會工作團體事實上也就是教會的領導羣，都接受傳教士的指揮，所以指揮系統，或者說權力結構相當單純。

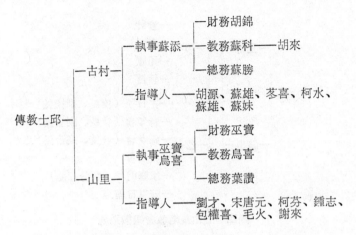

圖三　立山眞耶穌教會權力分配

擔任教會職務完全是義務的，也不含有任何色彩。被指定或選出來的人也不能推諉。所以被選派的原因，除個人能力外，也與經濟、宗教知識、家庭有關。大抵都必須在好的一面滿足這些條件。因而，他們在社區事務上的發言權自然比一般人多些。

2. 長老會

　　長老會的信徒有 1,295 人，幾爲眞耶穌教的三倍。組織不見得很複雜，活動卻多得多。牧師和傳道士一類的神職人員爲總會所指派，長老卻是選舉出來的，每三年改選一次，可以連任。當選長老的人，多半是年事較高、服務熱忱、懂教育、人緣好。執事及會計、司庫等人員則由牧師及長老在社區中選擇較年輕信徒擔任，他們是既對長老又對牧師負責。它的具體組織如下表：

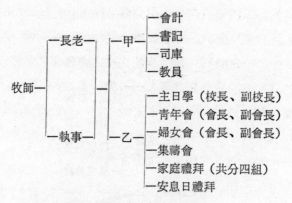

圖四　立山長老教會組織系統

一切活動可以說是由執事與長老共同維持，長老的權力相當大。事實上，立山里的長老會分成兩羣，由兩個牧師主持，下面的領導羣也不相同。

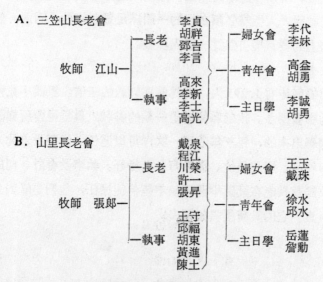

圖五　立山長老教會權力分配

上面的結構也可以說是長老會的兩個權力集團，分別在社區中的教會或非教會事務上影響信徒，而主日學、青年會、婦女會一類的活動更是有計劃的推行宗教教育，比如各種比賽、遊戲等都是設法把教徒聚在一起，然後從教義或儀式行爲來說服他們。

家庭禮拜是一種更有說服力的宗教行爲，他們把長老、執事、信徒分別放在不同的小羣體中來討論，最後收到整合的結果。這種家庭禮拜在三笠山和山里各有四組，其分配情形如下：

(1) 三笠山四組：

①長老李言、李貞，執事高光，婦女會李代；

②長老胡祥、鄧吉，執事李士、李新；

③婦女會李妹；

④牧師江山，執事高來；

(2) 山里四組：

①長老川榮、張昇、戴泉，執事黃進，共 19 戶；

②長老許一，共 19 戶；

③長老程江，執事邱福、胡東、陳土、王守，共 22 戶；

④牧師張郎，共 28 戶。

這八個家庭禮拜，當初也許僅依住所劃定，把住得最接近的戶成爲一個家庭禮拜輪流的成員，時間久了，就慢慢變成一個小羣體，宗教以外的事務也成爲討論的對象，甚至對社區事務產生共同的決策。這一種力量可能就非眞耶穌教所能及。

(二) 社會性羣體

學校中的社會性團體像許多別的國小一樣，作用並不很大，如教師團體的活動，學生家長成立的母姊會，不過偶爾有些活動而已。影

響力比較大一點的大概要算國小家長會。立山的家長會共有9人，即會長黃進，委員李貞、李成、柯水、高師、毛傳、吳一、吳昌、溫某。家長會委員對學校也許還有一些功用，比如捐款、支持體育活動等，對社區的意義就不大。不過，當選爲家長會委員的又往往是社區中比較活躍、有聲望或有能力的人。所以，有時候也會變成可以利用的力量。另外，近親羣體雖名存而實亡，因爲一切功能已爲教會所取代。民眾服務小組，由鄰長、警察、教員、鄉紳組成，商討村內興革事宜，並監督施行，但能力不大。

（三）經濟性羣體

幫工組織，或說互助團體是其中的一種，他們在必需時互相幫助，交換工作時間，不必付報酬。在勞力不足或居民不富裕的鄉村，這種辦法可以解決許多問題。對泰雅人來說，也是一種傳說，他們本來就有這種組織，不過應用範圍稍許有些不同。

經濟性羣體比較正式的組織要算農會。這些農會會員只是鄉農會的一部分。農會的主要功用本來是爲農民解決一切可能產生的問題，不過，目前的重點似乎只做到推廣一點耕作技術，或者通融資金。一般來說，就是這兩點也做得不夠徹底。

現在立山有屬於鄉農會的理事一人，柯水，監事一人，晉清。另外尚有農會小組長一人，苓作；四健會農事小組長一人，苓雄。這些人並不一定經常在一起討論農事問題，他們只是被選出來執行一部分決策，或者與上級農會取得若干聯繫，再把命令或消息傳給會員。這是一個已經僵化了的機構。

（四）政治性羣體

這類羣體有兩個系統：一個是以村長為中心的地方政治領導羣，村長以下尚有村幹事，各鄰鄰長，聯合鄰長，以及其他方面有影響力的人士，如村民代表（二人）。他們的職責大抵是依照政府規定行使，只有聯合鄰長是個比較特殊的職銜，現在由李昌擔任，他負責處理村內民事問題，實際也就是專司排解糾紛的角色。這個系統的最高機構當然是村民大會，但近年來跟別處一樣，已流於形式。

另一個系統是政黨，也即是國民黨。黨雖然不是實際政治中心，但對地方政治的影響很大。國民黨在立山的勢力也眞不小，共有18個小組（64-81）。這個地區的黨員不以小組而以聯合各小組爲開會單位，主要是受地理環境及其他客觀因素，如工作的限制。目前開會分四區，如下表：

表一　立山政黨主要負責人

地　區　名	小　組　別	輔導員兼第一、二召集人		輔　導　員		小　　組　　長
山　里	64-72	黃　進曹　民		鍾　志李　雄		李貞、胡來、時樸、孫龍、苳添、馬生、烏喜、黃進、林東、魏章、鄭玉、黃妻、及婦女小組。
古　村	73-79	時　樸鄭　玉		黃　進孫　龍		
三笠山	80（農民）	黃　進時　樸		黃　進時　樸		
三笠山	81（文教）	黃　進時　樸		黃　進時　樸		

小組會完全不受小組長控制，而由召集人安排，因而輔導員的影響力就增加。平時也許還看不出有什麼特別，一到選舉，它的力量就發揮出來了。其中曹民、鄭玉、孫龍與時樸為外地人，所以在其他羣體中很少有機會出現；另一部分人則重疊的地方很多。

（五）立山社區領導人與權力結構

在地理環境上，立山村分成三個主要部分，間隔還相當遠，所以村際之間的整合頗不容易，雖然他們生活在同一的文化和行政系統中。比如山里與古村經常不睦，甚至打架鬧事，因為他們的語言不是一個系統；若干習慣又彼此不同，溝通頗為困難。宗教也會增加他們間的隔閡與誤解，眞耶穌教與長老會間往往積不相容，造成長久的磨擦。一個非常明顯的現象是，古村與山里的不同教會信徒經常形成兩個羣體，互相非難。村長選舉時，兩個教團的衝突就更為尖銳化。

從前述羣體與領導羣的討論，我們可以了解，宗教羣體的影響面最大，因為幾乎大部分的人均參與宗教活動，不是眞耶穌教會，就是長老教會；其次當以政黨小組的力量大些，不但參與的人較多，而且經過選擇；其餘均只能列為影響力較小的羣體。

在這些主要羣體中，卽教會與政黨，內部的溝通雖然不少，如教友聚會，黨小組會，形式上仍舊是集中式的權力結構，成員可以提出意見，最後決策卻屬於少數幾人，同時，地位越高的權力越大。

我們可以先了解一下這些領導人物與羣體間的關係，如表二。

這些領導人，依他們影響力的大小可以分成下列三組，卽：

甲組，黃進，在本村不只最有影響力，而且最有前途，他的次一政治目標就是競選鄉長。

乙組，蘇添、柯水、李貞、胡來、鍾志、馬喜、江山，每個人所

表二　立山領導羣與羣體

編號	姓　名	A眞耶穌教會	B長老教會	C家長會委員	D農會理事等	E政黨小組	說　　　明
1	黃　進		×	×		×	現任鄉代會主席，前爲縣議員，家長會主席。
2	林　來					×	曾任村長
3	蘇　添	×				×	曾任村長，三笠山眞耶穌教會創辦人。
4	柯　水	×		×		×	農會理事
5	李　貞		×	×		×	醫師
6	胡　來	×				×	與毛傳競選，失敗。
7	毛　傳	×		×			現任村長，山里眞耶穌教會創辦人。
8	蘇　雄	×			×		四使會農事小組長
9	林　源						現任鄉民代表
10	鍾　志		×			×	第二頭目兒子
11	馬　喜	×				×	國小老師馬生之父，第12鄰長。
12	李　昌						聯合鄰長
13	江　山		×				傳教士
14	馬　生					×	國小老師
15	李　成		×	×			三笠山長老會創辦人
16	李　雄					×	曾任鄉民代表

能影響的羣體雖不一致，但都有較大的範圍。

　　丙組，毛傳、林源、李昌、李雄，他們只是在自己所能到達的領

域內發揮力量，一般範圍都較小。

這只是一種粗略的分類，在不同的範疇內也不一定能完全照上面的情況加以劃定其權力等級。比如說，江山在溝通三笠山和山里兩地，可能比任何人更有說服力；馬喜對年輕人的影響力可能比誰都大些；胡來在眞耶穌教的許多活動中最能團結教友；鍾志在黨的決策上可能較有影響力等等。這些都不是可以完全量度出來的，力量也不是全然相等的。

從整個社區權力分配來看，眞耶穌教會與長老教會是兩個宗教集團，在宗教事務上有較大的支配權，並且各有其勢力範圍；另一方面就是地方政治權力，大致也可以分爲兩個集團，一個是以黃進爲首的當權派，一個是以林源、蘇山（第二頭目）爲首的反對派。在地方權力的爭奪中，宗教已經不是考慮的條件，也卽是，儘管宗教有它的優越地位，一旦面臨政治權力問題時，就不重要了。這也可以看出來，

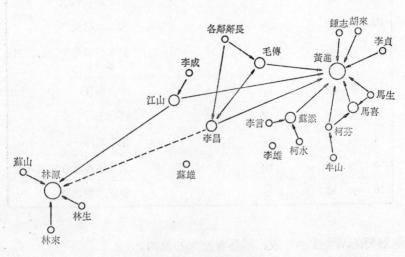

圖六　立山社區權力結構

兩者對於社區居民的影響並非完全一致，而且地方政治權力遠比宗教權力爲重要。

目前，以實力論，黃進要好得多。我們可以先了解一點他們間的關係如上圖所示。

這兩個集團的人選並不是很固定，有時爲了私人利益，或爲了族羣利益，也可能調整其依附關係。事實上黃進的力量比較穩定；他曾經是縣議員，又是鄉代會主席，在地方上的基本羣眾自然較多；其次，他在地方黨部的發言權相當不小；再次，他太太也是地方黨部的幹部，又是婦女會代表，在婦女羣中頗有影響力；第四，黃進與古村的勢力，如蘇添、李貞、李言、柯水，結合得相當不錯，可以用來對抗他在山里的反對派。所以，在這種情況下，林源等很不容易構成一種威脅。

這種權力結構，基本上是黨派型的 (factional)，無論在宗教上或地方政治上；但有時候也可以是一種聯盟的 (coalitional) (Walton, 1968)，因爲各派中的構成份子可以隨時參加不同的派系，由於不同的動機或需要。

三　樂合的羣體與權力結構

樂合的阿美族由於和布農族經常作戰，漸漸遷徙，最後在此地定居。日據時期在此建立神社，「下膀灣社」，故本地人稱爲「下勞灣」。本部落由十個氏族組成。行部落內婚，氏族外婚制。團結力特強。樂合的團體很多，成員間大部分有親戚關係，整個部落在氏族、親戚交錯的網絡下，分成許多團體組織，依性質可分爲：

（一）社會性羣體：氏族、舞蹈、同學會、婦女會、年齡羣。

（二）宗教性羣體：天主教、祭團。

（三）經濟政治性羣體：協作團體、谷會、錢會、里民大會。

（一）社會性羣體

1. 氏族

下勝灣共有十個氏族，從來沒有增減，整個部落以這十個氏族交互通婚，使社區形成網狀的親戚關係。

漢姓	氏族名	族長名	性　別
莊	*talakobu*	*pomiko*	女
陳	*filaay*	*lahoko*	女（歿）
林葉	*swulawai*	*saki*	女
楊	*olalid*	*onuz*	女
溫	*lalayas*	不詳（歿）	男
張	*baiilasas*	*aman*	女
王	*kakoba*	*labai*	男
張陳	*kinabakom*	*oto*	男
溫	*abdzilad*	*bolik*	男
鄭	*oloyn*	*loɲe*	男

每一氏族有一族長，過年時全氏族集合在族長家，敍說一年來各人所遭遇的事情，有困難則全氏族幫忙解決，受委屈則族長勸其忍耐並安慰。嫁到外地者亦全部回到本家團聚，整個過程有如家庭會議，稱之為氏族集會 (*masaobo*)。

同氏族內原則上不可結婚，但亦有例外。氏族過去是由女性繼承

族長，因漢族文化的衝擊，現在轉變爲男性繼承。此種變遷大約在十年前開始。這也是阿美族一般性的文化變遷模式之一。

氏族的領袖 (*tataban*) 總理氏族內部的事。領袖是由較年長一輩互相討論後，指定族內最有能力的人擔任。通常的年齡在 40～50 歲左右。氏族領袖兼任鄰里長的情形並不常見，他們認爲當選鄰長也不會提高族長的地位。

氏族領袖和成員間已漸失去權利義務關係，多半的接觸是爲建造房屋等經濟上的事務，團體關係漸淡漠。過去以團體爲主，無條件的爲氏族團體工作，現在變爲必須給予酬勞。

2. 舞蹈團體

舞蹈團體是因豐年祭跳舞而產生，過去由年輕女孩組成，現因年輕人出外工作，改由較年長婦女組成，部落內稱之爲媽媽小姐。正式成立的兩三年，有成員八十多人，年齡在 38-54 歲之間。逢年過節時卽跳舞表演。

舞蹈團體的領袖爲婦女會長，由大家推選產生，由於成員爲志願參加，會長並無權力強迫會員跳舞，但旣參加而又不認眞時，會長可以斥責。舞蹈多半是會長自創，由傳統簡單的舞步中變化出來。會長的義務是爲社區服務，無薪給。由於部落內現在僅有她會跳舞，形成後繼無人的現象，也無法改選會長。

舞蹈團常在玉里鎮運動會，或其它慶典時去表演，不須很高的報酬，一條毛巾，幾塊肥皂就可以了。

3. 婦女會

婦女會成立於民國 62 年，目的在使部落的婦女團結。玉里舉行運動會時常請樂合的婦女去跳舞，使得婦女會的組織愈加強而發揮它的功能。

婦女會有一會長，名葉秋發，副會長 *uma*，會長的秘書 *mego*。

婦女會會長與舞蹈團體的會長是同一人，兩個團體的成員也大致相同。會長由於後繼無人，無法改選，副會長則在改選鄰里長時改選，每四年一次。

會長副會長與婦女之間的關係，有如母女。若有人遭遇困難，則大家幫忙解決。加入婦女會沒有限制，也沒有固定的集會。

外地人請本村婦女去跳舞，無須報酬，僅請喝酒或贈毛巾、肥皂等紀念品即可。婦女會對年高女子並不強迫跳舞。全村婦女幾乎均屬於婦女會。

婦女會的主要活動是跳舞、喝酒，完全是娛樂性的。這種傳統的舞蹈，不但增進了全體的感情，也使全村婦女有正當的娛樂。

4. 同學會

同學會多在過年時舉行，這時出外工作的青年都回到部落。在同學會中，不外閒談、唱歌、跳舞一類的節目，但唱的都是流行歌曲，非傳統阿美歌；跳的都是現代的交際舞，非山地舞。幾乎沒有什麼山地情調可言了。

同學會是自由參加。如最近的一次，民國 43 年出生的小學同學會，共到了男、女同學約三十餘人，其中還有平地漢人女同學三人，男同學六人。

5. 年齡羣

年齡階級在阿美社會中所佔的地位極為重要，影響亦相當大。年齡階級可以視為個人在社會化過程中，所扮演的不同角色，也可以說是每個正常的阿美人，所必須經過的一種嚴格訓練。年齡階級制度使青年人學習服從，尊敬年長的族人，也培養族人團結，互助合作的精神。

年齡階級從 15 歲開始，每三年升一級， 30 歲以上算一級，每一級的權利義務不一樣，並實行嚴格的學長制。*baganuŋai* 是第一級有 20 人。目前很少留在部落內，所以平常無事。過去第一級（最年輕級）的工作最繁重，他們要負責所有雜務，如修橋、舖路、上山、開路等。其中一人爲組長，可命令組員工作。村內聯絡亦由他負責，並有一人專任傳令員。其餘各年齡級的組織大致相同，均約 20 人左右，並有一組長。一般而言，越到高年齡級，人數就越少。高階級的工作也少，工作多由下級負責執行。

年齡階級在 36 歲以上無職位的名稱，僅呼小組名，名稱可自創，爲創名制。36 歲以下的小組爲襲名制。若一組中有人死亡，通常是改小組名，襲名制則不更改。

（二）宗教性羣體

1. 祭團

樂合有部落祭團，爲豐年祭時全部落的祭祀。全村的人均參加，由溫生（*asen*）主持祭典，各氏族也有自己的祭祀團體，由族長主持。

這種祭祀，過去是全村人到最早的頭目那裏去，現在改在會所舉行。

一年一度的豐年祭，不只是增加了傳統文化的色彩；在祭祀的儀式裏，也顯示出頭目、長老等人在團體中的地位與權力。

2. 天主教團體

天主教傳入樂合已有十九年（民國 44 年傳入），現在領導人潘神父，來此地已八年。他精通阿美族語，潘神父認爲，在部落傳教相當困難，因爲小團體太多，頭目的地位太強，天主教難以推廣，僅能以

互相調適為原則。

現有信徒約七百人，但不少已出外謀生了。天主教的組織是：神父（潘光）→傳教士（曾發）→代表（陳貴）。委員有葉發等六人。神父權力很大，對教友的關係如父子一般。傳道使用山地話。教堂內各種職務皆教徒自己擔任，潘神父並不過問。代表負責維護教堂，另有會計、秘書協助。

委員的職權有如鄰長一般，教導山地同胞講國語。六名委員分工合作。

天主教有各種團體活動，一年中三個最大的節目是耶誕節、聖母升天節及復活節。各地教友舉行各種慶祝活動。

此地信徒以家計算，共 80 家左右；但因對分家的觀念不同，神父以 120 家計算。其中三家因久病不能康復，改信其它宗教。此地人認為分家後仍是一家，神父認為應視為兩家。

教友中有婦女組成聖歌隊，約 30 人。在復活節、聖母升天節、聖誕節時，就開會、跳舞。會長是葉秋發。現在聖歌隊已解散，主要原因是青年男女外出工作，人數太少，無法維持。

（三）經濟政治性羣體

1. 協作團體

協作團體的主要目的是互相幫助以完成工作，最顯明的例子是建造房屋。建造房子時，拆除舊屋需要很多人，於是幾乎全氏族都到，以後便僅有小部分技術人員來工作。如果集全氏族人力仍不夠時，則請人或協作團體幫工。協作團體是要好的朋友或鄰居所共同組成的固定團體。有些人怕將來造房子找不到人幫忙，趁別的氏族建屋時加入協作團體。有些原是朋友間互相幫助，久之就形成團體。協作團體服

務的範圍很廣，如農忙時的割稻或插秧皆互助合作。部落愈傳統則此種團體愈顯著。成員的加入或退出是自由的，每年都可隨時變動，沒有任何限制；成員間一律平等，沒有階級，也沒有領袖。

協作團體對社區的發展有很大作用。這種集體性的勞動力，使村民可以應付緊急需要，如搶收農作物。此次社區落成，村民自己建造了現代建築的會所、排水溝、馬路等，十足表現了集體的力量。

2. 穀子會

穀子會的主要目的是興建房屋。二十年前（約民國 40 年）開始，由頭目林吉舉辦第一個會。當時和同族的陳山共同發起，共十人參加，一年兩次，每次繳一千斤穀子。第一期頭目標得，建造了現在的居所，為村中第一座瓦房。現在此會已陸續建了八座瓦房。

這種穀會是把氏族的經濟力量集合起來，以增進全氏族的福利。如部落內另一穀會，會員有十一名，一年二次，每次繳稻穀二千斤。現在已建造了七戶瓦房。

錢會的情形也差不多，不過數目小些。

3. 里民大會

由本里公民出席。每次出席人數約在五分之一，即 130 人左右。

事實上里民認為里民大會早就沒有效果，因為它無法滿足里民的願望。如改建秀姑巒溪木橋，就因缺少經費而毫無辦法實現。大會會場通常在樂合國小，往返諸多不便，這也影響出席人數。每次大會總是里鄰長扮演主要角色。現任里長是陳民。每次開會，由鎮公所、縣政府及里民各出五百元，共一千五百元，作為小型建設之用。

（四）樂合的羣體與領導層

從上述討論，我們可以了解，最有影響力的羣體是年齡羣、天主

教會和氏族羣體，其次是協作團體、祭團等，至於同學會、舞蹈團等
羣體，所發生的作用非常有限。

就羣體領導而論，大致可以分成三個集團：第一個集團以頭目林
吉爲首，依附他的有屬於年齡階級中的顧問、役員、護長；氏族中的
族長；政治上的里、鄰長。可以說是一個勢力或影響力比較龐大的領
導羣。第二個集團以神父潘光爲首，其下有委員、傳教士、代表、
會計、秘書及信徒中較有地位的人。第三個集團以婦女會長葉秋發爲

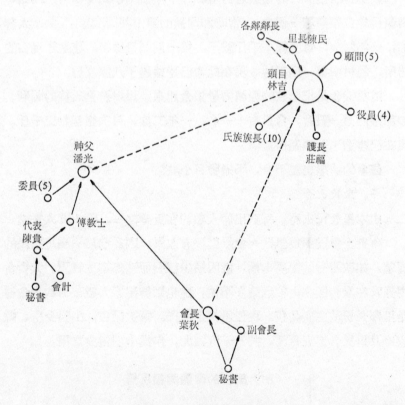

圖七　樂合社區權力結構

首，其下有副會長、秘書及其他有影響力的婦女。

很明顯的可以看得出來，頭目仍然有較大的支配力量。也許即是意味着，這是一個比較傳統的社區，所以頭目與氏族領袖還是保有着若干優勢，又加上里、鄰長的新政治權力。潘神父與葉會長只是在各自的領域裏領導其羣眾。葉又爲天主教六委員之一，她也多少要接受一些潘的指揮，或是在某些事件上產生較多的互動關係。事實上有百餘家的教徒，林吉集團必然與天主教也有很大的關聯，而葉秋發又與各家庭發生牽連。最後，三個集團的領導羣就難免不互相影響了。

（五）樂合的社區權力結構

樂合阿美人的權力結構就受了傳統文化相當大的影響，即集中在以頭目及氏族爲主的羣體與領導羣。我們可以說，主要的權力掌握在頭目林吉手中，他得到許多人的支持，在村中發號施令；其次是神父潘光，他在天主教事務上有極大的決定權，並且影響教徒；再次是婦女會長葉秋發對於婦女有部份的影響力。就整個社區來看，權力有一種分散的趨勢，即形成三個權力叢，但在每個權力結構上卻是相當的集權，如林吉、潘光、葉秋發都可以單獨發佈命令。這從上圖可以看得出來。

三個權力中心的橫面溝通不是沒有，但除了婦女會長與神父間的特殊情形外，多產生在另一個層面，如教徒與神父，婦女與頭目，身份完全不同，也由於這三個權力中心所產生的影響力互不干涉，所以，彼此間衝突很少，還算生活得相當和諧。

四 卓溪的羣體與權力結構

卓溪布農族的羣體可從政治、經濟、宗教 、社會四類來討論，即：㈠社會性羣體：氏族、國小家長會；㈡宗教性羣體：基督教長老會、天主教會；㈢經濟性羣體：農會、幫工團體、獵團；㈣政治性羣體：政黨。

（一）社會性羣體

1. 氏族

這類團體以氏族為最重要。在卓溪村布農社會裏，氏族仍是一個具有功能的組織，許多其他羣體都得靠氏族組織來鞏固，氏族可說是當地社團中的基礎組織。依氏族的大小來排列有：(1) 高姓，(2) 陳姓，(3) 林姓，(4) 黃姓。這是主要的四個氏族，其中陳姓與林姓原係同一氏族，即這二族是一個氏族的兩個亞氏族。黃姓人數很少，其他尚有一些從外遷入的氏族家庭。嚴格的說，卓溪村的氏族是以高姓與陳姓為最主要。每一個氏族又有許多亞氏族，如高姓可分為王姓、田姓、金姓；陳姓可分為 *dasgaisvaŋan, dagishmaʒan, dagishmulan, dagisgaivaŋan, dagisu, nagaisulan, lavinliŋæŋ*。這些氏族與亞氏族之間的關係有點像我國宗族制度中大小宗。布農的亞氏族還可分親疏遠近，主要目的與禁婚範圍有關，如高姓是大宗，金姓是其小宗，高、金二姓可通婚，但高姓與其他小宗如王姓，田姓之間則需要三代之外才能通婚。且大小宗間並非為純血親關係，也有虛擬的血親關係，如收養關係，王姓與高姓就是這種關係 。約在十多年前， 氏族仍有頭目。自從最後一任頭目死後（約民國 45 年左右），就無人接替。頭目

是從大宗產生。

這種氏族的功能很多，如：

（1）維持血統及婚姻。布農族主要是行氏族外婚，並且是嚴格的父系氏族。由於氏族外婚及本氏族女子第一代的女兒不能再嫁本氏族的男子，因而卓溪村的男子要找配偶時，必須至萬隆或臺東山地，甚至南投的布農族。也因為這種婚姻制度，使布農族各部落彼此有很親密的關係。所以卓溪布農族的我羣觀念可以擴大至整個布農族，非卓溪村而已，有相當大的整合作用。

（2）經濟生產上的互助。經濟活動如開墾、種植、收穫、狩獵等，都以氏族為範圍，組成互助的幫工團體或獵團。在開墾或農忙時，全氏族的人都集體輪流幫每一成員家庭工作。狩獵場屬於氏族。狩獵時間約在四至五月豐年祭之前，獵後舉行豐年祭，獵獲的肉也由氏族成員分配。

（3）非生產性的幫工。如拆建房子、工寮、獵寮也是氏族成員一同合作完成。

（4）祭儀。在日據時代及以前的豐年祭是屬於氏族的。每個氏族分別舉行豐年祭。一氏族舉行豐年祭時，其他氏族成員也要參加。光復後改為部落性的豐年祭，平地人也可來參加。

（5）超村落溝通。氏族組織是超地域的，比如卓溪的高姓結婚，遠在南投、臺東的高姓都要派代表參加。

但這些功能到目前已發生不少變異，如：

（1）隨着經濟形態的改變，即由自給自足的生計經濟轉變為牟利的市場經濟，氏族的獵團、幫工團體（包括農事生產與工程）就開始退化。在自給自足的經濟型態，氏族中每個人的收穫物或獵團的獵獲物都屬於氏族，為了達成分配的目的，這種團體就特別發達。但自日據

時代平地商人開始入山區採購獵物或生產物後，由於個人出售獵物可以牟利，互助的經濟功能就不如從前那麼顯著了。目前的分配只限於殺豬或晚上喝酒時吃山上獵得的獸肉。最近幾年，已無固定的獵團組織，打獵成為個人或幾個人臨時組合的團體。農事生產的幫工團體也是如此，由氏族轉為鄰居、親屬互助或基督教長老會的幫工團體了。

(2) 在清朝時，獵頭團體也是氏族的，因為那時居住的聚落以氏族為單位。至日據時代居住以部落為單位，獵頭團就變為部落的。民國時，就沒有獵頭團了。

(3) 蓋房子的團體一直維持到光復後，最近幾年，因為水泥瓦房的建築是聘請平地人施工，因此蓋房子團體只限於傳統的房舍及山上的工寮。

(4) 豐年祭在清代及日據時代都是氏族的，光復後則改為各部落的。

因此在功能變遷的結果，使氏族只維持了婚姻、部落間聯繫、幫工等功能，其他如獵團、獵頭團、生產幫工團、祭儀等功能不是消失，就是轉為部落或親屬、鄰居的。即在經濟上的功能退化，而在婚姻及交通關係的聯結上仍保持相當份量。

2. 國小家長會

卓溪國小始自日據時代，當初並無家長會的組織。民國 40 年以後才成立家長會。現有學生 220 人，家長約 187 人。學生畢業後，家長仍可參加家長會。

家長會每學期開大會一次。平時沒有例行的集會。集會時的主要活動是聚餐，選舉委員。委員由家長會上屆委員事先擬好的名單提出候選人，經大會投票選出。任期三年，可一直連任。委員不一定要有子女在校就讀。主要資格是有聲望、負責，當主席的還要有領導能力。

原則上是每鄰一個委員，人數較多的鄰則兩個，如 10, 11, 12, 13, 14 鄰。委員幾乎等於是鄰長，或鄰長太太。可能由於社區中傑出的人才較少，所以權力異常集中。委員的任期與改選與鄰長的任期改選配合。改選時競爭、拉票很劇烈，但當選的委員幾乎沒有什麼變更。本屆的委員會組織：委員會主席——陳榮（鄉長）。委員：高嬌、黃珍、王崗、林妹、高靑、金謙、陳龍、高生、孫穆、高臣、高海、高富、高妹、陳芳、高安、陳成。十七人中有八個屬於高姓，四人陳姓，其餘五人分姓五姓。由此也可看出氏族在社區中的力量。

委員會的主要事務爲：決定校曆；管理公共造產；辦理營養午餐。公共造產主要是造林，由家長捐獻。由於不向政府報備，滋息均移充學校設備費，如運動器材。營養午餐本由聯合國經費補助，自退出聯合國後，近半年來均由自費負責，維持頗爲困難。

（二）宗敎性羣體

卓溪村的宗敎有布農族的傳統信仰，平地人的民間信仰，基督敎長老會及天主敎。但只有長老會與天主敎形成團體。傳統信仰只是文化的遺存，不發生多大作用。民間信仰極少，也沒有形成團體。以下就長老會與天主敎的團體作若干討論。

1. 長老會

（1）歷史：卓溪的長老會係民國 38 年成立，39 年在下部落的河道旁蓋敎堂一座，40 年因洪水冲毀。遷至現址，仍在下部落。經費由敎友奉獻。由三個人建築而成。

民國 38 年，一個在日據時代就已信敎的太魯閣人初次至卓溪傳敎。次年約有信徒 5、6 家，以後人數逐年增加，本村信徒多以家爲單位，現有信徒約 167 人，仍住卓溪者約 137 人。敎徒分散在中正及

上、下部落，經常參加主日崇拜的有 80-90 人。

(2) 活動：主日有主日崇拜，主日上午七至九時爲主日學，九至十時爲青年禮拜，十時至十一時爲一般禮拜（全體教友均參加），十一時至十二時爲婦女禮拜。下午有青年球賽，分甲、乙兩組經常舉行友誼賽。活動地點爲下部落的教堂及教堂前的籃球場。

禮拜三晚上有家庭禮拜，家庭禮拜是輪流在各信徒家中舉行，分爲二組，上、下部落爲一組，中正爲另一組，教友憑信心參加，無固定成員，牧師與長老則輪流至此二組主持禮拜，每次禮拜時間約一小時左右。

禮拜四晚上有婦女禱告會，在下部落教堂舉行，參加者爲婦女，由婦女會長主持，每次約一小時。

禮拜五晚上有禱告會，在下部落教堂舉行，參加人數較少，由牧師或長老主持，每次約一小時。

禮拜六晚上有青年聖詩班集會，主要是預備主日上午的獻詩，每次練習約 30 分鐘，由牧師帶領，成員均爲在學青年男女，約 25 人到 30 人。

其他基督教傳統的節日如復活節、感恩節、踰越節、聖誕節都另有康樂活動。

(3) 組織

① 有長老三人，三年改選一次，可連任。事實上長老幾乎每次都成爲連任，因爲擔任長老的條件必須熱心教務，才識出眾，會講國語，信教五年以上，經濟較寬裕。目前的長老是中正部落的高進，下部落的張和與林元。長老的職務主要是管理教會，如財務及任免其他執事；主持家庭禮拜、禱告會。

② 牧師一人，馬敏。爲終身職，受長老會總會的調動。調動

範圍以本族教區爲限。牧師的主要職務是：主持各種禮拜，組織各種團體，如青年會、婦女會等；解決教友困難，維持教友的信心。

③ 執事：有四位，林妹、田石、余成、高進。其職務是分工的，余成任書記，作開會記錄；林妹任會計；田石任招待，招待外地來的教友；高進則幫助三人做其他雜務。

④ 青年會：全由青年教友組成，會長黃龍，副會長林福。除了主日青年崇拜外，會長還管理其他青年活動，如主日下午球賽，聖詩班、節日的青年活動。主持青年團契。團契又有三組：康樂組，林忠、高玉（組長）；書記組，林森（組長），會計組：張麗、高英（組長）。會長及各組組長均爲每年改選一次。

⑤ 婦女會：會長一人由張福擔任，副會長由陳梅擔任。書記二人由高美、高新擔任，一年改選一次。除主日婦女禮拜及禮拜四晚上婦女禱告外，活動較少。

⑥ 幼稚園：由林錦、張福主持，每週一至六上課。招收 3-6 歲的兒童，不分性別，多半爲教友的小孩，爲卓溪長老會唯一的教育機構。

⑦ 主日學：老師由長老指定，目前有黃龍、林福、張麗、林錦、張福、高富六人擔任。主日上午七至九時爲主日學時間。

(4) 功能：長老會在部落中扮演了一個重要的角色，它取代了以往其他團體，如獵團、耕植團，用以維繫人際關係。例如長老會鼓勵教友組成耕植團幫助非教友，雖然有勸人入教的意思，但也維持了耕植團，對地方上有很大益處。

布農族是一個嚴格的父系社會，但卓溪布農族因爲部落內婚的關係，幾乎整個部落都是親戚，因此氏族的功能反而不太明顯，從前屬於氏族的獵團、耕植團及豐年祭，現在都成爲部落性的，且由於經濟

型態由自給自足變爲市場經濟，屬於部落的耕植團與獵團又再一次的退化，因此在個人的社會行爲擴大時，其人際關係也逐漸淡薄，長老會正好取代了從前氏族與親族的部份功能，使長老會在社會結構上扮一重要的角色。

由於長老會的基礎甚爲鞏固，其他基督徒團體，如眞耶穌教會及耶和華教會都無法在卓溪生根，從維持內部體系來說，長老會在卓溪是一個相當有效的團體，並且能與傳統文化整合，而很少發生衝突。

長老會另一個重要功能是強調道德價值。牧師認爲現在部落裏的人的道德已不如從前，只講求利益，很少有憐憫，必須用宗教來增加人們的愛心，例如幫助人耕作，幫助病人治病等。

從另一個角度來看，長老會的發展實使布農傳統信仰趨於式微，只剩下一些表面上的簡單儀式，也沒有人相信古時的傳統與神話了。

2. 天主教

天主教是卓溪第二個有組織的宗教團體，但比長老會要顯得鬆懈，主要與領導人有關。卓溪的天主教由一法國神父——余光主持，由於他年老，又不喜歡熱鬧，近年來連聖誕節都不舉行任何遊藝活動。當地青年人對教務不太熱心，平時也不常與神父接近，內部人際關係很少，因此天主教對卓溪村的社會來說，並不能發揮它的功能與達到目的。

卓溪天主教屬於臺灣天主教東部教區山地天主堂的本堂，其他山地天主堂都得至本堂集會。本堂座落於中正部落，神父必須年資久，地位高，才能主持。組織比較簡單，只有神父，會長與傳教士等職。神父余光，其主要職事是聖洗、告解、聖體、終傅、婚配等事，與一般天主教神父無異，另外還兼祭司、傳教、講道、主持彌撒。會長周忠，主要職務是傳教、講道、帶頭唱詩、舉辦活動（近年來都沒有舉

辦）、管理教務。傳教士因與神父不睦，不來傳教，由神父代替他的職務，所以傳教士的角色已由神父兼任。其他尙有副會長林安，與神父僱用的楊姓外省人幫做雜務，同時也帶領兒童班。

主要活動有每週例行的禮拜日上午 8-9 時的彌撒，星期三晚上的彌撒。除了星期日上午的彌撒人數較多外，其他的彌撒，人都不多，有的節日只有神父、會長一家做彌撒。

（三）經濟性羣體

經濟性羣體只有農會。卓溪農會於民國 53 年成立籌備會，55 年正式成立，是一個新的團體。可說是外來文化特質。成員除職員外都是卓溪人，編制與一般農會略同。卓溪農會爲鄉農會，有職員三人。每村有一農事小組，卓溪村的農事小組包括中正，上下部落。其成員幾乎是每戶的戶長，但並非每戶都加入，共有成員 70 人。農事小組設小組長一人，副組長一人。小組長是中正部落的高章，副組長是高成。資格是有影響力、領導力、熱心服務、土地廣、對農事較了解、能接受創新，由農會選任。

農會的主要業務是輔導會員從事農業改良，用新技術，如新工具、肥料等改善耕作方法，使用農藥與病蟲害防治知識；提供供銷服務，供給會員種子、肥料，會員生產物由農會代銷。無定期集會，農會與會員的聯絡全靠小組長與副組長的通知，所以小組長與副組長在農會擔任重要角色。如農會有肥料運到，小組長負責通知每個會員前往領取。有病蟲害的消息，小組長應通知會員預防或消滅病蟲害方法等。

（四）政治性羣體

卓溪的政治性羣體只有政黨。政黨組織比較單純，只有國民黨與

非國民黨的區分。國民黨是外來的政治團體，其成員除幾個區委與書記外，均是卓溪村人。組織與一般國民黨組織一樣。卓溪鄉區黨部常委是陳榮，區委有國校校長、衞生所主任、分駐所所長等，均非住在本地的人。預算審查召集人陳成；　文化、民政召集人王崗（非本地人）。各小組長均爲本地人，負責消息的聯絡。

每小組每月定期集會，依性別分組，每部落分兩組。每年 3 月及 7 、 8 月間各召集一次黨團會議，且都在鄉民代表大會前兩三天。

政黨的功能有黨員互助，幫助貧苦，參加地方建設，但主要的功能是在選舉。按照上級指示的候選人拉票投票，與一般政黨功能相同。由於布農族的親屬關係十分密切，這種拉票工作十分奏效，只需少數黨員就會產生極大的力量。每當選舉時，拉票十分劇烈，這與黨的政治力有高度相關。

（五）卓溪的社區領導人與羣體

卓溪社區的羣體中，氏族是非正式組織，且自頭目消失後，已顯得鬆懈，氏族功能多轉移至部落與親屬組織，頭目的地位也由村長取代。不過氏族的認同感仍不可忽視。其次爲正式組織的羣體，可分爲兩大類：一是工作的羣體，二是社會的羣體。前者有社區行政組織、政黨、國小家長會、農會；後者有宗教團體中的長老會與天主教會。以下分別就其內部領導羣作一分析。

1. 社區行政組織

這個系統是地方行政系統的一部分，並非一獨立的羣體，而是一個附屬的團體。領導人是鄉長陳榮，村長高章，其下是各鄰長。消息溝通的方式爲：鄉長⇄村長⇄各鄰長⇄村民。除了里民大會或鄰長會議外，溝通可說是直線式的，主要目的爲完成地方政府所交下來的任

務。組織本身並不作什麼重大的決策。如有重大建議，則多半交給鄉民代表轉達。

2. 政黨

也是一個附屬團體，附屬於縣黨部。區黨部常委是陳榮，預算審查人是陳成，區委多非本地人，其下是小組長。消息溝通是直線式的：縣黨部→常委→區委→小組長→黨員。但區黨部的會議則爲民主式的，開會時消息的溝通也是民主式的。

3. 農會

是一個獨立的正式團體，理事長、總幹事與監事均非本地人，只有小組長高章，副組長高成是本地人。消息的溝通是直線的：總幹事⇄小組長⇄會員。領導是集權式的，但無強迫性。

4. 國小家長會

是一個獨立的正式組織，會長陳榮，委員 16 人包括陳成。消息的溝通是民主式的，每學期初開會一次，其餘均爲臨時性集會。

5. 長老會

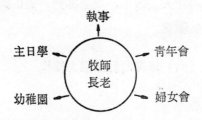

是一社會性團體，領導人是馬敏牧師與三位長老，高進、張和、林元。消息的溝通是民主式，牧師爲終身職，受長老會的調配；長老、執事、青年會會長由選舉產生。牧師與長老爲領導中心。

6. 天主教

組織較簡單且為直線式的溝通：神父⇄會長⇄教友。

在這六個正式組織中，前二者是附屬團體，主要是達成上級的任務，故其內部的運作呈集權式的。農會是獨立團體，但由於組織較鬆懈，無定期集會，故內部運作亦呈集權式的。國小家長會是獨立團體，且是民主式的溝通，主要是因為有經濟利益的關係。長老會的內部較複雜，而其屬下的各羣體中成員角色常重疊，例如主日學老師也可能是幼稚園老師，可能是青年會中的執事，也可能是婦女會的一員。從其角色的疊合與內捲來看，是比較傳統的組織，分工並不精細。但從其長老，執事與青年會長的選舉來看，又是比較現代化的組織。至於天主教，因受一貫作風的影響，內部運作相當集權，神父為一神職的領導者。

從工作羣體與社會（也可說是宗教）羣體來看，二者的領導羣沒有多大相關，工作羣體的領導人不出現在社會羣體領導羣中，社會羣體的領導人也不出現在工作羣體的領導羣中。

工作羣體中領導羣角色有疊合的現象，社會羣體中則沒有，即長老會的領導人不出現在天主教中，反之亦然。這也顯示出宗教團體在卓溪是一種較封閉的團體。

（六）卓溪的社區權力結構

1. 權力的形式

由以上分析來看，社區的權力中心在陳榮（鄉長、政黨常委、國小家長會會長），其次是陳成（鄉民代表、政黨預算審查召集人、家長會委員），再其次是高章（村長、農會小組長）。這三個人扮演的角色各不相同。陳榮所扮演的是行政中心的角色，其權力是執行上級的

任務與轉達鄉民的某些意願；陳成所扮演的是代表民意的角色，其權力爲人民所賦予，他的工作是向政府爭取福利與建設；高章所扮演的是社區領導人的角色，事實上村長是沒有什麼實際的權力，他所做的事只是服務的工作，也可以說，他所扮演角色的部份功能就是從前的頭目。頭目消失後，村長就代替他的地位，卻無頭目的權力，他得替村民排解糾紛，到村民家喝酒等。陳榮與陳成的角色是新的，清朝或日據時代都沒有，光復後才產生；高章所扮演的角色則比較有一點傳統的意義。

2. 決策過程

社區內的決策可從兩方面來看，其一是執行上級的任務，如地方政府所下達的命令，其二是內部自行做的決策。

執行上級的決策時較爲簡單，由鄉長、村長、鄰長、村民一系列的溝通傳遞就可以做到。有關社區內的決策，則需在村民大會或鄰長會議中討論，通常由村幹事輔導進行。村民代表或鄰長有時提出議案討論，但仍需經上級同意後才能行動。陳成在這一方面就扮演較爲重要的角色，即向政府爭取權益。例如民國 62 年 9 月娜娜颱風，卓溪堤防損壞，下部落與中正部落部份住屋和田地被冲毀，陳成就向政府爭取救助，雖然始終未能照他的理想獲得改善。

這個社區由於現代化程度不高，村民無法普遍參與決策，對於實行民主政治可能是一種障礙。

3. 羣體權力對社區的影響

由於居民對社區事務參與不多，使領導羣未能發揮其功能。推動社區發展也就十分緩慢。而權力高度集中的結果，也使社區事務無法推展，此爲握有最大權力的陳榮，因本身業務極忙碌，很難與村民建立較多關係，也就無法發生實際的作用。陳成是新進的優異分子，熱

心公益，由於力量仍嫌薄弱，也未能發揮巨大的作用。總之，卓溪的
羣體對社區影響並不十分強烈，也卽是未能充分發揮其功能，所以實
際的權力結構是下面的形態：

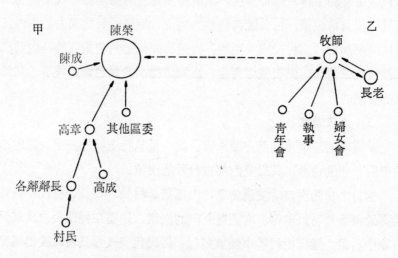

圖八　卓溪社區權力結構

　　所有權力最後集中在兩個羣體手裏，陳榮是黨與政，長老與牧
師是宗教，這是一個相當強烈的對比。這種情形從社區來說，是黨
派型（factional）權力結構。如不把宗教列入，則是一種專權型
（pyramidal）權力結構，因為所有政、經大權都集中在陳榮一人手中
（Mott, 1970; Aiken & Mott, 1970）。

五　結　論

　　我們對於上述三個不同文化社區的羣體、領導羣、與社區權力結

構有了相當充分了解之後，就可以作進一步的探討與比較。

我們可以先從下表來了解三個社區的不同特質。

表三　三社區不同特性比較

社　區	主要羣體及領袖	次要羣體及領袖	再次要羣體及領袖	權力結構	說　　明
立山泰雅族	宗教羣體中的眞耶穌教會和長老教會，如蘇添、毛傳、黃進、李貞等。	政黨小組，如黃進、林來、蘇添、柯水、李貞等，氏族羣體仍有作用。	國小家長會、母姊會、幫工團體等。領導人多爲不重要份子。	透過地方政治勢力的兩個主要集團：黃進爲主，林源爲次。爲黨派型。	地方權力衝突相當大，但黃進佔優勢，宗教勢力被打散。
卓溪布農族	氏族羣體中的高姓與陳姓，如陳榮、陳成、高章等；宗教羣體中的長老教會，如馬敏、高進等。	政黨小組，如陳榮、陳成等；農會，如高章、高成等。	國小家長會，如陳榮、陳成（高姓17人，陳姓4人）等；天主教會、幫工團體等。	地方政治權力集中在陳榮一系統，宗教權力在另一系統。爲黨派型與專權型的混合體。	地方權力衝突少，但無人管事；氏族力量不小，高、陳二姓已與地方政治結合，以新姿態出現。宗教權獨立。
樂合阿美族	年齡和氏族羣體，如林吉、陳民。	天主教會，如曾發、陳貫；婦女會，如葉發。	里民大會、祭團、舞蹈、同學會等。	地方政治權力集中在頭目林吉，宗教權分開，爲黨派型與專權型的混合體。	地方權力衝突少；氏族力量大；宗教權與婦女權分開。

這個表說明了幾件事實：

（1）宗教有代替氏族羣體的趨勢，只有樂合的宗教力量較小，可能的原因有兩個，一個是天主教傳教不力，另一個是年齡階級的力量太大；

（2）氏族羣體仍相當重要，在立山，氏族功能似乎較小，但仍有

部份組織很嚴密；

　　(3) 地方政治權力有集中的傾向，但有三種形式：立山黃進，兼有若干宗教權力；卓溪陳榮，完全的政治領導；樂合林吉，兼有氏族（頭目）大權；

　　(4) 卓溪、樂合的地方政權與宗教權是分立的，政治衝突少，立山是混合的，衝突較大，二者間未必有因果關係，實際情形卻如此。

　　這正是過渡期的混亂情況，新舊並存。很明顯的，新興勢力，如宗教、地方政治組織，已經取得了優勢。原來以氏族領袖作為社會地位的指標，以氏族規範作為行為的指導原則，現在變了，社會地位要從縣議員、鄉民代表、鄉長、村里長來衡量；行為規範主要需符合宗教或現代社會的要求。這從三個社區目前的領導羣也可以看得出，除了林吉（樂合阿美）外，所有主要社區領導人都是現任或曾任公職人員，特別是那些高層的地方領袖，如立山的黃進、毛傳，卓溪的陳榮、陳成，樂合的陳民、葉秋發。

　　從社區領導人來說，所有的主要領導人都是集權，如黃進（立山）、陳榮（卓溪）、林吉（樂合），他們參與社區中所有主要活動，作決策，並且支配別人的行動。不過，從另一方面看，內部溝通不但相當多，而且相當民主。他們每個人可以利用的溝通網絡有宗教系統、村鄰長的地方政治系統、政黨系統以及氏族組織系統。內部溝通是分散的、多方面的、平行的。這種溝通有助於達成羣體或社區目的，減少衝突，增加整合的可能性。

　　地方政治受政黨的影響很大，它的程度可能超過一般漢人農村，因為不但黨員數較多，黨的控制力也較大。同時，由於原有的部落政治、氏族組織遭到破壞，黨在某方面可以彌補他們的需要期待。這與漢人社會不同，漢人固有的政治文化不一定依賴黨來滿足。事實上這

點可以說明，新的政治規範和政治價值在這些不同文化的社區中已經開始生長，乃至成長。

領導系統在新的政治勢力和宗教勢力刺激之下，顯然有了顯著的改變，即氏族力量雖還存在，卻不是原來那樣具有決定性的影響力；反之，宗教領袖和政治領袖漸漸在社區中扮演比較重要的角色，這些領袖們的意見不僅在社區、羣體中有其重要性，在私人事務上也相當重要。主要是他們在社區中本來就是比較傑出的人才，如經濟情況較好、有辦事能力、對外溝通較好、能說服別人等等。這種情形跟他們原來的社會結構也有點相似，比如說，原來的權力體系多半強調領導人（或頭目）的能力、公正、誠實；原來的人際關係强調合作、互助；領導人（主要是頭目）多半經由選舉或公推產生。這類行為，在當時可以說完全屬於山地的傳統文化，然而，從現代的觀點來說，也相當有利。也許我們可以這樣說，在這種文化基礎上推行現代化運動，不祇可以減少阻力，而且可以增加成功的機會。總括起來，我們對羣體和權力結構可以得到幾點結論。

1. 從整個羣體來說，山地社會早期所強調的是氏族羣體、協作羣體（包括獵團、漁團、及其他工作團體）、祭祀羣體（有時與氏族羣體重疊）及家庭羣體。這些羣體中屬於工作取向羣體的為協作羣體，屬於社會取向羣體的有氏族與家庭羣體，屬於工作及社會取向羣體的為祭祀羣體。經過長期的演變，現在屬於工作取向羣體的有政黨、協作團體、標會、農會、國小家長會，屬於社會取向羣體有氏族、家庭、同學會、年齡羣、母姊會，屬於工作與社會取向羣體有眞耶穌教會、長老教會、天主教會、里民大會、民眾服務社。很明顯的可以看得出來，羣體本身的分化比以前大多了，新增的更是不少。其重要性也有許多轉變，早期以氏族、家庭為最重要；現在卻是宗教與

家庭羣體的說服力最大，其次才是氏族、政黨。

2. 社區中羣體的重要性旣然有了轉變，領導系統就不得不變，也就是必然出現新的領導羣。原來以頭目爲主的領導系統差不多消失了，現在的領導系統係建立在以宗教、氏族、政黨爲基礎的領導羣上，這些領導人包括議員、鄉民代表、鄉長、村長等，他們多半同時是上述三種羣體中的活躍人物，或者說領導人物。

3. 以氏族爲領導中心的決策過程雖然也有與眾協議一類的辦法，但最後或最大決定權操在以氏族規範爲判斷標準的氏族領導人手裏。現代就不然，一方面羣體規範是爲了滿足羣體成員的需要，另方面參加羣體是志願性的而非強迫或歸屬。羣體內的決策過程相當民主，也就是每個成員的發言權差不多相等，除了宗教羣體的儀式生活不能一概而論外。

4. 社區領導羣與羣體的關係相當密切，而社區領袖多半也是某些羣體，特別是重要羣體的領導人。它們間的因果關係並不十分明顯，但多屬由於自己的成就而漸漸變爲主要領袖卻是事實。這就是說，領袖的社會地位是因個人在政治，經濟，宗教或社會方面的成功而獲得，其途徑可能是由社區而進入羣體，或由羣體而進入社區，多半因人而異，並無一致的趨勢。

5. 社區領導權看起來相當分散，如政黨、宗教、氏族都不統一；實際卻相當集中，也就是一種專權型的權力結構，如立山集中在黃進，卓溪集中在陳榮，樂合集中在林吉。這種權力集中的現象對於實踐社區事務頗爲有利，不過，究竟是什麼因素導致如此，尚不確知，因爲卽使在現代化過程中，這些社區還不可能已經發展到像西方社區那樣，制度分化而權力集中。以個別社區來說，只有立山泰雅族的權力較爲分散，衝突也較多，這與他們社區不集中，宗教競爭激

烈，氏族組織及語言不統一等因素有關；其他兩個社區都沒有這種現象，表現在權力轉移上也較爲和諧。事實上，這兩個社區的傳統文化並不相同，阿美爲母系社會，布農爲父系社會。這是否意味着一種轉變？而這種轉變多少與教育程度有關，這點在個人教育程度的測量上有顯著差異，如下表。

表四　個人教育程度

		大學	專科	高中（職）	初中（職）	小學	不識字	其他	F檢定
三社區總計	實　數	2	5	45	42	351	70	49	
	平均數	227.50	296.60	306.84	313.45	333.04	336.57	336.06	15.19***
立山泰雅	實　數	1	2	21	6	134	17	27	
	平均數	—	299.50	319.86	328.67	334.97	341.35	341.30	5.87***
卓溪布農	實　數	0	2	15	10	87	40	22	
	平均數	—	281.50	297.33	323.10	326.63	334.80	329.64	7.34***
樂合阿美	實　數	0	1	1	9	26	130	13	
	平均數	—	—	—	292.33	306.23	335.34	335.77	10.96***

*** p<.001

上表所說平均數係指個人在六種社會態度量表上的數值，有差異，但不是很大。六種態度爲宗教、家庭、經濟、成就、政治、道德。這裏沒有分性別、年齡，是一個總的趨勢，顯著度達到.001。不管從三個社區的總體或個別社區來看，教育程度越高所表現的態度就越趨向現代（平均數高低顯示現代化程度）。這種情形也顯示在許多別的研究上，如 Inkeles [2]、文崇一等[3]，都說明教育程度對行爲所產生

的影響。

　　從以上各點，我們可以了解，無論羣體類型、領導羣、社區權力
結構，在三個社區中都有很大的轉變，樂合似乎變得少一點，但趨勢
還是一致。現在的問題是我們了解了之後，能夠針對問題提出什麼決
策，使社區發展能夠朝向好的、積極的一面。比如說，在政治權力分
配上，三個社區都趨向於專權型的權力結構；而宗教權幾乎是獨立發
展，難以與政治權力對抗。這種權力集中的現象，究竟對社區事務會
產生什麼結果？應如何予以合理的運用？我們必須進一步提出對策。

❷　Inkeles and Smith (1966). 他們的結論是，教育與工廠經驗是影響
　　現代性的主要因素，又見 Inkeles (1974)。

❸　我們在西河、萬華、竹村、民生東路所作的測驗，在教育程度上均有顯
　　著差異。

社會變遷中的權力人物

社區領導人與權力結構比較分析

一 導言

我國原來是一個農業社會。建立在這個農業社會上的人羣關係，自然以血緣和地緣爲主要成分，也就是一般所說的親屬關係和同鄉關係。這種社會，以我國古代而論，可以分成四個階層，卽，皇室，很小的一部分人；官吏，包括中央與地方各級官吏；士紳，包括各種有功名或無功名的讀書人；平民，所有農工商人（文崇一，民 63: 59-60；朱岑樓，民 64: 140）。通常，中國人說：「天高皇帝遠」，表示一般人總是沒有和皇帝接觸的機會； 皇帝要了解他的社會， 就靠官吏士紳。士紳就一直是兩者間的橋樑 (Fei 1968: 17-32; Chang 1967: 51-70)。因此，士紳在我國農業社會中扮演一個非常重要的角色。這也就意味着他們掌握了可資運用的影響力。對皇帝和官吏，士紳可以提出好或壞的建議；對平民，士紳可以排難解紛或欺壓善良。無論對上或對下，士紳雖未必都一言九鼎，卻具有不可忽視的力量。故以一般鄉村和城市而言，官吏固是形式上和實際的統治者，相當大的影響力卻操在士紳手裏。這可能是我國地方政治上的一大特色，消除了不少官吏與平民間的嚴重衝突或緊張情況 (Fei 1968: 75-907;

Hsiao 1966: 264-270)。這是就好的一面而言；壞的士紳，即所謂
「劣紳」，也可能魚肉鄉里，不僅使平民蒙受損害，而且殃及政府。

　　這種狀況，在我國社會中起碼維持了二千多年。受到西方近代文
化影響以後，西方的工業技術和民主政治同時到了中國，士紳階層的
權力才逐漸有些改變。這種改變特別表現在新興的工廠主和貿易商人
身上，他們因財力雄厚而干預政治，或參加地方政治事務的許多決
策。民國 37 年以前的中國大陸，士紳在農村中雖仍擁有某種程度的
發言權，但在大、小都市裏，已為工商階層所取代，不再是影響力的
象徵了。

　　很明顯的，臺灣社會的士紳階層，一直沒有機會像中國大陸那
樣，形成一個權力中心❶。臺灣是一個移民社會，開發又較晚；鄭成
功時代的陳永華，雖在南部努力想建立中國士紳的大傳統，但沒有獲
得預期的成果；直到清代的道光咸豐年間，知識分子才漸漸多起來，
可是對地方政治事務的發言權仍然不大❷。原因是，一開始，臺灣這
個社會就籠罩着太濃厚的商業氣氛，如安平、鹿港、萬華、淡水等地。
這些港口，一方面控制着對外貿易，另方面也是內部貨物集散地與經
濟、政治中心。這種商業上的影響力，不僅擴及每個城市，也推展到
大多數的鄉村。因而，即使在一些比較重要而讀書人多的城市，例如
萬華，士紳的勢力還是建立不起來；無論政治、經濟或社會方面的權
力，多半都操在大商人手裏。士紳自然無法在這種社會中扮演一個重
要的角色，像中國傳統的農村社會那樣。

───────────

❶　我國的大傳統「學而優則仕」，使讀書人即使沒有一官半職，也產生一
　　種權力感，通常都可能成為官府與老百姓間的溝通媒介。
❷　萬華是北部人文薈萃之區，當時的社區發言權仍在船業老板手裏，讀書
　　人的影響力不大（見前章萬華部分）。

　　這也就是說，權力的角色在臺灣社會起了許多變化，卽使在早期也是如此。到了日據時期，警察在社會上有很大的發言權和決定權。近三十年來，工業化的結果，又產生了不少工廠主和大商人，變化就更大。以就業人口爲例。

表一　農業與非農業就業人口

	農　業　（一　類）	非農業（二、三類）
民　　國　41　年	61.0	37.2
民　　國　51　年	55.3	43.4
民　　國　56　年	49.4	49.9
民　　國　61　年	39.9	60.0
民　　國　65　年	34.6	65.3

　　資料來源：經設會民國 66 年 *Taiwan Statistical Data Book*，頁 8-9。

從表一的五年份可以了解，農業就業人口歷年遞減，非農業就業人口歷年遞增，其中工業的增加率則爲自 9.3, 11.5, 14.6, 19.8, 而至 25.9。這表示，我們的社會正在從農業轉變爲工業的過程中，屬於所謂轉型期社會，距離工業社會的人口結構形態，還相當遠。以總人口爲例，1970 年農業人口的比例，加拿大爲 8％，西德 5.7％，英國 2.8％，美國 4.0％，法國 14.3％，日本 20.6％，而中華民國在 1975 年的農業人口仍有 34.7％。這種現象，說明我們的社會正面臨一種轉型期工業環境，必須設法調適。在這種情形下，原有地區性的權力人物和權力結構也必然發生很大的變化。這種變化究竟受了那些因素的影響？轉變的過程如何？變遷的結果又如何？例如，產生了什麼樣的新型權力人物？那種類型的權力結構？等等。這些都是我們所需要了解的事實。也就是說，在現代工業文明衝擊之下，作爲地區發展的

重要決策者，權力人物是如何來接受這種挑戰？換一個角度來說，這種從農業社會急速過渡到工業社會的巨大轉變，必然迫使人羣關係也產生極大的改變；影響人羣關係較大的權力人物，所面臨的挑戰就可能更大。

基於這種構想，我們可以說，在同一挑戰之下，因文化不同，而有不同的反應；因地區性質不同，也可能有不同的反應。本文則從後一問題從事探討，以了解在不同地區的情況下，權力人物有些什麼改變。我們可以提出下列幾個假定，作爲比較研究的基礎：

第一，在工業化和都市化的衝擊之下，不同性質的地區會產生不同的人際關係和權力人物。

第二，這些權力人物，在變遷的過程中，多屬創新的角色；他們操縱社會變遷的方向，甚具力量。

第三，這種從傳統農業社會過渡到現代工業社會的變遷，因所受影響不同，不僅權力人物所塑造之權力結構類型有差異，解決社會問題的行動方式也有差異。

從臺灣北部的開發過程來看，大漢溪（大嵙嵌溪）流域無疑是一個可以比較的地方：

(1) 這一帶的許多城鎮和村落，如大溪、新莊、桃園、萬華、關渡、淡水等地，不但開發很早，而且保存較多的中國傳統文化；

(2) 這些城鎮和村落，雖承受了同一工業文化的影響，卻因地理位置的不同，而表現不同的結果；

(3) 這一帶的居民多屬於同一系統，即來自閩南的泉州語系。

從這些基本條件，我們選定了四個社區作爲研究的對象。四個社區代表四種地區類型（以下不用社區眞名，而以甲、乙、丙、丁爲代表，一以便於討論，一以免於涉及社區人物之隱私）：甲爲郊區，乙

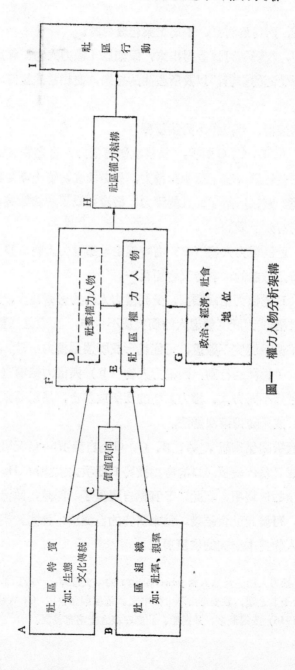

圖一　權力人物分析架構

爲城市區，丙爲農村區，丁爲工業化農村區。

這樣，我們便可以看得出來，假如以「權力人物」❸爲中心，這個中心所受到的影響，以及所產生的結果，便相當的複雜。它的關係如上圖。

上述架構，可以作下列諸解釋：

(1) A, B, C, G四項，爲構成影響權力人物之最主要因素。它們一方面從組織規範上產生影響力，另方面從功能上產生影響力。前者如環境、家族所給予個人的壓力，後者如爲了解決衝突、達到目的所採取的有效手段。

(2) 社區權力人物（E）有時經由社羣權力人物（D）而產生，兩者有時是分離的，有時又合而爲一。

(3) H爲權力結構類型，受到權力人物的影響甚大，比如黨派性的權力結構，因社區領導人的衝突或不合作，而致無法整合；反過來，如果派系衝突不嚴重，可能就形成聯盟型權力結構。

(4) I爲社區行動，因權力人物（F）與權力結構（H）的不同類型而產生不同方式。權力人物的衝突或整合，足以導致社區問題停滯下去，或是尋得解決辦法。

從變項關係來說，A, B, C, G爲自變項；C又可能爲中介變項；E或F爲依變項（D有時爲找尋E變項之根據）；H, I爲F依變項所產生的依變項，在此，F實爲自變項了。即是，政治、經濟、家族之類，可視爲社會結構，爲本研究的自變項；權力結構或權力分配與權力人物爲本研究的依變項。

---

❸ 「權力人物」是個人對 *power elites* 的中文意譯，一般譯爲「權力優異份子」之類，我覺得這不太像中文。這個觀念自以 C. Wright Mills (1956) 談得最多，最透澈。此處在概念上略有差異。

尋找權力人物，通常有兩種方法：一種是問卷法，控制某些項目，再加權計算；一種是觀察與訪問法，一次又一次，把各種不同層次或類型的權力人物篩選出來，再確定其大小。由於社區居民知識程度普遍不高，用問卷的辦法所得結果均不十分成功，所以主要是用觀察訪問法，以求得權力人物。用這種方法鑑別權力人物，一般有下列幾種方式 (Bonjean & Olson 1971: 163-173; Clark 1968: 470-473)：

(1) 職位法 (positional)：個別居民在社區中或社區外所佔有職位的高低，無論是正式的或非正式的職位，高低未必就代表權力的大小，但可作為衡量的指標之一。用職位法的好處是容易找到權力人物；壞處是這種人不一定掌握了社區中的實權，可能只是表面上的樣品人物。

(2) 聲望法 (reputational)：從個別居民的訪問中，去了解某些人在社區中聲望的好壞，以測定他的影響力。影響力大的人，往往聲望比較好。可是，好壞很不容易比較，研究者必須設法定出一些可資比較的指標。

(3) 決策法 (decision-making)：有些社區居民，可能既沒有職位，也沒有太高的聲望，卻在某些決策過程中產生很大的影響力。此法可以找出一些實際操縱或操作社區事務的人，但必須從決策過程上去了解。如果沒有觀察的機會，很不易把這類人物找出來。

事實上，這三種研究社區權力的方法，往往是併用，有時需從職位上去尋求權力線索，有時則從聲望或決策上去找，完全視實際情況而定。我們在做四個社區的比較時，多半是幾種方法同時使用 (Hunter 1953: 60-113)❹，這可以減少偏失的錯誤。

---

❹　Hunter 的方法用在領導人的選擇上很有效，但一般居民不能適應。

　　利用這些方法做基礎，大致可以把社區中的領導羣分成好幾類，從最無足輕重的領導人到最重要的領導人，可以大別爲若干級，例如：

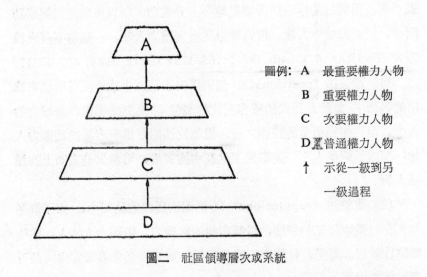

圖例：　A　最重要權力人物

　　　　　B　重要權力人物

　　　　　C　次要權力人物

　　　　　D　普通權力人物

　　　　　↑　示從一級到另

　　　　　　　一級過程

圖二　社區領導層次或系統

　　依照這個梯形圖，我們可以首先把所有社區中的權力人物或領導人，不加鑑別的找出來，歸納如D的層次。旣然權力人物盡於此，下一步就好辦得多。把D層的人物分爲比較重要和比較不重要兩類，讓前一部份升入C層，視作次要權力人物。用同樣辦法分析C層和B層。最後獲得A層，最重要權力人物。A層的人物通常都較少，一人或二人，最多也不過三、五人。例如，在D層的人物是 30 人；經過上述辦法比較，C層得 15 人；再比較，B層得 6 人；最後，A層得 2 人。這可能就是一種黨派型權力結構。至於以什麼要件作爲重要的指標，就不能一槪而論；那要看社區的性質而定。以我們的研究對象來說，宗教羣體在甲、乙二社區很重要，可以作爲衡量權力大小之

用；在丁社區就完全不重要了。

二　社區特質與組織

我們都知道，人類最大的本領是改變或改造環境，但是，也往往受到環境的影響。最明顯的是，農業社會中人的行為不同於工業社會；城市又不同於鄉村。所以，我們在討論權力人物之先，必須了解他們所生活的社會背景和生態環境。

甲社區——郊區

這是一個距離臺北不遠的郊區，距離淡水也很近。從前，對淡水的依賴性很大；自市公車通行後，才更為依賴臺北。由於位於淡水河邊，也許在明鄭時代即已開墾；但至遲在康熙五、六十年間（1710-20），該地已有居民❺，當是事實。

這個村子一直以經營農、漁為主要生活方式，二百多年來動動不大。可是，由於臺北地區工業化的結果，使這個小村落也起了很大的變化，特別在生態體系方面。因為淡水河的污染，漁獲量已非常少，漁業幾近結束；農業因海水倒灌，常致歉收；相反，工人及生意人卻多起來了。以民國 61 年所做職業抽樣調查為例（文崇一等，民 64：122），246 個樣本中（男 176，女 70），白領占 6.5％，買賣 23.2％，藍領 44.7％，農漁22.4％。這個趨勢表示，從事農漁業者僅得 1/5；工人比它多了一倍。這就是工業環境所產生的結果。另一重要結果是，土地已不算最重要資產。

這個村落號稱以林、黃、陳三姓最大，但不獨三姓來源各有不

---

❺　藍鼎元在其《東征集》中曾提到這一地區（約在康熙 60 年）。見《臺灣文獻叢刊》第 12 種，頁 25-26。

同，其他雜姓更多。故宗族關係不是很嚴謹，除了婚姻、喪葬外，同姓間或同族間來往甚少。結拜兄弟會倒不少，其中有一個會的兄弟掌握了社區權力。

宗教活動相當頻繁，不僅有三個超社區的大廟，而且有許多種大小不一的祭祀，似乎長年都在祭拜之中。那個媽祖廟，好像有川流不息的人在燒香。

跟許多別的村里一樣，社區組織非常鬆懈，社團組織卻不少，最重要的是三個宗教董事會和一個結拜兄弟會（即神明會），還有許多其他特定的社羣或興趣團體。在男人的社交生活上，顯得相當生動。最重要的還是政治上的競爭性，競爭的焦點在里長和鎮民代表兩個職位；其次便是媽祖廟的董事職務。這兩個職務在本村都受到重視，同時，它所涉及的人際關係不僅在社區中，還在社區外。可以這樣說，具有影響力的人想取得這種職位；取得以後，又可以增加個人的影響力。

這個社區，無論在生態環境或社會關係，均在逐漸擺脫原來的農村形態，而邁向都市化；不過，那也尚在都市化過程中，並未形成一個郊區副都市。

乙社區──都市區

這個社區的開發時間，大抵與甲社區相近，也許還早些。道光咸豐年間（1820-60）是它的全盛期，當時是北部對外貿易的重鎮，也是政治與軍事中心。後來由於其他地區日漸發展，這個昔日繁華的都市便日益衰落，最後幾乎成為大都市中的落後地區。說起來真有點使人有「舊時王謝」的嘆息。

雖然現在沒落為邊緣都市，卻自始至終是一個人口密集的生意場所。當年盛時，以船頭行（遠洋及近海船行）、金紙店最多，顯示

爲金融中心；如今以印刷廠最多，顯示爲落後地區（黃順二，民 64: 9, 11）。不過，由於都市發展觀念的改變，將來經過都市更新後，這個地區也許會恢復昔日的某些光榮傳統。

這個都市的居民雖然很多，卻只有三大姓。早期，主要的經濟、政治、宗教、社會活動，都操在這三姓手中，或是輪流包辦。其中以黃、吳二姓勢力較大，政治勢力則以吳姓參與較多。每一個族在這裏都有些活動，但以黃姓較嚴密，且有幾個大的祭祀組織。同族間的酬酢，似乎相當淡薄，究竟是一個都市社區。神明會不少，多半都維持了長久的時間，有些還是採取繼承的辦法。

宗教活動尤其多，有不少大大小小的廟，其中有幾個是大陸分靈來的。每年有幾次大祭典，全在該地大廟龍山寺舉行。這裏已經成爲觀光客拍照留念之地。想不到都市沒落，人的生意清淡了，神的生意倒興隆起來。

社團的多樣性比其他各地都複雜，而且多，許多權力人物都同時參加好些重要羣體，無論是工作性的還是社會性的。早期，權力人物在政治上的衝突相當大；後期則着重經濟的競爭，目前仍然如此。從前，由於族與族間的利益不平衡，常有衝突；現在，這種情形很少，卻也減低了內部結構的一致性。因爲不屬於三姓的居民越來越多，而許多在這裏發跡的大戶，有影響力的人，搬遷出去了。這種情況是世界性的都市化現象；原來的中心區沒落，漸變爲貧民窟；富人搬到郊外。

丙社區——農村區

這個地區的開發可能較晚，大約始於清嘉慶年間（1796-1820），比起甲、乙二區，幾乎晚了 100 年。原來這是一個因灌溉而發展的純農業區；十九世紀中葉（同治光緒年間）開始煉製樟腦，又擴大茶葉

的種植，二者遂成爲重要產地；日據時期開始挖煤礦，又成爲主要礦區；現在，又有些工廠在這裏及附近開工了。

早期，與外界交通頗不便，不僅與市鎮往來少，與別村的往來也不多。後來，開道路，通汽車，對外關係就好得多。到民國 46 年才有電燈，才可以用電設置自來水廠。這種開發過程，比起來還是相當緩慢。

根據戶籍資料，日據時期的大正 7 年(1918)，農業人口占95%。其後，農業有逐漸降低，非農業有逐漸提高的趨勢，例如，民國 40，50，60，61 四年，業農者分別的百分比爲 53.65，51.34，48.71，42.23；非農業的百分比分別爲 37.33，48.41，46.52❻，52.17。再以工礦爲例，40 年占 14.85%，50 年占 15.01%，45 年只有 9.57%，可見歷年很少變動，人數也不多。不過，這個農村，無論如何，也慢慢以非農業人員占多數了。

這個農村的族姓組織比較特別，可能一開始就沒有什麼堅強的宗族關係，所以採用聯姓的辦法。所謂聯姓，就是把幾個不同的姓聯合爲一個團體，並非另用一姓。這些聯姓，有的有歷史淵源，如張、廖；有的沒有，只以戶數多少爲準，如曾、楊；林姓在村中最多（114戶），故不聯姓。總共十姓，最後一個叫雜姓，多爲一戶一姓，有 83戶。事實上，如林、李，同姓的較多，仍爲來自不同地區。他們間，不管同姓或聯姓，連團體的意識都非常淡，更不用說家族觀念。

十個聯姓，與其說是姓，不如說是宗教團體來得較爲貼切。聯姓每姓每年選一頭人，這個頭人就是處理當年的公共事務，主要是宗教的活動。宗教組織以媽祖廟爲中心，還有許多土地公會，和其他神

---

❻ 民國 60 年鎮公所職業分類方法略有改變，故數字有出入。

明會，但都缺乏影響力；虔誠有餘，權力不足。也有兩三個小型祖祠，形式雖在，實質已無。如果比較一下，宗族活動遠不如宗教活動為重要。幾個較有影響力的團體，均屬工作性質，即使較重要的宗教團體，也是如此。社團組織都比較單純，權力衝突少到極點；即使選舉時有一些派系糾紛，過後也就平靜了。這可能是農村社會的獨特之處。

這個農村中的工廠有越來越多的趨勢，為了讓主婦上工廠賺錢，男人不得不兼管家務。這違反了農村傳統行為規範，男女性卻都接受了。這是否意味着，長此下去，對可能形成兩性角色之某些轉換？那便是一種相當重大的改變。

丁社區——工業化農村區

這個社區距丙村甚近，原為一市鎮邊緣之農業區。大約開拓於清乾隆年間（1730 年代），比丙區要早些，這是可以理解的，因為丙區接近大溪山中，而此處近市鎮。原來除了幾家雜貨店外，幾乎全為農人。民國 53 年設立工業區，58 年又擴大範圍。一條長街就因工業發展的需要逐步完成。那些地方，原來都是田野。工業區與商店對這個農村生態體系和經濟的影響是很大的，它把本來的農耕地帶切成三部分，工廠，商店和農家。三部分在某種程度上屬於三個體系，彼此溝通不多；生活上的互賴程度卻相當高。工廠需要工人，農家賺工資，商店提供消費市場。

這個工業化農村，傳統上以六個姓為主，即吳、游、呂、劉、黃、徐，除黃姓人口較多外，其餘各姓大致相若。僅徐姓有祖厝，現在也賣掉了。這些姓氏，不僅族內相處甚佳，常通有無；族與族間也處得相當不錯，甚少衝突。世居該地的六姓，除了事務上的往來，與工業區及商店街幾乎不通聞問。可見該村的世居與非世居居民間的關

係十分冷淡。在總數 1,065 戶中，非世居戶郤占了 735 戶，爲世居戶 (330) 的兩倍多。人際關係的變遷極爲明顯。

早期的宗教信仰和行爲依附於市鎮或別處，本地沒有大廟，只有幾個土地公廟。現有的宗教活動，也以這類較多，顯不出什麼重要性。以四個社區來說，這裏的宗教行動最爲平淡，一點都看不出居民對宗教的狂熱情緒。已經有的幾個神明會，也是冷冷清清，只有一個五穀神明會還略具規模。這是相當出人意外的事。

一些別的羣體也沒什麼影響力，個人權力的大小，與參不參加羣體，或參加羣體的多少，幾乎沒有關係，端視是不是在村長或鄉民代表的位子上。羣體不重要，找不出象徵權力的對象；上述兩個重要職位又像是各族輪流擔任。這就不容易引起衝突了，如果不是藉族間平衡去維持的話。

工業化對這個原來屬於農村的社區組織，並沒有產生太大的衝擊，仍舊維持了原有的均衡，雖然價值和規範變了不少。

上述四類社區，甲郊區，乙都市區，丙農村區，丁工業化農村區，有它的共通性，也有它的特質。屬於共通性的，如居住在大漢溪流域，18 世紀初年即已開拓（丙區較晚），使用泉州官話（閩南語），閩南移民，以佛道爲主的民間信仰，等等。特殊之處，則不易描述。我們可以先讀下述表二，作爲四社區之綜合描述。

就表中各項特徵來看，在變遷的過程中，生態環境雖對人類的活動產生不少限制，如都市區與非都市區，受教育的機會，就業環境，休閑方式等，都不完全相同；但一些主要變遷的趨向，似乎並沒有太明顯的差異，最少在方向上是相當一致的，如謀生方式的工業在增加，宗族關係在減弱，教育程度在提高，宗教信仰沒有什麼改變。這表示，現代文化所給予不同地區，如郊區、都市、農村、工業化農

表二　四社區特徵

項　目	甲郊區	乙都市區	丙農村區	丁工業化農村區
(1)主要謀生方式	農業為主，漁為副；後期以工為主。	商業	農業為主，礦為副；後期農與非農相等。	農業；後期農、工、商約相等。
(2)開拓時間	康熙	康熙	嘉慶	乾隆
(3)移　民	閩南	閩南	閩南	閩南
(4)宗族組織	林、黃、陳三大姓，但族內、族間組織鬆懈。	黃、吳、林三大姓，組織較強，但已式微。	聯姓，宗族組織極弱，但林姓人口較多。	吳、游、呂、劉、黃、徐六大姓，族內、族間關係和諧。
(5)每戶平均人口	6.31（實際平均數）	7.17（樣本平均數）	7.07（實際平均數）	5.42（實際平均數）*
(6)職業(%)	農22.4，工44.7，商23.2(61年)	工25.7，白領23.1，商49.3(61年)	農42.2，工41.6，商3.6(61年)	工22,商12,服務11,農1.5,無業41(63年)
(7)教育程度	初中以上29.12%（實數）	初中以上54.07%（樣本數）	初中以上15.00%（樣本數）	初中以上28.75%（樣本數）
(8)宗教信仰	全部為民間信仰，宗教活動頻繁。	民間信仰91.39%,宗教活動頻繁。	全部為民間信仰，宗教活動不太多。	全部為民間信仰，宗教活動不太多。

* 受了商業區影響，農家要高於此一平均數。

村，的影響力有相當程度的一致性，僅管每個地區所產生變異的多寡並不相同。這就是說，變遷的程度可能有差異，變遷的方向大抵一致。

我們可以用幾個普遍的例子來說明這一趨勢，比如從家庭態度量表來看各地區間年齡上的差異❼。

表三 乙、丙、丁社區年齡與家庭觀念

地區及總樣本	年齡組	分樣本	平均數	標準差	自由度 1	自由度 2	F 檢定
乙　231	低	103	17.05	2.03	2	228	18.86**
	中	61	18.60	2.28			
	高	67	18.91	2.09			
丙　196	低	65	16.15	3.22	2	193	6.47**
	中	58	17.41	2.67			
	高	73	17.67	1.80			
丁　231	低	77	17.07	3.19	2	228	12.87**
	中	74	19.12	3.37			
	高	80	19.47	2.94			

** $p < .01$ （低 15–30 歲，中 31–45 歲，高 46+）

表中各組，低齡平均數較低，高齡均較高；各組標準差相當接近；樣本雖不完全相同，相差亦極少；顯著水準達到 .01。

圖三很明顯的顯示，所有低齡組平均數均低，中齡組漸高，高齡組最高。量表設計採用兩極的辦法，低分表示越接近現代方向，高

---

❼ 家庭量表共 5 題：父母應該有權管理家人的事；除了家人以外，沒有人更能了解我；一個人有了困難的時候，還是找親戚來幫忙比較可靠；父親是一家之主，家裏的事都應該由他來決定；在家千日好，出外一時難。每題均經過項目分析，信度檢定，各地區題目完全相同。甲地因樣本計算有錯誤，此處及以下各問題，均以三地區（乙、丙、丁）作比較。電算曾得謝英雄先生幫忙，謹致感謝。

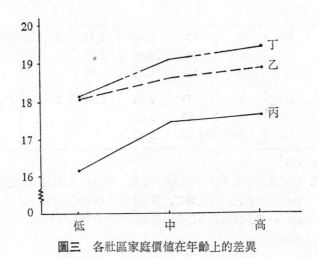

圖三　各社區家庭價值在年齡上的差異

分表示越接近傳統方向，低高之間是一種連續性的現象（以下各例同此）。這種現象，我們可以說，各地區現代化表現在年齡上的結果是一致的。也卽是，如果將來不隨着年齡改變的話，家族主義在這些地區會越來越減弱，這不但與我們上述所觀察到的現象一致，而且合乎工業環境的生活條件。我們在表二中也提出來，家庭價值在丁村較強烈，丙村最弱，乙村在二者之間而較近丁村。圖三的年齡分配正表現此一趨勢。兩者完全吻合。

我們再來看看經濟上的情形。

表四　乙、丙、丁社區年齡與經濟價值

地區及總樣本		年齡組	分樣本	平均數	標準差	自由度		F 檢定
						1	2	
乙	231	低	103	8.15	1.95	2	228	41.39**
		中	61	10.33	2.08			
		高	67	10.70	2.04			

丙	196	低	65	8.40	2.40	2	193	33.03**
		中	58	10.67	2.37			
		高	73	11.38	1.89			
丁	231	低	77	8.03	2.89	2	228	24.35**
		中		9.83	3.23			
		高		11.28	2.62			

** p＜.01

說明：經濟價值包含 5 題，即：賣掉祖產，我怕別人會笑；投資太冒險，
　　　我不願意嘗試；自己開店，總比與別人合股經營好；旅行是一種浪
　　　費；一個人財富大小是命中註定的（檢定過程與上同，傳統和現代
　　　意義亦同）。

　　從表四來看，也可能有與家庭價值差不多相同或相似的結果。我
們先看下圖。

　　經濟價值上所受到的影響與上述家庭價值一致，年輕人的經濟價

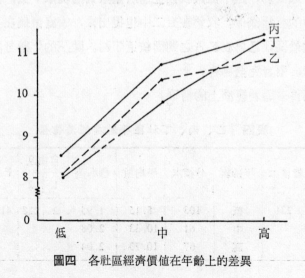

圖四　各社區經濟價值在年齡上的差異

值觀念比較現代化，年老的比較接近傳統。其中有個很大的不同，便是：三地區中，丙是農業區，經濟價值最傳統；乙爲商業區，在丙丁之間；丁爲工業化農業區，最現代化，但其高齡組比乙區傳統。這是可以解釋的，因爲丁地原爲農村，這些老年人可能還保有原來的想法，不像低、中齡組已改變很多。

現在可以進一步來看看三個地區（乙、丙、丁；甲區資料不全）在六種價值或態度的分佈狀況。表五是以各地區樣本得分之平均數爲原計算標準。

表五　地區別價值量表之平均數與標準差

價　值	地區及樣本	平均數	標準差	自由度 1	自由度 2	F 檢定
1. 宗　教	乙 231	16.44	3.84	2	655	22.4**
	丙 196	18.89	3.41			
	丁 231	17.85	4.07			
2. 家　庭	乙	18.00	2.27	2	655	14.74**
	丙	17.09	2.67			
	丁	18.56	3.33			
3. 經　濟	乙	9.49	2.34	2	655	3.37*
	丙	10.18	2.55			
	丁	9.74	3.20			
4. 成　就	乙	14.01	2.50	2	655	25.41**
	丙	15.28	2.11			
	丁	15.57	2.72			
5. 政　治	乙	11.37	3.33	2	655	10.73**
	丙	12.68	2.16			
	丁	12.54	3.93			

6. 道　德	乙	17.89	3.12	2	655	7.31**
	丙	18.83	2.61			
	丁	18.87	3.34			

* p<.05　　** p<.01

　　表五之各類價值，經檢定，均達 .01 或 .05 顯著水準；各平均數值，經以最小標準差（LSD）檢定，除一、二數值外，亦均達 .05 或 .01 顯著水準，表示這些平均數具有實質上的差異。表五可以繪成下圖。

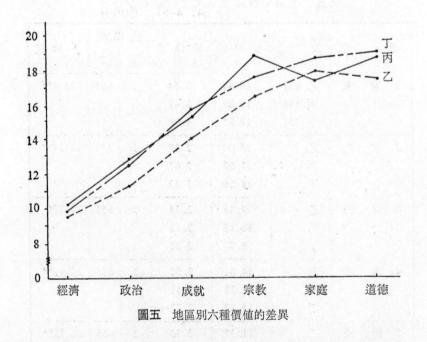

圖五　地區別六種價值的差異

　　上圖的結果，沒有把性別和年齡因素分開，是以樣本總人數為觀察六種價值不同地區的分佈狀況。乙社區除家庭略高於丙社區外，

其餘五種價值均最低；丙社區之成就、家庭、道德三種價值低於丁社區，其餘三種價值則高於丁社區。丙社區的家庭價值特別低，可能由於宗族組織鬆懈的緣故，因爲該社區只有聯姓的宗族組織，沒有像乙、丁二地區的固定宗族團體，所以丙社區宗教價值最高，而家庭最低。換句話說，乙爲一類型，較接近現代；丙、丁爲另一類型，較接近傳統。這跟上述社區特徵的討論內容也一致。以家庭價值言，訪問觀察資料也顯示，丁強於乙，乙強於丙（如圖三）；以宗教價值言，丁弱於丙是對的，強於乙就難解釋。

　　當與民東社區做比較時，我們也發現，民東地區居民的現代性比西河和萬華高（瞿海源文崇一，民 64：4-5），即得分較低。這種現象，我們也可以說，出在人本身。可是，人都是經過幾個社會化階段塑造而成，社區和大社會只是其中之一，也就是所謂受到環境的影響。

　　權力人物，尤其是創新的權力人物，一方面受到環境的挑戰，必須安排原來的人際關係和權力分配，以解決社會行動所產生的問題，或社會問題；另方面必須面對問題，以創造新的環境，重新安排人際關係和權力分配。從工業化的角度來看，在西方社會，只需調整某些相關因素，就可以使原有的社會秩序，獲得妥善的安排，因爲工業是在這個社會中蛻變而成；對非西方社會，就沒有這樣容易，那等於是工業上的某些創新份子，突然建造了一個新的環境，讓許多人在裏面活動，裏面的人，甚至該怎麼生活都搞不清楚。這時候，權力份子就扮演了重要的角色；正如在一個社區中，不管環境受到如何的影響，如何變遷，社區權力人物，特別是創新的權力人物，必然先接受這些挑戰，然後想法子應付它。因而，在變遷中的社會，我們來分析權力人物的行動，本身就是一種很重要的工作。

三 權力人物與權力結構

從前面的討論，我們了解，不管是一般人或是權力人物，多少會受到環境、制度和他人的影響；人的行為幾乎完全是一種互動關係，互相影響。因而，一般人和領導人之間的某些基本行為方式是可以看得出來的， 或預測的 。由於每個社區的社會組織和現代化或工業化或都市化的程度不同，領導人或權力人物對社區所發生的功用也就不同，社區的反應便尤其不同。

那麼，如何把權力人物找出來呢？我們依照前述幾種方法，如職位法，聲望法，決策法，把所有社區中有影響力（Clark 1971: 26-35❽；Mott 1970a: 3-15）或權力的人都找出來，然後分層歸類，落入最上一層（圖二）的幾人或一人，便是最大的權力人物。這些權力人物到那裏去找呢？最容易發現的地方是：(1) 社團，如家族中的族長、廟裏董事或董事長，俱樂部理事或總幹事；(2) 小團體，如神明會的領導人、兄弟會的頭子；(3) 正式組織，如農會理事或總幹事、村里長、鄉鎮民代表、議員；(4) 社區，如幕後決策人、意見領袖。以一個社區而論，大槪從這四方面即可以物色到所有需要的人選。有時因一時的疏忽，也許會漏掉一、二人，但決不會把最重要的漏掉。

隱藏在那些社團、小團體……中呢？這就要從上述的方式，了解社區特質和社區組織做起。這些包括社區在內的團體，大致不外下列幾種性質之一：經濟的、政治的、宗教的、情感的、社交的、血緣的、地緣的……之類。

---

❽ Clark 提出了 15 種權力概念。

這幾重關係，可建構下圖形式：

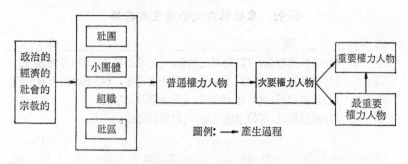

圖六　權力人物來源

從上述的方式，我們很容易就把社區人物一級一級的過濾出來，而得到最後的結果——找到最重要權力人物。在已經做過研究的四個社區中，除了少部份用過問卷，絕大部分都是依據這種過程去發掘權力人物。

依照上述的過程，我們在每個社區中所獲得的權力人物，每層有不同的人數。依圖二的系統，繪表如下。

表六　四社區每層的權力人物人數（單位：人）

社　區　別	普通權力人物	次要權力人物	重要權力人物	最重要權力人物
甲	39	12	8	3
乙*	55	29	9	2
丙	58	17	13	4
丁	30	14	9	4

　　＊ 該區範圍較大，故權力人物較著名，權力亦較大。

在每一個社區必須花許多時間，把這些人物分別找出來，再依照某些重要指標來決定每個權力人物的重要性或重要程度。指標依社區

性質而改變，沒有固定的標準。四個社區的指標各有不同，如下表。

表七　象徵權力大小的重要指標

社區別	指　　　　　　　　　　　　　　　　　　　標
甲	(1)宗教董事會，(2)結拜兄弟會，(3)政治職位，(4)經濟地位。
乙	(1)宗教董事會，(2)俱樂部，(3)族姓理事，(4)金融與企業地位。
丙	(1)政治職位，(2)經濟地位，(3)重要社區事務。
丁	(1)政治職位，(2)宗教代表，(3)經濟地位。

我們很容易就可以看得出來，指標明示兩個模式：甲、乙為一種，比較複雜，宗教與經濟權具有重要性；丙、丁為一模式，比較單純，政治與經濟權具有重要性。四個地區全可用的指標只有「經濟」。可見經濟權的重要程度了，這也與美國早期的社區權力現象相似[9]。

確定了權力人物的重要程度，我們就可以進一步來分析權力人物本身及權力結構間諸問題了。從各個社區來說，「重要權力人物」(top leaders) 和「最重要權力人物」(key leaders) 之間，往往具有某種程度的依存關係，即是，每一個最重要人物手裏，總會握有一個或幾個重要人物。所以，以下的分析，均以最重要權力人物為對象，這樣比較易於討論和分析。

我們將分四個重點來分析：（一）權力人物的權力來源；（二）權力人物和社會關係；（三）權力人物與創新；（四）權力人物和權力結構。

（一）權力人物的權力來源

---

[9] 許多美國早期的研究中發現，例如 1944-1954，對社區的影響力，政治經濟有減弱的趨勢，制度與組織有增加的趨勢。

權力來源係指權力人物如何取得權力，或者說，憑藉什麼條件在社區中發生影響。例如，有的因優越的政治地位，有的因特殊的經濟成就，有的也許因爲參加了重要的宗教團體，諸如此類。下面這個表（表八）是根據許多資料簡化而成，從表列各項，我們可以看出與權力有關的種種事實。

表八　權力來源相關資料（最重要權力人物）

社　區	權力人物總數	經濟成就		政治職位		社會地位		宗教事務關係		重要羣體		教　育	
		高	低	高	低	高	低	高	低	現代	傳統	初中	小學
甲	3	2	1	2	1	2	1	3	0	0	×	0	3
乙	2	2	0	1	1	2	0	2	0	×	×	0	2
丙	4	3	1	3	1	3	1	0	3	0	×	1	3
丁	4	4	0	3	1	4	0	0	4	0	×	0	4

表八中的最重要權力人物的權力與經濟成就，政治職位，社會地位，都有很高的相關，即多數權力人物具有較高的經濟、政治、社會地位；權力人物差不多均參與重要傳統羣體，而非現代性羣體；絕大多數均屬小學的教育程度；甲、乙二社區與宗教有關，丙、丁則無關。這些人的經濟和政治條件雖無法比較，從社區來說，他們都是社區中經濟情況較好，政治地位較高的人。如甲、丙、丁的村里長和鄉鎮民代表；乙、丙的市、縣議員；只有乙區中的一人，權力大，地位高，政治經驗不太多。

最重要的因素還是政治地位和經濟成就。分別就社區而言，甲、乙二地，尤其是乙地，經濟比政治重要得多，可能係商業行爲較多，都市化程度較深的緣故；丙、丁二地則政治比經濟重要，誰獲得政治

職位，誰就可以很快取得社區發言權，反之，就立即失掉發言權。

權力與上代有沒有關係呢？也即是，他們的權力是自己的成就所得，還是靠承襲而來？就我們的資料顯示，甲社區三人中雖有兩人的父親有過政治職位，但沒有承襲關係，甚至毫不相干；乙社區二人中有一人確係承襲父親的經濟和政治權力和地位，另一人則完全靠自己；丙、丁二地的權力人物與上代無關，都是自己創造出來的。

有的地方，如乙、丁二地，權力與家族有些關係，在乙地，吳姓長久以來就掌握地方權力，現在還是吳姓；在丁地，有四姓（共六族）輪流掌地方權之勢，近年來則完全落在劉、黃二姓手中。甲、丙二地不受宗族的影響。這可能因地方家族勢力之盛衰而定。

現在我們可以看得出來，因地區的不同，權力人物的權力來源也不同。不過，其中有些問題，我們還不敢肯定，例如，經濟、政治、社會間的互動情況如何？經濟影響社會，還是社會地位影響政治職位？這都有待進一步的驗證。

從上述分析，我們可以得到影響權力的一些因素，因其重要程度而排列一順序。

(1) 影響甲地權力人物的因素：①經濟成就，②政治地位，③宗教事務，④重要羣體。

(2) 影響乙地權力人物的因素：①經濟成就，②宗教羣體，③社會聲望，④家族與政治地位。

(3) 影響丙地權力人物的因素：①政治職位，②經濟成就，③宗族（以聯姓模擬）。

(4) 影響丁地權力人物的因素：①政治職位，②經濟成就，③家族。

這些都是屬於積極方面的因素，由此可以了解，分析權力來源不

是件容易的事，其間也許還牽涉到，選舉時用過的不當手段，謀取政治職位，或經濟上的巧取豪奪。

（二）權力人物與社會關係

從中國文化的大傳統來說，各地區的一致性應該相當高，甚至完全相同，如同姓不婚、父慈子孝之類；但從異質性着眼，差異還是存在，如某些風俗，城市不同於鄉村，南部不同於北部。以我們所研究的四個社區為例，各社區所強調的活動就有很大差別，如：甲社區原來以農漁業為主，宗教活動非常忙碌；乙社區為商業區，宗族與宗教活動都很多，並且牽涉的範圍比較大；丙地從事農礦業，宗族關係冷淡，一般的姻親關係多些；丁地原為農業，後來又有個工業區，傳統的宗族和姻親關係很深，對生人也不感到太陌生。

一般說來，權力人物的超社區關係比較多，但還是從社區環境中塑造出來的。他們一方面受到傳統文化的影響，另方面又受到較強烈的現代文化的影響。表現在行動上，既是宗教或宗族羣體中的重要角色，又在經濟或政治範疇中占重要地位。幾乎在文化的傳承上，多具有雙重身份。從領導系統而言，這些人多半都了解羣眾的想法，做法，以及需求；反過來，羣眾也了解權力人物的動向，好人或壞人。雙方的溝通大致沒有問題，通道也不少，除了像乙社區那種大的商業活動區域，領導份子不易與羣眾接觸外，其他各地（甲、丙、丁），領導人與羣眾之間，幾乎隨時可以討論問題。在這種情況下，權力人物就必須具有高度的順從感，順從現有的風俗、價值、規範，否則，就不易獲得羣眾的支持，無論是選舉或政策上的支持。通常，我們在報紙或電視上可以看到議員或村里長在神前領導遊行，有時也是不得已的事，他不能不順從羣眾的嗜好。為了與羣眾保持良好關係，或取

得羣眾的信任，權力人物在行爲上就必須特別小心。現在我們來看看四個社區的權力人物，在社會關係上所表現的特質是些什麼。

表九　最重要權力人物的社會關係特質

社區	權力人物總數	年　齡	上代政治職位		個人職業		品　　德			辦事能力		
			有	無	政治職務*	商業	好	中	壞	好	中	壞
甲	3	38–56	2	1	2	1	2	1	0	2	1	0
乙	2	60–75	1	1	1	1	1	1	0	2	0	0
丙	4	32–45	1	3	1	3	3	1	0	3	1	0
丁	4	40–48	0	4	2	2	2	2	0	4	0	0

* 本來的行業是經商，政治職務實際只能算兼業；丙村有一人務農。

　　一個人要想在社區事務上取得發言權，總得到 30 歲左右，看來最合適的年齡是 35～50 歲之間。上一代有沒有擔任政治職務，似乎在都市社區偏向於需要，鄉村社區則可以不必，而不是必要條件。商業對個人是否有權力，關係很大，因爲在十三人中，除一人業農外，其餘都是做大生意或小生意，經營大企業者，以乙村二人爲最。品德和辦事能力，跟我們所預期的接近，多半屬於好的一面，壞的可以說沒有。不過，這是程度問題，並且是相對的。有些權力人物可能把某些不良品性隱藏起來了，那也是沒有辦法的事，除非有一天被發現。

　　從這些特質上，我們很難看出權力人物究竟是屬於傳統的，還是現代的類型，因爲像「辦事能力」，「品德」，「政治職位」，這一類的特質，任何時代或地區的領導人都必須具備。不過，有兩點可能有別於傳統社會：其一是權力人物的商業性或經濟性占了很大的份量；其二是地方政治職位具有很大影響，甚至決定性的影響。這可能還有臺灣特殊環境的歷史淵源，不是傳統或現代的問題。

（三）權力人物與創新

　　如上表八及表九所示各項，我們知道，當前各社區的權力人物，其權力不僅與經濟或政治有密切關係，與品德或辦事能力也有密切關係。這種關係，究竟是來自個人的努力與成就，還是承襲上代？如果多數權力人物的權力，得之於父祖，那可能是偏向於傳統性的社會。傳統農業社會對職業的選擇性非常有限，通常，世代間的職業流動甚少。工商業社會就不然，不但世代間職業變動大，個人職位上的流動也相當大。

　　我們從一些可以利用的資料中，發現四個社區中，上下兩代間的權力均受到政治和經濟的影響很大；其中有些不同的是，上代有的靠政治，有的靠經濟；下代則多半同時強調政治和經濟。如下表。

表十　上下兩代間的權力特質差異

社　　　區	第　　一　　代			第　　二　　代		
	權力人物總數	政治地位	經濟地位	權力人物總數	政治地位*	經濟地位
甲	6	3	3	3	2	1
乙	12	7	5	2	1	1
丙	5	3	2	4	3	1
丁	10	4	6	4	3	1

* 本欄各權力人物，因政治地位而受到尊重，但也依賴他們自己的經濟成就，此與第一代稍有不同。

　　看樣子，政治和經濟一直是這些地區所重視的權力泉源，雖然兩代間有某種程度的分別。

　　我們檢查第二代權力人物，甲地三人，二人的政治和經濟事業由

自己所創造，一人的經濟繼承父親，政治為自己所創；乙地二人，有自己所創的政治、經濟事業；丙地四人，均有自己所創的政治事業，但祇有二人有自己創新的經濟成就，二人屬承襲上代；丁地四人，有屬於自己的政治事業者二人，另二人尚無，有自己經濟成就者三人，另一人無。我們現在可以了解，這些權力人物，大多數都有創新的性格。以甲地為例，林某（PE2）在村中至少首先採用三種東西：耕耘機、電視、飼養肉羊；陳某（PE1）則率先養鰻魚，市場遠至臺南、宜蘭等地。乙地吳某（PE4）創辦金融企業；西某（PE5）與日本人合作，創辦食品企業。完全繼承上代事業，沒有獨自創新的權力人物，實在少之又少。從下表也可以看得出來。

表十一 權力人物的創新事業

社區	權力人物總數	個別權力人物	曾任或現任公職	個人的事業		參加重要羣體		所屬次級領導人
				獨創	繼承	宗教的	非宗教的	
甲	3	PE1陳	鎮民代表,里長	×		×	×	5
		PE2林	無	×		×	×	1
		PE3黃	里長		×	×	×	3
乙	2	PE4吳	區長，議員	×		×	×	14
		PE5西	議員	×		×	×	13
丙	4	PE6達	議員，總幹事	×			×	6
		PE7東	里長，鎮民代表		×	×	×	0
		PE8庚	里長	×			×	3
		PE9湯	里長		×	×	×	2
丁	4	PE10地	村長		×	×		權力分散
		PE11傳	鄉民代表	×		×		權力分散
		PE12運	無	×		×		權力分散
		PE13標	無	×			×	權力分散

　　十三個權力人物中，未嘗擔任公職者僅三人，這些政治職位又均由選舉而獲得，可見權力本身來自政治性者甚多；無創新性事業者僅四人（即四人的事業承襲上代），可見權力本身與創新性格有高度關係；參與重要羣體分兩種類型，甲、乙二地，宗教與非宗教同時存在，丙、丁則各偏重一端，宗教的或非宗教的；所屬次級領導人，僅丁地不明顯，其他各地均有。

　　事實上，這些人物的政治和經濟事業，差不多全由自己所獨創而成，這就需要付出努力、毅力與智慧。最重要的還是那份冒險與創新的精神，如競選地方政治職務，試辦一些新的事務。不過，對於這方面的了解，我們也不可忽略一些大社會和時間因素。例如，競選地方公職乃為實行民主政治的必然產物，從事新事業乃因近年社會工商業發達所導致。我們要特別注意的是，為什麼權力份子不屬於那些不擔任公職，不創新的人物？這就是問題的焦點，在一個變遷中的社會，成就總是屬於那些能適應變遷環境，能把握變遷有利機會的人。因而，通常都很難把權力人物和創新份子劃分開來，在社會變遷的過程中，特別是在高度工業化階段。對於個人來說，為了達到某種目的，社會價值所承認的目的，創新者不過改變某些定型的手段而已（Merton 1968: 194-203），卻能有較大的成就或成就感。例如甲地的 PE1 陳，為了賺更多的錢，就放棄種田，而去海邊收購鰻苗；贏虧之間，雖然以萬計，最後他還是擴大了事業的領域。

（四）權力人物和權力結構類型

　　在前面幾節裏，我們對權力人物的環境、特質、政治地位、經濟成就，以及塑造過程等（Presthus 1964: 204-238），已有相當程度的了解。現在我們知道，構成「權力」的因素相當複雜（Lasswell &

Kaplan 1950: 70⑩；Parsons 1967: 225⑪；Mott 1970a: 4-14；Mills 1956)，它不僅包括明顯的，也包括潛在的，社區權力尤其如此，因爲許多因權力而產生的過程和結果是看不見的。所以，「權力，就是達成個人或集團目標的力量，不管是運用說服力，影響力，還是權威。」(Bachrach & Baratz 1963: 316-317; Clark⑫ 1971: 57-64)。從強制力的大小而論權力，則權威最具強制性，因爲它有強烈的制度化規範作後盾，是一種所謂合法性權力，不管被命令者願意或不願意，都得去做，這一點很有些像 Dahl 的意思 (1957: 201-205)⑬；影響力就沒有那麼主動，必須看接受影響的人願意到什麼程度，可能完全接受，也可能只接受一點點；說服力的程度就更難衡量，被說服的人也許會聽你的，但也許拒絕。所以，權威的強制力最大，影響次之，說服最小。

社會學者在考慮權力問題時，多半是以達成目標的總量來計算，並不一定量化它的大小，除非我們有此必要。例如，甲地的 PE1 陳，當我們需了解他的權力時，通常有兩個辦法：一個是找出所有指標，一項一項去測量他所產生的權力有多少；一個是找出一種指標，如建自來水廠，看他如何利用權力去完成。社會學者在衡量權力的大小時，多半把這些力量統統加起來；所謂權力人物，就是指具有一種或多種這樣的權力。

現在我們不難明瞭，影響權力人物的因素，除了上述各種，如社區性質、政治經濟、性格外，還有許多不容易看見的力量，如羣眾的

---

⑩　二氏認爲「權力就是參與決策」。

⑪　Parsons 認爲權力就是「有能力做些事情」。

⑫　Clark 舉出十三種權力觀念和事實，並計算其大小和重要程度。

⑬　Dahl 的權力觀念是：「Ａ有權力使Ｂ去做事，Ｂ不能不做」。

意願、接納程度等。這些因素，實在很難控制，所以，我們分析這類問題，必須特別注意。

當我們分析權力人物時，每個人物就是一個個案，比如，如何從社區崛起？得力於什麼？對什麼產生影響力，或占有什麼職位？一人獨占社區權力，還是與人共享？這些，都是個人因素。可是，發問到最後這個問題，獨占還是共享社區權力？就不完全是個案，而牽涉到別人；即牽涉到權力分配問題，權力大小的比較，以及權力結構類型。

權力結構究竟受到那些因素的影響，也是一個困難問題。權力結構實際就是權力分配的方式，例如，所有的權力都集中在一個人手裏，我們叫他集權；分散在許多人手裏，我們叫他分權，這中間也許還可以分成好幾個等級 (Mott 1970b: 86-90)❹。

對於社區權力結構的分析，美國已經有幾百個實徵研究，許多問題大致都已澄清了。在美國社會文化中所獲得的結果，權力結構一般均分爲四類，即專權型或金字塔型(pyramidal)，黨派型(factional)，聯盟型 (coalitional)，和散漫型 (amorphous)。每一個社會出現的權力分配類型，也許並不如分類這樣理想，有時可能是單一類型，有時又可能是幾種類型並存，這在已經作過實徵研究的社區資料，常常出現。不但美國如此，我個人的研究經驗也如此。

從中國的大傳統來說，我國是一個士紳扮演重要角色的社會，分析的結果，可能多的是聯盟型權力分配；但是，臺灣很早就是一個相當重視商業活動的農業社會，在這方面反而更接近美國的早期社會狀況。依我的研究經驗，起碼相當程度地可以試用這種分類法來分析臺

---

❹ Mott 以權力的集中程度分爲 5 級：完全集權→相當集權→均權→相當
分權→完全分權。

灣社會的社區權力結構。這四種權力類型，可以用下述方式表達。

權力集中↑　1. 專權型: 獨斷的或單一的領導形態。

　　　　　　2. 黨派型: 至少有兩派經常為利益而競爭。

　　　　　　3. 聯盟型: 領導隨問題而變，再作新的聯合。

權力分散↓　4. 散漫型: 沒有持久的領導或權力模式。

　　這種方向，表示向上越集中，向下越分散，每個社區的權力結構類型，可能是其中的一種，也可能幾種共存。這要看社區的性質，權力人物，以及某些特殊狀況而定。我們已經討論過四個社區，究竟屬於那種類型呢？它和權力人物又有什麼關係？

　　甲社區　PE1-3 (陳，林，黃)，三人同屬一個結拜兄弟會 (神明會)，陳為鎮民代表，黃為里長，又有親戚關係，兩人可說合作無間；又同是媽祖廟董事 (重要宗教羣體)，政黨地方委員。當時的權力結構比較接近聯盟型，因問題而決定合作程度。後來，因政治上的衝突 (爭里長職位)，便形成兩個派系；於是，在宗教和社區事務上也難以合作。這個社區，除了他們三人，沒有更具影響力的士紳或生意人。

　　乙社區　PE4-5 (吳，西)，二人完全沒有歷史淵源，吳為當地世族，西為外來人。早期都曾參與地方政治事務，現在卻均在經營現代化企業。該地區一向受商業經濟的支配，最早的時期 (清代)，由一個俱樂部的成員對社區事務發號施令，那時的權力結構是聯盟型的。還有幾個宗教羣體也相當重要。現在由吳、西二人分庭抗禮，形成黨派型權力結構，但仍以吳的勢力大些。此地曾出現過士紳，卻一直沒有形成大的影響力。吳、西二人在政治、經濟上有衝突。

丙社區　PE6-9（達，東，庚，湯）四人實際上屬於三個層次，達的影響力最大，東、庚次之，湯又次之。他們的權力，與羣體的關聯性較少，而表現在政治職位上。從整體言，有點專權型；但在處理社區事務的過程中，又很像聯盟型，因不同的問題，常有不同的結合。簡直就沒有出現過士紳一類的人物。幾乎沒有形成衝突。

丁社區　PE10-13（地，傳，運，標），這四人又可分爲兩個小組，前二人權力較大；後二人較小，且正在成長中。這個社區的權力，因政治職位的轉變而異，幾乎沒有持久性。從前如此，現在也如此。權力結構明顯的屬於散漫型。沒有出現過士紳人物，如丙社區。現代的工業社會在形成中，但看不出衝突。

現在我們可以把一些權力結構有關的因素列表如下。

表中所列各項給我們一個非常強烈的印象，即兩種社會行動模

表十二　權力結構的相關因素

社　區	都市化程度	政治經濟狀況	具影響力羣體	權力人物關係	從前權力結構	現在權力結構
甲	半都市化（郊區）	政治有衝突；經濟中等。	宗教二；社會（兄弟會）一。	衝突性（以政治爲主）	聯盟式	黨派式
乙	都市化（都市區）	政治略有爭執；經濟衝突大；經濟較富裕。	宗教二；社會一；經濟一。	衝突性（以經濟爲主，政治爲次）	聯盟式	專權式（黨派式正在形成中）
丙	鄉村（農村區）	無政治經濟衝突，有事務性爭執；經濟不佳。	宗族（兼宗教）一。	整合性	聯盟式	聯盟式
丁	鄉村（工業化農村區）	無政治經濟衝突；經濟中等。	宗族一。	整合性	散漫式	散漫式

式，和四種權力結構類型。四種結構實際也可以再歸納爲兩個類型，即權力集中和權力分散 (centralization and decentralization)。

與權力集中有關的一些因素是：(1) 專權型和黨派型權力結構，權力集中在少數人手裏；(2) 政治活動和權力人物活動趨向於衝突性行動，彼此間的競爭較強烈；(3) 都市化程度較高，包括都市區和郊區；(4) 宗教活動比較多，宗教羣體比較重要。

與權力分散有關的一些因素是：(1) 聯盟型和散漫型權力結構，權力因情況不同而分散；(2) 政治活動和權力人物活動趨向於整合性行動，合作的機會多；(3) 未都市化的鄉村，包括農村區和工業化農村區；(4) 宗族活動比較多（丁村的聯姓組織，屬於模擬姓氏行爲，或假姓氏組織）。

這種關係可以繪圖如下。

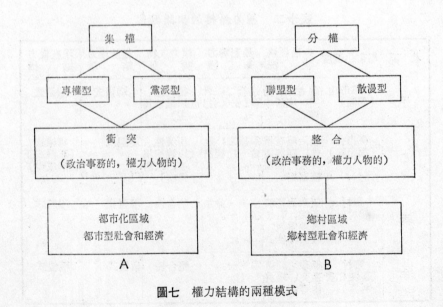

圖七　權力結構的兩種模式

　　從我們的資料可以看得出來，兩個權力結構的衝突型模式與都市的複雜社會關係有關聯，衝突越大，越容易走上集權的路，這與目前的國際政治有相似之處；兩個權力結構的整合型模式與農村的單純社會關係有關，整合越高，越容易產生分權的現象，分權與民主政治也有相似之處（Apter 1965: 94）⑮。把這些概念加以系統化，圖七中Ａ，Ｂ兩型的權力結構就十分明顯。現象是如此，因衝突而產生的專權型和黨派型權力結構，發生在都市化程度較高，社會關係較複雜，異質文化較多，職業分化較大的地區；因整合而產生的聯盟型和散漫型權力結構，發生在與上述情況相反的地區。因而我們可以推論，社會文化結構，價值取向或社會化過程，可能直接影響到社區居民和權力人物的意識形態與行為方式，於是表現在政治經濟上的不同權力類型。

　　從這個層次上着眼，我們就不能用都市或鄉村作為分析的基礎，如果鄉村文化異質程度高，分化大，同樣可能產生衝突型權力結構。圖七的兩個模式可以歸納如圖八。

　　這個模式替我們解決一個問題，即是，權力人物透過社會化過程或價值取向，而形成不同的行動取向，形成不同的權力結構；或者說，不同的社會文化與價值取向塑造出不同的權力人物，而產生不同的行動取向，不同的權力結構。這種因果關係不容易釐清，但互相影響或互動的關聯性是存在的。這個結果，與我們在圖一中所設計的分析架構相當接近或一致。

　　我們所分析的四社區，權力人物僅兩類，衝突型與整合型；由於衝突或整合的程度不同，表現在權力結構上就有四種類型，專權型、

---

⑮　Apter 在研究非洲政治權威時發現，分散的權威具有民主形態。

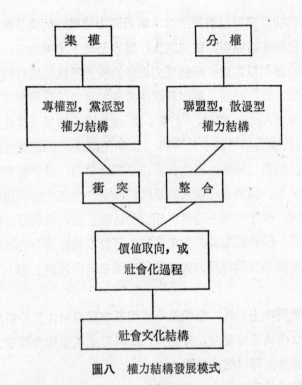

圖八　權力結構發展模式

黨派型、聯盟型和散漫型。實際上，這些類型只是表示權力集中或分散的程度，越集中就是專權型，越分散就是散漫型。

　　這種趨勢，顯然是現代的經濟生活和地方政治所造成的。現代的經濟生活擴大了居民的生活空間，也增加了互相依賴的程度；現代的地方政治，不但把中央的政令傳達至社區居民，而且直接執行任務，做為人民和政府間的橋樑。於是，傳統士紳的角色完全失去意義，也無法形成。我們所接觸到的社區權力人物，無論都市或鄉村，都是現代社會的產物，適應現代社會的需要。這種權力人物所建構的社區權力結構，因環境體系、社會文化傳統（主要為小傳統）、政治職位、

經濟成就、個人特質（如創新）的不同而有差異。最主要的差異就是，衝突過程上所表現的集權；整合過程上所表現的分權。

我們在甲、乙二村發現，衝突使人際關係顯得緊張，社區事務不易執行；在丙、丁二村又發現，整合使人際關係顯得和諧，社區事務也不見得難行。這就值得我們好好的想一想，如何利用這種發現來推動社區事務。同時，我們也發現，丁村的宗族組織，緩和了因工業化可能引起的焦慮和挫折；丙村因模擬的姓氏組織（聯姓）加強了社區的整合功能；甲、乙二村宗教信仰較強烈，宗族組織卻較鬆馳，或正在衰落中，社區整合相當困難。這是否表示，即使在現代社會，宗族組織仍然有它的積極作用，用來維持某種行為模式，或達到某些目標。

從四個社區的結果而言，我們可以說，現代社會所塑造的權力人物，完全為了現代的需要，他們在思想和行動上，不僅取代了我國傳統社會中的士紳地位，而且加強了地方與中央的政治連續性，使地方更能認同中央，把國家和社會打成一片，彌補了多少年來國家與社會的分離局面。這是一種非常大的轉變。不過，要想長久維持這種局面的話，還靠我們的智慧去運作，設法利用社區權力人物與權力結構之間的有利條件，使社會行動達到更整合、更理想的境界。

四　結論

從上述各種角度的分析，我們可以得出幾點結論，這些結果，與當初的假定有相當程度的一致性。

（1）我們發現，在工業化和都市化衝擊之下，不同性質的社區，如都市區與鄉村區，形成不同類型的人際關係、權力人物和權力結

構；四種權力結構類型，專權型、黨派型、聯盟型、散漫型，可歸納爲兩個行動方向，前二者爲集權，後二者爲分權；這是由於在權力分化的過程中，衝突或整合所導致的結果。

(2) 在變遷的過程中，取得權力的人物，多屬創新的角色，有的是政治上的創新，有的是事業上的創新。因此，他們在若干程度內，操縱了社會變遷的方向，例如，開創新企業或引進新技術。權力人物一方面受到了社會結構的影響，另方面又影響了社會結構，爲變遷產生帶頭作用。

(3) 現代社會所塑造的權力人物，以及因這些權力人物所建構的權力結構，不僅加強了中央與地方的政治運作體系，而且使地方更認同中央。我國傳統社會的士紳階層，在這個社會沒有發生過力量。士紳在傳統社會是政府與民間的橋樑，但在這裏，地方政治人物，如村里長、民意代表，早已代替了他們的位置。

(4) 權力人物和權力結構的變遷，已形成爲兩個模式：

表十三　兩個權力模式

社　　區	社區特質	經濟行爲	政治行爲	權力人物	權力結構類型
甲	都市化	競爭	衝突	衝突	黨派型
乙	都市化	競爭	衝突	衝突	專權型
丙	鄉村	少競爭	整合	整合	聯盟型
丁	鄉村	少競爭	整合	整合	散漫型

　　這兩個模式係從社會文化結構與價值取向或社會化過程而產生，一種是因衝突的過程，而導致專權型或黨派型權力結構，再成爲集權或專權的權力模式；一種是因整合的過程，而導致聯盟型或散漫型權力結構，再成爲分權或民主的權力模式。這兩個模式，具有強烈的分析性和解釋性作用。

社區權力結構的變遷

一　導論：概念架構

自我國歷史觀察，很不容易了解社區權力的分配狀況。歷來在保甲、鄉治中擔任重要角色的，不外兩種人：一種是有錢人，如地主、小商人之類，他們往往可以在村子裏說點公道話，擔任排難解紛的角色；另一種是士紳或鄉紳，沒有功名的讀書人或退休的官員，他們在地方上享有較大的發言權，村民通常也樂意接受他們的裁判。自漢以來，士紳不僅是地方上的要人，也是溝通官民意見的重要橋樑。還有一種情形，如果是聚族而爲村的話，族長自然成爲要人，有相當大的發言權和決定權。族長的條件，大抵不外以年齡、辦事能力、經濟狀況、社會地位爲選擇依據。這樣也可以納入上述二類中。

我國在帝制時代，中央政府對地方事務的命令，多半下達至縣爲止。自縣以下的工作，幾乎完全交由縣政府自行處理，鄉、保、甲之類的地方基層單位，只是奉命行事，執行上級的要求或達到目的，根本沒有機會反映意見。偶而有的話，就是由士紳人物拐個彎提出去，但也未必受到重視。所以在當時的社區權力分配，非常單純。當時的社區事務，也不甚複雜，地方政府從來不過問，只有少數的族姓或慈

善家，才做一點公共工程，如修橋補路的工作。

　　現代的情形就不太一樣，尤其是推行民主政治以來，地方機構不僅是執行中央命令，也提供政策性的意見，基層變得非常重要了。村里長所管理的事務加多，民意代表替代了原來士紳的角色，都有機會反映民意。所以現在社區權力分配的情形，跟從前相當程度的不一樣。不僅如此，自從實施社區發展以後，社區居民還要設法發展或加強社區意識，以培養自己管理自己的情操，把社區事務控制在居民手中。這就更需要社區領導人來運作、指揮了。可見在現代的社會中，無論就民主政治的觀點，或社區事務的觀點來說，了解社區權力分配，或研究社區權力結構，都非常重要。

　　我國在這方面的研究實在不多，主要可能由於早期的農村社會，多為聚族而居，族長就代表了一切；民主的社區，只是近年來的事，還沒有引起廣大的注意。我們今天研究社區權力，可以作為參考的，還是美國社會學者和政治學者的貢獻。

　　美國學者在社區權力方面的研究，不但開始很早，而且有很高的成就。美國是一個移民社會，當初從歐洲移民美洲的時候，既沒有中央政府，又沒有地方政府，一切都靠鄰里互相幫助。這種歷史發展的方式，一直影響美國人的社區生活，所以社區在地方組織中佔了一個很重要的地位，許多地方事務都是透過社區組織完成，沒有地方政府，也沒有家族力量可資依賴。

　　社區事務不是自動會完成的，多半靠社區中的熱心人士和有領導能力的人出面奔走，一方面要使社區居民認識某些事務的重要性，必須大家面對問題，設法解決；另方面又要使大家願意出錢出力，共同建設與維護。這就顯示了兩個重要問題：一個是社區領導人散佈在那些領域？沒有他們，社區事務可能不易成功；一個是領導人之間及領

導羣與居民之間的權力分配如何？這種權力關係也會直接影響社區事務的結果。美國許多的社區權力研究，大抵都是在這些相關方面找尋模式。

研究美國社區權力較早而有成就的兩本書，要算亨特的《社區權力結構》(*Community Power Structure*) (Hunter, 1953)，和達爾的《誰管理城市社區》(*Who Governs?*) (Dahl, 1961)。前者出版於1953年，後者出版於1961年，都已是研究社區權力方面的經典之作了。我們今天討論社區權力問題，雖已有不少新的方法，如測量，但一些基本觀念，還得從這兩本書說起。以後不但研究社區權力的越來越多，作次級比較分析的也不少，下列三本書的編輯，可以說已經替美國的社區權力研究，作了一次有系統的整理，幾十年來的重要論文，或全篇或摘要，多收錄在書中，雖然難免有些重複的地方。依其編輯先後為：(1) 克拉克(Terry N. Clark)編的《社區結構與決策》(*Community Structure and Decision-making*)，1968年出版；(2) 艾肯與莫特 (Michael Aiken and Paul E. Mott) 編的《社區權力結構》(*The Structure of Community Power*)，1970年出版；(3) 波傑等人 (C. M. Bonjean, T. C. Clark, and R. L. Lineberry) 編的《社區政治：行為的研究》(*Community Politics: A Behavioral Approach*)，1971年出版。從這些研究可以發現，不只量在增加，質也有了不少改善，例如，從一百多個社區研究中發現，政治經濟對權力的影響，有降低的趨勢；而組織和制度的重要性，則有增加的趨勢。最重要的收穫，還是在研究社區權力的方法及社區權力結構的類型方面，使研究社區權力的人，有一些比較穩定的技術和方法可以利用，但也使研究者在方法和理論上受到若干限制。

這種研究方法和方式，對於研究我國社區，多少有些借鏡的作

用。同時，目前我國正在工業化和都市化過程中，因職業分化、人口流動，增加了社區中異質文化的程度，也加速了社區意識、社區權力分配的轉變。這種結構上的轉變，不僅對安排社區事務產生重要意義，就是對國家政策，也有很大的影響。

（一）社區權力與領導系統

什麼叫權力？這是一個爭論不休的問題。我國早有「權力」一詞，意思是「威權勢力，具有操縱指揮之效用者也」（舒新城等，民37：727）。引伸來說，就是具有指揮別人工作的權勢；中國人在單獨說「權」的時候，也多半是指這種「勢力」。這自然是廣泛的說法，即一般所謂社會權力。社區權力上所說的「權力」，是從英文 power 這個字翻譯過來的。這個字也有「指揮操縱別人」的意思，雖然用在社區權力上不完全是這個意義。我們可以列舉幾種簡單的權力概念。

韋伯（Weber）說：「權力是表示，社會關係中的行動者，利用地位以實行自己的意願，不管反對或成算有多大」（1965：152）。

達爾（Dahl）說：「甲在某種範圍內，權力大過乙，他就可以令乙做些本來不願意做的事」（1953：201-5）。

拉斯威爾和卡普南（Lasswell and Kaplan）說：「權力就是參與決策」（1950：74）。

從以上所引中外各家之說，權力大致可以說是對別人所產生的說服力或指揮力。也許可以分為兩類：一類是影響力，即使用個人的力量說服或強迫別人，依照指揮者的意思產生行動，例如在會議中說服別人，以通過自己的提案，或僱主命令僱員去工作，這種現象，在非正式組織中常見。一類是權威，即正式組織中所規定的或合法的權力（Mott, 1970：3-15），例如里長可以在里民大會中主持會議，表決提

案。以社區權力而論，通常是透過非正式組織的領導人（社區的或羣體的）而產生影響力，使社區事務達成目標。無論是參與決策或實行自己的意願，都有「操縱指揮」的意思。

這樣，一般所說的社區權力，大概可以從三方面去認定：

(1) 影響力，指具有明顯的或潛在的說服他人的力量，可能是正式組織中的，也可能是非正式組織中的。這種影響力到處可見，如張三說服李四不要放棄投票的權力，甲要求乙參加社區工作等。

(2) 權力，指具有控制或改變他人行動的力量，涉及的範圍可能很大，也可能很小。這種權力比較具體，如羣體領導人有權安排成員工作，社區領導人參與社區決策。

(3) 權威，指正式組織中的合法權力，不容置疑。這種權威更具體而明顯，如里長有權召集里民大會，董事長有權處理公司中的財產。

但實際的社區權力，界線並不這樣清楚，多半是泛指影響力、權力、權威三者而言。例如鄉民代表在鄉村社區中的權力，旣是代表政治地位所給予的權威，又是個人在社區或羣體中所獲得的影響力和權力。所以，社區權力是一種混合體，在社區內，凡是影響或指揮他人行動的力量，均可以稱之爲社區權力。社區權力的大小，實際就是在社區中影響力或指導力的大小；或者從另一個角度去看，是控制這種有價值資源的多少。社區權力結構就是這種權力分配的狀況，例如集權是權力的集中，分權是權力的分散。

權力人物的權力來源，大致不外下列許多種：一種是來自社區中的重要政治職位，如議員、鄉長、鄉民代表、村長；一種是來自社區中經濟成就較高的職業，如收入較多的公務人員、小商人、兼業農人；一種是來自社區中較高的社會地位，如社團中的重要人物、退休

的政治經濟人物；一種是來自社區中的宗教領導人，如宗教組織的理事、總幹事、神明會的會首。這幾類人，在社區中扮演比較重要的角色，也掌握較大的權力 (Dahl, 1961: 184-9)。其實，這些人就是政治、經濟、社會諸有價值資源的主要控制者。

這樣的社區領導人，他的權力來源大致可歸納爲二類：第一類是個人的政治、經濟地位優越，受到社區人民的推許，以個人身份直接參與決策；第二類是因羣體在社區中的重要性而增加對成員的影響力，即透過羣體而參與決策。大多數社區領導人因透過羣體，特別是重要羣體，而增加在社區中的領導地位，取得社區領導權。每個人的領導權也不是完全相同或相等，因領導權力的大小，在社區中又常常形成不同的領導系統。這種系統，有時候也就是我們所說的派系。不論中外古今，任何社會都會出現這種因權力分配而造成的派系或領導系統；民主政治更是利用不同的領導系統而彼此監督，使不致因握有權力而腐化，而危害社會。可見派系未必對社會有害，只有以私人利益爲出發點的派系，才眞正損害了社會的團結與和諧。這種領導系統，在社區中往往很明顯的可以找出來。以西河爲例，它的領導羣可以分爲三個階層：第一階層有三人，分爲兩個系統，也可以說是兩個派系，權力最大；第二階層人數較多，分別從屬於以上兩個系統；第三階層只是一些潛在力量，將來可能爲社區領導人。這個社區的領導系統相當清楚，從這個系統的階層次序即可以看出社區權力的大小。

(二) 社區權力結構：方法與類型

研究社區權力結構，在美國開始得較早。開始的時候，並沒有固定的方法；後來類似的研究做得多了，方法才漸漸穩定下來。我國對於這方面的研究，到目前爲止，做得並不十分理想。由於研究的數量

不夠多，仍難以達到建立普遍理論和方法的程度。席汝楫（民61：1-22）曾經用問卷做過農村社區的領導型態，主要是從影響力的大小討論領導系統。幾年來，我個人曾經用過多種方法研究社區權力結構，但問卷法一直不甚成功，在已做過的七個社區中，都沒有獲得預期的結果。因而在每一個研究中，問卷資料只是當作補充說明，主要還是用參與、觀察、深度訪問獲得資料，並以之爲分析的基礎。這種方法的優點是，對問題的了解，有足夠的深度和廣度；缺點是，費時太多，資料又難以量化。

　　在研究西河的社區權力時，比較偏重角色和地位的理論，從正式組織、非正式組織、小羣體、社區中找出具有影響力的領導人，再把這些領導人，依權力的大小，分成幾個階層，最後就可以了解權力分配的情況與權力結構的類型。在做萬華和竹村的社區權力研究時，我試用了小羣體的理論，原因是我們在一些研究中發現，除了極少數例外，社區中的權力人物，多半是小羣體的成員，透過羣體而具有更大的影響力，有時也影響羣體，爲社區作決定。這種小羣體通常都是成員較少，彼此交往多而親密，在羣體中的時間相當長。這很合乎小羣體的組織條件。在做岩村的社區權力研究時，又發現它的領導類型與以往頗不相同，就採用了從聲望、職位、決策方面去找尋社區領導人，同時也注意到參與社羣活動的相關性。

　　事實上，每一種方法，包括問卷在內，都曾經用來了解社區權力分配和權力結構，但任何一種方法都不是絕對有效，所以經常是幾種方法同時並用。中國傳統士紳在社區中所扮演的角色，也曾被用來做爲找尋權力人物的手段，但除早期的萬華社區外，其他各社區，沒有一個有這類人物；新興的知識分子，又多未在社區中掌握實際權力。因而這個方法幾乎沒有什麼效果。

無論如何，在研究社區權力的過程中，多少總會受到一些美國學術界的影響，特別是在方法和概念架構方面。在方法上用得比較普遍的有下列幾種，即，職位法 (positional approach)，聲望法 (reputational approach)，決策法 (decision-making approach)；有時候幾種方法並用，可以叫做綜合法 (combined approach)。以下就這幾種方法分別作一點說明和討論，藉以了解用於研究我國社區權力結構的可行性。

職位法

職位法的主要目標，在於把正式組織和非正式組織中，重要職位的領導人找出來，有的人可能有決定權，有的則具有法定權力，這些重要職位上的重要人物，就可能分配到比較大的權力。社區中的正式組織，如政黨地方黨部的區委，農會總幹事和理事長，寺廟的總幹事和理事長；非正式組織，如神明會（小羣體）的領袖。這些人都具有比較大的影響力。在一個社區中，如果能這樣把重要職位找出來，又找到了重要職位中的實際領袖，就很容易了解權力分配的情形。

不過，所謂「重要職位」，有時並不容易區別，同樣是村長或鄉民代表，同樣是羣體成員之一，其影響力卻不一定相同，也不容易觀察得出來。所以，職位法的優點是容易找到領導人，缺點是不容易鑑別領導人的重要程度，或影響力的大小。Sayre and Kaufman (1960) 研究紐約，主要就是用職位法。

聲望法

主要是了解社區中那些人有較高的聲望，而假定聲望可以代表某種權力關係。這個方法是由受訪人將社區中的領導人分別給以等級，可以綜合政治、社會、經濟列等，也可以分項列等。聲望高的給以高分，低的給以低分。他們可能在社區中有聲望，也可能僅在羣體中有

聲望。聲望象徵某種程度的影響力或說服力，所以聲望高的人就是影響力大。例如在宗教組織中具有較高聲望的人，理事或理事長，可能有較大發言權；在經濟上有較大成就，或在社區事務上有較多參與的人，也可能有較大決定權。用這一類的事物為聲望指標，以選擇領導人的重要程度，再了解其權力分配狀況。

聲望法的優點是，它本身就代表或象徵說服力，具有較高聲望的人，總是容易說服別人；缺點是測定聲望的指標不易確定，還可能用錯指標，除非對社區活動事先有較深入的了解，否則，難免不產生錯誤。使用聲望法做研究的人很多，早期如 Hunter 的研究(1953)，後期如 Preston 的研究 (1968)，都有很好的結果。

決策法

決策法以問題為研究取向，所以有時候也叫問題法 (issue approach)。在一些組織、羣體，或社區開會的過程中，研究者參與並觀察，以了解在會議中，誰的影響力較大。每一種會有不同的成員，從許多會議中便可以看出某些成員的重要性。同時也可以從一些紀錄、討論、演講中，了解某些人對事務的決策權。例如，在社區理事會，寺廟理事會，或農會理事會的會議中，就可以發現他們對於社區事務的態度、能力、影響力等。例如，Dahl 研究新港(1961)，Hayes 研究北村 (1967)，都是用的決策法。

決策法的優點是，從決策過程上就可以知道誰的權力較大，或誰的權力較小，不用間接去了解。缺點是，外人未必能參加許多會議，尤其是重要的會議；即使參加了會議，也未必能肯定該項會議對社區、對居民的重要性；更有些人在會議中未必講很多話，卻有幕後的影響力，根本無法觀察。

綜合法

綜合法是同一研究使用一種以上的方法，即從職位、聲望、決策各方面去衡量領導人權力的大小，例如，職位的高低，聲望的好壞，決策的多寡。三種力量互相比較，不但容易了解，也容易找出指標。多半的時候，選擇其中二種方法同時使用，如職位、聲望，職位、決策，或聲望、決策。Presthus (1964) 研究 Edgewood，就是多種方法並用。

綜合法的優點是可以從多方面觀察權力的大小，例如職位高低、決策權多寡，不致顧此失彼；缺點是，觀察途徑分散，不能集中深入，容易流於浮面的了解。

美國人做了幾十年的社區權力研究，所獲得比較穩定的方法，大致就是這幾種。不過，由於研究者的偏好，或分類標準不同，差異還是存在。例如，Walton 以 61 個社區權力研究做分析，發現用聲望法的有 27 個，決策法的 3 個（職位法的無），個案的 18 個，綜合法的 13 個 (1970: 443-61)；但是，Curtis and Petras 用 76 個社區權力研究做分析，結果卻不完全相同，他們發現，用聲望法的有 30 個，決策法的 7 個，個案的 16 個，綜合法的 23 個 (1970: 213-6)。這兩個次級分析，分類標準雖不一致，結果卻相當接近，其中以聲望法和綜合法的數量較多 ❶。不過，二人所收集的例子，多數是重複的，即在兩個分析中都出現。從整體來看，使用聲望法的人還是多

---

❶ 兩個研究的各種方法及其百分比如下表。

研　　究　　者	聲望法	決策法	綜合法	個　　例	合　計
Walton	27(44)	3(05)	13(21)	18(30)	61
Curtis & Petras*	30(40)	7(09)	23(30)	16(21)	76

* 雖列有職位法的類別，但無實例。

些。例如，Walton 的分類中，聲望法佔 44％，綜合法佔 21％；Curtis & Petras 的分類中，聲望法佔 40％，綜合法佔 21％（兩個研究分別計算的百分比）。

依照上述幾種方法，從政治的、經濟的、社會的、宗教的幾個重指標，在羣體、社區、小團體中，找出一般的有權力的人物，再從這些人中找出次要權力人物，再找出重要權力人物和最重要權力人物。一層一層的過濾下去，一方面找到了權力人物，即領導人的分配狀況，另方面也找到了權力分配的狀況。

社區權力分配狀況就是社區權力結構。這種結構類型，依美國幾十種社區權力研究之結果來看，已相當定型的分爲四類，即專權型 (pyramidal)，黨派型 (factional)，聯盟型 (coalitional)，散漫型 (amorphous) 四大類。依 Aiken 和 Curtis and Petras 的分析，發現各有不同，但大致以前三類爲多，第四種較少，如下表❷。

表一　美國社區權力結構類型

	專權型	黨派型	聯盟型	散漫型	合　　　計
艾　肯 (Aiken)	18	17	15	7	57
寇第斯 (Curtis)	31	23	23	6	83

資料來源: Aiken 1970: 517-9; Curtis & Petras, 1970: 207

專權型的社區權力集中在一、二人手中，爲獨斷的或單一的領導形態；黨派型的社區權力是經常分爲兩派或更多的派系，彼此爲其利

---

❷ Aiken, 1970: 487-525; Curtis & Petras, 1970: 204-218. 兩種分析所用資料，有甚多相同或重複之處。

益而競爭；聯盟型的社區權力隨領導人的重新組合而變，組合因問題
不同而變，沒有永久單一的領導系統；散漫型的社區權力是分散的，
幾乎看不出權力分配狀況 (Aiken, 1970：489)。

　　我們在研究臺灣社區權力時，一方面固然必須特別了解臺灣社區
的各種特質，另方面也或多或少受到美國的研究方法和權力結構類型
的影響，不過，我們希望把影響的程度減低些。我國對於社區權力的
研究，到目前爲止，雖然爲數不多，仍可以從權力類型方面，因發現
而提出一些討論。

二　社區的性質

　　我們將要分析的社區分爲三類，即都市社區、農村社區和山地社
區。前二類各有兩個社區，後一類有三個社區，共爲七個社區。七個
社區又有文化上的差異，前四者爲漢文化社區，後三者爲山地文化社
區。在研究設計時就有比較的意義，當初的假定是，當原來的社會文
化受到現代的工業文化衝擊時，必然產生巨大的變遷；這種變遷還可
能有地區上的差異。經過幾年的研究，許多論文都已經發表了，本文
係僅就社區權力部份，作一綜合性的分析，並進一步了解權力結構變
遷的狀況。

(一) 都市社區

　　這兩個都市社區實際包括一個都市區和一個郊區，兩個社區相同
的地方爲：開發很早，康熙年間即有人居住；都是閩南移民，移居的
姓氏比較複雜，有幾個大的宗族，其餘均爲小的姓氏；絕大部份爲民
間信仰，宗教活動頻繁；同一次文化體系，居民間的親密度以及其他

行爲模式，與地區性的中國傳統文化相當接近，甚至相當一致。兩個社區也有許多不一致的地方。

都市社區

在清代曾經是臺灣北市的貿易重鎮，與大陸貿易甚發達，但到現在只是一個雜貨零售市場，無論商業或工業，都沒有它的重要性；社團活動一直很多，而且很重要，許多社區事務，都由社團出面安排，在清代更是如此；由於地區較大，居民較多而複雜，政治和經濟上的利益衝突經常存在；幾個大姓間的利益衝突，自清代以來，一直沒有減低；居民很早就過的是城市生活，人際關係比較冷淡，即使在社區內，也有這種傾向；早期是一些大貿易商，船公司老板，現在卻是零售商居多數，大商人移居外地；社區仍保留若干早期的生活方式，對適應大城市的生活和商業，似乎有些困難。

郊區

清代卽是一個重要的關卡，爲淡水河的來往船隻課稅，自淡水出海的必經之地，現在就沒有這種重要性了，卻慢慢形成一個住宅區，人口日多；原來爲一農、漁並重的市集，二百多年沒有太大的改變，近年公車通行後，差不多已轉變爲一般郊區的經濟形態，卽藍領職業佔多數；小羣體的活動，有其重要的一面，特別是某幾個特殊組織，如寺廟的理事會、神明會等，今天仍然如此；政治上的競爭，原來幾乎沒有，實行地方自治後，這種競爭逐漸昇高，雖然只是鄉民代表、里長一類的職位；原來社區內關係較密切，自從依附於臺北市以後，城市生活方式就影響到社區居民的行爲，甚至思想。

這兩個社區的最大特質是，宗教羣體扮演了重要角色，宗教角色與政治角色的重疊程度相當一致，目前的生活方式，因都市化的結果，也有趨於一致趨勢。

（二）農村社區

農村社區包括一個完全農業區（少部份爲礦工）和另一個受了點工業影響的農村，兩個社區相同的地方爲：開發很早（乾嘉年間），同爲農業區，地處比較偏僻的鄉村；對外交通不方便，後來才逐漸獲得改善；居民多爲閩南移民，而不屬於同一來源；宗教信仰幾全爲民間信仰，宗教活動並不十分多；可以說是屬於純樸的農民生活方式，思想和行爲都相當保守，卽使是受了現代工業生活的若干影響，保守的行動，還是看得出來。雖然同爲農業區，兩社區的不同特質仍舊存在。

工業的農村區

因爲設立了工業區，不僅工廠、商店林立，突然間增加了數以千計的工人，這些陌生人也住進社區中，不免改變了一些對外來人的態度；社區居民大量進工廠工作，或在家爲兼業工作，對收入增加不少；六個明顯的宗族組織，其中兩個雖因都市發展而遭到破壞，剩餘四族則幾乎未受影響，不僅族內常通有無，維持傳統方式，族間也相處甚爲融洽，甚少衝突；最大的宗教組織就是幾個獨立的土地公會，但並未產生信仰危機；原來爲純農業生活，現在農人只有 1.5% 了，多的是工、商、服務業，這種變遷，顯然是工業化所引起的結果。

農業區

原來是一個十分閉塞的地方，現在卻是交通便捷，經常有許多人經此前往慈湖；原來是農業人口佔 95%，現在大約是農、工各半了（各佔41%左右）；沒有宗族組織，以聯合的姓氏（10 聯姓）爲應付宗教儀式的需要；宗教團體也沒有什麼影響力，唯一的用途就是籌備拜神；工廠進到社區邊緣以後，許多婦女去工作，男人常待在家中看

小孩、準備飯菜，已有部份家內工作，角色轉換的趨勢，男人也不大願意，可是他們在稻田、礦坑賺的工資，卻不見得比她們在工廠的多，這眞是沒有辦法的事。

這兩個社區的最大特色是：現代文化或工業文化對他們的影響似乎要小得多，在交通發達或工廠進入後，仍然保留相當濃厚的農業文化性質；宗教活動不如都市那麼多，宗教組織也不是那麼有系統。

（三）山地社區

山地社區包括三個部落族羣，一個爲泰雅族，一爲布農族，一爲阿美族。三個社區都在花蓮玉里鎭附近，泰雅在立山，布農在卓溪，阿美在樂合。三個族羣在文化和地區上均有不少差異，但也有些相同的地方，例如，同樣爲農業社區，保有相當多的傳統文化；若干傳統的生活方式，耕作團體，人際關係等，在日常事務中仍然運作；西方教會的力量，無論是信仰體系或儀式行爲方面，可以看得出來，有相當大的影響；地方自治的基層組織，不僅在形式上早已普遍存在，實質上也取代了原來的部落政治組織；各族對外關係雖有程度上的差異，但多半都擴大了社會關係網絡，以及文化上的接觸。三個族羣不同的地方也相當多，例如，泰雅羣的教會有很大影響力，不僅具有宗教功能，還具有社會、經濟、教育等方面的功能；由於分成幾個小村落，宗教、語言、地理環境又有隔閡，所以內部人際關係不十分良好，有時衝突很高。阿美羣的氏族組織仍相當強烈，羣體內很團結，年齡羣仍有功能，使社區的一致性增高；傳統宗教信仰以及族長（頭目）的權力，使天主教不易在社區中發展，氏族的祭祀還是最重要的儀式生活，爲全村人所重視；傳統協作團體的運作幾乎沒有變，無論收刈還是蓋房子，多半是交換工作時間。布農羣的氏族組織尤其重

要，它幾乎仍是社會中的基本單位，使各羣整合，而維持良好的親密關係；生產和非生產的互助活動還是存在，但受到對外交通方面的影響，比從前已經少得多了。

事實上，目前三個社區去外地謀生的人已經不少，每村都近百人，他們從事電子、紡織、塑膠、運輸等工作（阮昌銳，民 64: 83）。雖然都是初級工人的工作，對生活方式的改變，已發生很大影響。對於職業的分化，更是有鼓勵的作用。

所以山地社區的最大特點是，基督教和天主教改變了他們的部份信仰體系，受現代文化影響的程度增加，分工越來越細，地方政治的運作方式，相當程度的取代了早期的部落組織。

三　社區領導系統與權力結構

研究社區權力的人，大概都有這樣的經驗，即社區事務並不是眞的由社區居民自動去完成，而是經過社區領導人和社區中羣體領導人的影響或說服，然後逐步完成。如前所述，這些領導人的權力並不完全相等，也即是每個人的權力分配會有些差異，這種差異就構成領導權的高低等級，或領導人的重要性等級。這種等級可以叫做：一般領導人，僅影響少數人的行爲；次要領導人，能影響的人較多；重要領導人，能影響社區中許多人或許多羣體；最重要領導人，即社區中的重要決策者，可以影響全社區或某一派系的行爲。這就是社區領導體系，社區權力體系實際建立在社區領導體系上，二者是一體的兩面。

建立領導權的過程，通常都不是那麼容易，往往要經過多年的艱苦奮鬥，在社區中表現了個人的能力、品德、良好的人際關係，逐漸取得了優越的經濟成就，社會地位，或（和）政治職位，然後才有較

大的發言權。早期，像都市社區，還可以依賴父祖的經濟權而提高個
人的地位，現在，這種機會就更少了，甚至沒有，都要靠自己的成
就，那怕是競選里長或鄉民代表之類的政治位置。根據許多社區研究
發現，所有領導人，幾乎沒有一個是辦事能力差和品德不好的。這一
點可以說明，不是現代社會不重視道德，道德還是跟才能一樣重要，
甚至比才能更重要。

究竟有些什麼因素影響領導人的權力分配呢？以下先就三類社區
領導人作個別分析，然後作綜合討論。

（一）都市社區

前面說過，都市社區包括兩個地區，一為舊商業區，一為郊區。
舊商業區的領導系統可以分為三個時期，即第一為清朝時期，第二為
日據時期，第三為中華民國時期。普通領導人三期分別為 17 人，18
人，20 人，共 55 人。每期時間長短不一，人數約相等。領導人的資
料，除部分為訪問所得外，其餘均從文獻中搜集而來。郊區的普通領
導人，在日據時期約 15 人，光復後約 24 人，共 39 人。這類人物，
商業區多為商人，郊區多為與政治職位和宗教事務有關。就次要領導
人而論，商業區三期，分別有 10 人，8 人，13 人；郊區分別為 9 人
及 10 人。即前者 31 人，後者 19 人。商業區的次要領導人以經濟勢
力為主，政治地位為次要條件，宗教地位可以幫助提高社會聲望；郊
區以政治職位為主，宗教地位為次要條件，經濟上的成就可以幫助提
高聲望。重要領導人，以各階段為分析對象，商業區得 9 人，郊區得
8 人。他們的背景情況，商業區仍以經濟為要件，政治次之，宗教又
次之；郊區以政治為要件，宗教次之，經濟又次之。最重要領導人，
商業區只 2 人，郊區亦僅 3 人。就這 5 人的權力關係及其互為影響的

因素而論，經濟、政治、宗教、社會地位都很重要，他們在這些方面都有很高的成就，為社區居民所推重。例如，他們在經濟事業上累積了許多錢，擔任過或正在擔任較高的政治職位，為重要宗教社團的董事或董事長，具有較高的社會聲望，在社區事務上有較大的發言權和影響力。這些最重要權力人物各有其同系統的重要和次要領導人，因而，在這兩個社區中都有兩個領導系統。

從資料中顯示，要在都市社區中取得領導地位，個人的財富、政治經歷、才能、品德，都佔有相當重要的份量。越往上層提昇，一直到「最重要領導人」這個層次，越需要品德、辦事能力、財富、政治經驗的支持。如果許多個領導人在經濟、政治、能力方面都約略相當時，品德就成為非常重要的影響因素。例如，在次級領導中，我們還可以發現一些不十分理想的人物，但在最重要的領導羣中，這種人就幾乎沒有。這一點也許就是社區的無形制裁力量，這種制裁，在中國傳統社區中，尤其是以宗族為基本單位的社區，本來就很強烈，現在仍能保存一些，可能是個好現象。在犯罪日多的都市社區，如果加強社區的制裁方式和制裁力，是不是也能遏阻若干犯罪行為？

建立社區領導權，固然需要經濟、政治、社會諸方面的成就和聲望以為支持，個人的性格特質和行為方式也很重要。例如，在上述社區中發現，領導人都有創業的經驗，他們在自己的事業上投下無數的心力，有工作熱忱，有合作的興趣。大部份的領導人都在主要羣體中獲得信任和領導權，這些羣體在社區中往往具有較大的影響面。領導人有時因政治、經濟上的成就而投入羣體，有時也因羣體的領導地位而提高了社會聲望，經常是互為影響。

這兩個都市社區的最大相似甚至相同處，便是在不同的領導系統下所形成的權力結構。商業社區早期的權力分配是分散式的，每個領

導人都沒有永久的黨派，因問題而改變成員的結合方式，無論在羣體或社區中，差不多全是這樣的結構。當時都是社區中的大商人，每個人有較好的經濟基礎，社區事務只是一種服務或慈善事務，不是工作的目標，因爲這裏只是一個富足的商業社區。中期受到日本統治的影響，政治職位漸受重視，但權力的黨派性仍不明顯，除了有時受到日本地方政府的集權指揮外。晚期則經濟、政治並重，最高領導人雖有專權的趨勢，但兩個派已經成立，在許多羣體、社區事務上有相當高的對立性，衝突也較爲明顯。兩個領導人都有許多附從的羣體和個人，都有雄厚的財力，很高的社會聲望，雖然政治地位不完全相同。

郊區的情況也大致相似，早期的社區領導人（指日據時期，清代無可考）多爲保正，可以說是一種政治職位，但沒有黨派的意義，完全在日本人指揮下運作。晚期由於競選鄉代、里長等公職，形成兩個互相競爭的派系，各有消長。兩派的領導人都曾擔任過公職，有較多的財富，並且爲宗教團體領導人之一。這種在政治職位上的競爭，明顯的爲黨派性的權力分配。

從上述分析和討論可知，都市社區的領導系統是由分散到有限度的集中；運作過程是由小規模的整合到衝突；衝突的焦點在於政治權和部分經濟權；權力結構是由問題取向到派系取向，或由聯盟型到黨派型。社區權力結構類型的轉變，可以說非常明顯。

（二）農村社區

農村也包含兩個社區，一個是農業而帶有礦工的社區，一個是農業而帶有現代製造業的社區。前者是由許多個雜姓而成立的社區，沒有強烈的家族組織，沒有較大影響力的宗教羣體，也沒有活躍社羣；僅有的兩個較有作用的組織，卻是暫時性的工作羣體，工作結束後就

分散了。雖然如此，這個社區的領導人還是存在，只是不如都市社區那麼明顯和有權力感。從參與各種社團工作而論，這個社區的領導人共有 58 人之多，這些人多數務農或兼業農，經濟情況屬於中上等級。這 58 人可以再加逐級分類，能進入次要領導人的有 17 人，又能進入重要領導人的有 13 人，最後最重要的領導人僅有 4 人。如果把這 58 人依照領導權的大小類分，則依其重要程度，依次最重要 4 人，重要 9 人，次要 4 人，普通 41 人。最重要的領導人，除一人外，均富有，經營商業，長時期擔任過或正在擔任政治職位，從縣議員到里長，他們有很好的辦事能力，相當程度的公正，社會聲望也不錯，但除議員外（高中），教育程度均不高（國小）；重要領導人的經濟屬於中上，多業農，大部分曾經擔任過公職，如鎮民代表或里幹事；次要領導人的經濟屬中等，為農人，曾任公職，而現已退休在家；普通領導人的經濟也是中等，種田的多，部分曾任公職。總括四類領導人來看，經濟是一個重要指標，越富有的影響力越大；職業也是個重要指標，經濟和高級公職的影響力較大。早期的情形也大致如此。

有工業的農村社區，共有領導人約 30 人，其中屬於最重要的領導人有 4 人，重要的 5 人，次要的 5 人，普通的 16 人。最重要的領導人具有較好的經濟條件，部分曾任公職，為工商人士，辦事能力相當強，贏得鄉里稱道；次要人物（包括重要和次要領導人）的經濟情況亦較好，或為農或為商，在社區中頗有聲望；一般領導人則以務農為多，屬於中等的經濟條件，沒有什麼政治地位。

姓氏組織在兩個社區中也居於重要地位，前者係以假的姓氏組織──聯姓為手段，以達到宗親會的目的。該村以 24 姓組成十個聯姓，在聯姓中產生頭人，作為社區事務的執行者，諸如祭神、修圳等公眾事務。許多頭人也就是社區中的領導人，有的甚至是最重要的領

導人。這個社區的神明會和其他群體，都沒有什麼力量，只有這個聯姓頭人組織還能作出決策，解決一些社區問題。後者，工業的農業社區，卻有比較明顯和持續性的宗族組織，所有的社區事務，政治運作，幾乎都是透過姓氏關係而推動。這個社區共有六個姓，各有各的宗族團體，在重要社區事務上，例如選舉村長或鄉區代表，卻是相當合作，沒有派系的傾軋，也沒有太多利益上的衝突。其中以三姓的經濟和人力較佳，在正式領導系統上，多以這三姓的人員為主；但在非正式領導系統方面，各姓均有人才出面。這個村子的居民，實在過得相當和諧，即使工廠進入了村莊，生人也跟着進來了，和諧氣氛似乎並未受到影響。

這兩個社區的結構實際相當相似，政治職位對於領導權有很大的作用，最明顯的是卸任後的鄉民代表或里長，領導權就會降低，甚至沒有；其次是經濟上的成就，領導階層越高，他們的財富就越多，或者說，財富越多的人領導權就越大，至少有成正比例的趨勢；宗族組織，無論是真姓或聯姓中的頭人，負有實際的領導任務，他們往往發起運動，或把某些工作執行到結束。

領導權在這兩個社區很少引起爭執，當然也就看不出衝突。他們有了問題，無論是社區事務上的，或個人間的，或群體間的，就一起討論，然後尋求一個多數人滿意的辦法。比如選鄉民代表，既有的領導階層就坐下來研究，「誰最合適？」可能有許多人選，但最後他們會同意一人；這一人就被推出來競選和當選。事後也少有議論，似乎這就是最合適的安排。這樣的情形，在社區中不只發生一次，而在有工業的農村社區中尤為常見。原因是他們都互相認識，互相了解。條件好的人不出來領導也不行，真是眾望所歸。不但現在如此，從有限的資料來看，日據時期已經如此。

領導系統沒有黨派成份，卻有濃厚的宗族色彩（眞姓氏和聯姓氏）；領導者沒有問題取向，卻有人員的選擇和事先安排；權力不集中在任何人手裏，雖然受到政治職位和經濟成就的影響，卻是隨時可以轉移。這是十足的散漫式權力結構，從前和現在，沒有本質上的差異。

（三）山地社區

山地社區的權力結構問題包括三個族，一個是泰雅族，一個布農族，一個阿美族。泰雅社區的領導人約 40 人，其中最重要的有 3 人，重要的 9 人，次要的有 8 人，一般的約 20 人。最重要的領導人有較高的政治職位，如鄉民代表、村長，辦事能力與說服別人的力量較大，甚至有較好的社會關係，在宗教羣體中的發言權也較大；重要領導人的影響力表現在不同的方面，有的在教會，有的在青年，有的在黨，多半擔任過地方公職；次要領導人多在某些羣體中有地位，如教會、政黨，但不是全面性的，只對少數人的特殊事件有影響；一般領導人則可能影響的事件爲尤少，多半跟隨某幾個重要或次要領導人而行動。通觀這個社區的權力分配，主要建立在三個最重要的領導人身上，以一派爲主，實際操縱社區事務的運作，可以說是當權派；另有兩個小勢力分佈在兩個村中，有不小的抗衡力量，構成反對派。所以，基本上是一種黨派型權力結構。但是，各派系下的成員並不十分固定，有時也因問題所涉及的利害關係，而轉投他人旗下。只有在宗教事務上，成員的流動性比較小。

布農社區各種領導人共約 35 人，其中最重要的 1 人，重要的和次要的約 4 人，其餘爲一般的領導人。最重要的領導人在社區中擁有多項最高公職，如鄉長、常委、會長等，爲社區權力的中心，一切決

策都從這裏發出；　重要及次要領導人也多半有政治職位，　如鄉民代表、村長，在各人的層面有其影響力，但多爲執行上面的決定，或把意見反映上去，或作爲溝通的橋樑，或在羣體中產生作用；一般領導人的地位就更小些，多爲宗教羣體中的次級負責人，或地方行政體系中的執行人，如長老、鄰長之類，他們實際能影響的面非常有限。這個社區的權力分配比較單純，形式上雖有許多次級領導羣，卻多依附於最重要的領導人而運作。宗教領袖是唯一對抗的力量，他可以對政治領導者構成威脅，但這只能就宗教事務，或社區中有關宗教事務而言，宗教領袖並不能干預政治和社區活動。所以，這是一種專權型的權力結構，其下有兩個或三個系統，分層執行任務，以達成社區事務目標。

　　阿美社區各種領導人共約 45 人，其中最重要領導人 1 人，重要領導人 12 人，次要及一般領導人最多，約 32 人。這個最重要領導人的特質跟前二社區略有不同，他沒有現代的政治職位，而是傳統社會遺留下來的頭目，頭目最大的政治資本是 10 個氏族的族長，他可以發號施令，成爲這個社區的權力中心人物，里長只是他的附從之一；其下的重要領導人爲各族族長、里長、神父等，他們只能在各自的範圍內作決策，如里長爲地方政治服務，神父在宗教羣體內掌握大權；一般領導人只是依附各個次要領導人執行決策，但普通居民有較多的機會提出意見，甚至影響決策。宗教領袖實際上另成一個體系，不屬於地方政治的指揮系統內，只在社區事務上與地方政治有些接觸，這跟上述布農社區的情形很相似。從政治權力體系而言，阿美社區幾乎還是頭目政治，權力集中在一人之手，是一種專權型的權力結構。社區中的宗教權雖爲神父所控制，　但那是神職權力，　與一般的社區決策，牽連似乎比較少，應以另一種方式加以考慮。

山地社區的最大特徵是，重要領導人與政治職位、與個人能力，確有較大關聯，但與經濟成就沒有關係，原因是一般的經濟狀況都比較差；宗教權多自成一系統，獨立於社區行政體系之外，領導人可能為教徒，而宗教羣體對個人不發生影響作用。

四　結論：社區權力類型及其變遷

在前節的討論和分析中，我們發現，都市社區的權力結構，早期偏向於分散式的分配，社區領導人的主要目的在於增加財富，改善生活環境，而不在於操縱社區居民的行為，或製造權力派系。領導人可能因不同的社區問題而有不同的結合，卻幾乎沒有長久的黨派組織。那時影響權力分配的因素，以經濟成就、個人的社會聲望、辦事能力、重要的羣體活動等為主要條件；領導人與社區成員間的溝通比較多，掌握社區權力的過程也比較自然而和諧。可以說是一種相當分散式或問題式的權力類型，也即是散漫型或聯盟型的權力結構。到了後期，特別是光復後，由於職業的自由，求知的自由，以及政治的自由，社區權力分配便有了很大的改變：第一，是政治職位成為影響權力的重要因素，因為這樣可以取得社區事務的決策權，職位越高，決策權便越大；第二，選舉促使派系組織加強，因為只有在這樣的情況下，才有把握贏得選舉，即贏得某些政治職位，以取得決策權；第三，經濟成就雖仍為重要因素之一，但競爭比較激烈，衝突也比較高，不像早期那麼和諧相處；第四，個人的公正和辦事能力，已經不如早期那樣被重視了，因為社區事務是集體工作，不完全由個人控制。這種改變，使社區權力類型具有派系的色彩，即黨派型的權力結構，有時甚至有集權或專權的趨勢。所以，都市社區的權力結構，由

最早的散漫型，到早期聯盟型，到後期的黨派型。都市社區不獨職業分化，行政也比較分化，權力分配卻表現相當集中，至少是集中在黨派手裏。這可能就是功能分化下的權力集中現象。從這個方向而論，郊區偏向於黨派型權力分配，都市中心區偏向專權型權力分配，無寧是一種必然的趨勢。

農村社區的權力結構，早期跟晚期幾乎沒有什麼變化，雖然政治體系變了，傳播工具變了，經濟生活也變了。在農村社區，早期影響領導人權力分配的因素，主要為政治職位、宗教地位、個人的品德和能力。晚期的影響力也來自這幾方面，不過增加了經濟成就、加強了政治職位的重要性。也許由於鄉村的人際關係較為和諧，經濟生活較為一致，對於社區事務的爭執就要少些，誰來領導都不會有太多的差異。所以表現在權力類型上，早期是分散式的或問題取向，後期仍然沒有改變，還是分散式的或問題取向，即散漫型或聯盟型的權力結構。農村社區，職業上的分工不大，又生活在比較強烈的宗族組織的環境中，似乎不太容易表現個人的權力取向，同時也不容許太強烈的爭權奪利，因而一切順其自然。這也許可解釋為，功能整合下的權力分散現象。

山地社區的權力結構，早期都是氏族統治，無論是選舉或承襲，一旦獲得了統治的職位，都有相當程度的集權傾向；對於領導人的條件，大致的要求是，公正、有辦事能力、富裕、口才好、身體壯健等❸。最重要恐怕還是公正、能力、口才，因為作為一個山地村落的領導人，幾乎需要全能的人才，纔能有效的維持當時的社會秩序，這時

---

❸　各族自然會有些差異，即使是同一族，因村落社區的不同，也可能有程度上的差異。可參閱李亦園等（民 52: 146-149）；丘其謙（民 55: 156-157）；阮昌銳（民 58: 110-111）；劉斌雄（民 54: 174-179）。

的頭目，差不多就是領導中心，爲一種集權式的統治。後來，這種情形便有了變化，最早是日本勢力的介入，然後是基督教和天主教的傳入，光復後，我國的政治、經濟、社會制度又直接輸入，幾乎重組了他們的社會組織。影響領導人的因素也就有了改變，例如，政治職位變得非常重要，大部分的領導人是議員、鄉長、鄉民代表、村長之類，這完全是現代政治體系中的基層權力人物，只有極少數的一、二人例外；其次是經濟成就，領導人的收入大抵都比較好，有錢和有時間從事社區活動，爲公眾事務出點力；第三是氏族組織，仍然有不少的影響力，雖然各社區的情況並不完全一致；至於個人的辦事能力和公正度，也還是條件之一，不過，似乎不如早期那麼重要了。在這種情況下所形成的權力結構，多半偏向於集中式的，雖然有些小的權力集團準備抗衡，權力還是集中在少數人，甚至一、二人之手。特別是各社區的宗教權，幾乎全是獨立運作，不僅不受地方政治的干擾，有時還干涉社區事務。不過，原則上是宗教權和地方政治分離。可見，山地社區基本上是專權型的社區權力結構，雖然有向黨派型發展的趨勢。這種情形，可能與早期傳統文化中的氏族統治有關，也就是，受到原有社會結構的影響，政治制度固然變了，運作方式一時還變不過來，或者根本就已形成爲專權式的權力分配。這種類型實際可解釋爲，功能整合下的權力集中現象。

假如完全從類型的概念而論，我們發現，都市社區的權力結構，由散漫型而聯盟型而黨派型，可以說歷經數變，變化不可謂不大；農村社區，原來爲散漫型和聯盟型，現在還是散漫型和聯盟型，可以說完全沒有變；山地社區，原來爲專權型或集權型，現在還是專權型，可以說也沒有變。這有兩個解釋：一個是農村社區所保留的家族結構和山地社區所保留的氏族結構，對社區權力分配產生直接的影響，以

致現在的政治體系和工業文化，雖已進入這些社區，卻沒有改變原有的權力結構；另一個是，卽使在現代政治體系和工業文化的衝擊下，農業社區（農村社區和山地社區都是農業文化）的權力結構仍然可以適應新的環境，不必轉變。

參 考 書 目

一、中 文

文 瀾

民 49　〈從揚文會談到新學研究會〉，《臺北文物》8:4。

文崇一

民 58　〈新加坡華人社會變遷〉，《中央研究院民族學研究所集刊》
　　　　28。

民 61a　〈價值與國民性〉，《思與言》9(6)。

民 61b　〈從價值取向談中國國民性〉，見李亦園、楊國樞合編《中國
　　　　人的性格》、《中央研究院民族學研究所專刊》乙種第 4 號。

民 61c　〈臺北關渡社區調查研究報告〉，臺北：社區發展中心。

民 63　〈三層臺地的社會結構〉，未刊。

民 64a　〈萬華地區的羣體與權力結構〉，《中央研究院民族學研究所
　　　　集刊》39。

民 64b　〈西河的社會變遷〉，《中研院民族所專刊》乙種之 6。

民 65　〈岩村的社會關係和權力結構〉，《中研院民族所集刊》42。

民 66a　〈岩村的社會關係和權力結構〉，《中央研究院民族學研究所
　　　　集刊》42。

民 66b　〈一個農村的工業化和社會關係〉，《科學發展月刊》5(3)。

民 66c　〈臺東縱谷土著族的羣體與社區權力結構〉，《政大民族社會
　　　　學報》15。

民 67a　〈竹村的社會關係和社區權力結構〉，《中央研究院成立五十
　　　　周年論文集》。臺北：中央研究院。

民 67b　〈社會變遷中的權力人物〉，《民族所集刊》46。

文崇一　許嘉明　瞿海源　黃順二
　　　民 64　〈西河的社會變遷〉，《中央研究院民族學研究所專刊》乙種
　　　　　　　第 6 號。
　　　民 58　〈臺北關渡之地名學的研究〉，《方豪六十自定稿》。

方　豪
　　　民 61　〈臺灣行郊研究導言與臺北三郊〉，《東方雜誌復刊》5:12。

王一剛
　　　民 46　〈臺北三郊與臺灣的郊行〉，《臺北文物》6:1。
　　　民 48a　〈龍塘王氏家譜〉，《臺北文物》8:3。
　　　民 48b　〈艋舺張德寶家譜〉，《臺北文物》8:2。
　　　民 49　〈艋舺李氏家譜〉，《臺北文物》8:4。

丘其謙
　　　民 55　〈布農族卡社羣的社會組織〉，收入《民族所專刊》7。

朱岑樓譯
　　　民 64　《社會學》。臺北：協志工業叢書出版公司。

阮昌銳
　　　民 64　〈臺東縱谷土著族的經濟生活變遷〉，收入《政大民族社會學
　　　　　　　報》13。
　　　民 58　《大港口的阿美族》上冊，收入《民族所專刊》18。

李亦園
　　　民 52　《南澳的泰雅人》，收入《民族所專刊》5。
　　　民 59　〈一個移殖的市鎮：馬來亞華人社會研究〉，《中央研究院民
　　　　　　　族學研究所專刊》乙種第 2 號。

李汝和
　　　民 61　《臺灣文教史略》，臺灣文獻委員會。

林熊祥
　　　民 41　〈臺北市文化的過去與現在〉，《臺北文物》1:1。

吳逸生

　　民 49a　〈艋舺古行號概述〉，《臺北文物》9:1。

　　民 49b　〈艋舺軼聞集（六）〉，《臺北文物》9:2。

吳春暉

　　民 48　〈艋舺的古社團〉，《臺北文物》8:3。

　　民 49a　〈艋舺古社團續述〉，《臺北文物》8:4。

　　民 49b　〈艋舺業餘樂團概況〉，《臺北文物》8:4。

吳聰賢

　　民 64　〈臺灣農會組織目標之分析〉，《臺灣大學農業推廣學報》
　　　　　　1:106–144。

洪炎秋

　　民 51　《臺北市志》卷 7〈教育篇〉社會教育。

席汝揖

　　民 61　〈一個農村社區的領導型態〉，《中國社會學刊》2:1–22。

連　橫

　　民 51　《臺灣通史》，臺灣銀行版。

連溫卿

　　民 42　〈臺灣文化協會的發軔〉，《臺北文物》2:3。

陳　達

　　民 28　《南洋華僑與閩粵社會》。長沙，商務。

陳培桂

　　清同治10年　《淡水廳志》卷 6〈典禮志〉祠廟。臺灣銀行版。

陳夢痕

　　民 58　〈臺北三郊與大稻埕開創者林右藻〉，《臺北文獻》直字
　　　　　　9, 10。

舒新城等

　　民 37　《辭海》，上海：中華書局。

黃大洲

　民 64　〈一個落後鄉村社區的社會經濟調查報告〉，《臺灣大學農業
　　　　　推廣學報》1:145-182。

黃江河

　民 57　〈五十年的回憶〉，《臺北市第三信用合作社創立五十週年紀
　　　　　念誌》。

黃得時

　民 50　《臺北市志移遷沿革志》。

黃順二

　民 64　〈萬華地區的都市發展〉，《中央研究院民族學研究所集刊》
　　　　　39:1-17。

榮　峯

　民 49　〈北市科第表〉，《臺北文物》9:1。

臺北文物社

　民 42　〈艋舺專號〉，《臺北文物》1:2。

臺北市政府主計處

　民 61　臺北市統計要覽。

劉清榕

　民 64　〈農家主婦在鄉村結構變遷中所扮演的角色〉，臺北：《臺灣
　　　　　大學農業推廣學報》。

劉斌雄

　民 54　《秀姑巒阿美族的社會組織》，（《民族所專刊》之八）。

劉篁村

　民 42　〈艋舺人物志〉，《臺北文物》2:1。

賴子清

　民 59　〈臺北市及近郊的文物勝蹟〉，《臺北文獻》直字 11, 12。

龍山寺管理委員會

　　佚名　《艋舺龍山寺全志》。

龍冠海、張曉春

　　民 56　〈中國家庭組織的一個研究〉，《臺灣大學社會學刊》3:117-
　　　　　136。

藍鼎元

　　康熙60年　《東征集》。臺灣銀行經濟研究室編，《臺灣文獻叢刊》第
　　　　　12種，臺北。

瞿海源，文崇一

　　民 64　〈現代化過程中的價值變遷：臺北三個社區的比較研究〉，
　　　　　《思與言》12(5): 1-14。

二、外　文

Aiken, Michael

　　1970　The Distribution of Community Power: Structural
　　　　　Base and Social Consequences, in M. Aiken & P. E.
　　　　　Mott, eds., *The Structure of Community Power*. N. Y.:
　　　　　Random House.

Aiken, M. & Mott, P. E., eds.

　　1970　*The Structure of Community Power*. N. Y.: Random
　　　　　House.

Appelbaum, R. P.

　　1970　*Theories of Social Change*. Chicago: Marbham.

Apter, David E.

　　1965　*The Politics of Modernization*. Chicago: University of
　　　　　Chicago Press.

Bachrach, Peter and M. S. Baratz

 1963 Decisions and Nondecisions: An Analytical Framework, in M. Aiken and P. E. Mott, eds., *The Structure of Community Power*. N. Y.: Random House.

Bales, R. F.

 1950 *Interaction Process Analysis*. Mass.: Harvard.

Banton, Michael

 1965 *Roles: An Introduction to the Study of Social Relations*. London: Tavistock.

Berelson, B. and Steiner, G. A.

 1964 *Human Behavior*. N. Y.: Harcourt.

Berne, Eric

 1970 The Games Individuals Play in Groups, In R. Catheart & L. Samovar, eds., *Small Group Communication*. Iowa: Brown.

Biddle, Bruce J. & Thomas, E. J.

 1966 *Role Theory: Concepts and Research*. N. Y.: John Wiley.

Bonjean, Charles M., Clark, T. C., and Lineberry, R. L.

 1971 *Community Politics: A Behavioral Approach*. N. Y.: The Free Press.

Bonjean, Charles M. and Olson, David M.

 1971 Community Leadership: Directions of Research, in C. M. Bonjean, T. C. Clark & R. L. Lineberry, eds., *Community Politics: A Behavioral Approach*. N. Y.: The Free Press.

Chang, Chung-li

　1967　*The Chinese Gentry.* Seattle: University of Washington
　　　　　Press.

Clark, Terry N.

　1968　Present and Future Research on Community Decision-
　　　　　Making, in T. N. Clark, ed., *Community Structure and
　　　　　Decision-Making: Comparative Analysis.* Penn.: Chandler.

　1971a　The Concept of Power, in C. M. Bonjean et al., eds.,
　　　　　Community Politics: A Behavioral Approach. N. Y.: The
　　　　　Free Press.

　1971b　Power and community structure: who governs, where,
　　　　　and when? in C. M. Bonjean et al., eds. *Community
　　　　　Politics.* N. Y.: The Free Press.

Colby, B. N.

　1960　Social relations and directed culture change among
　　　　　the Zinacantan, *Practical Anthropology.* 7: 241-250.

Dahl, Robert A.

　1957　The Concept of Power, *Behavioral Science* 2: 201-205.

　1961　*Who Governs? Democracy and Power in an American City.*
　　　　　New Haven: Yale University Press.

Davis, Kinsley

　1949　*Human Society.* N. Y.: MacMillan.

Easton, David

　1965　*A System Analysis of Political Life.* N. Y.: John Wiley.

Economic Planning Council

　1976　*Taiwan Statistical Data Book.*

Eisenstadt, S. N.

　1968　Transformation of Social, Political, and Cultural Orders in Modernization, in Eisenstadt, ed., *Comparative Perspectives on Social Change*. Boston: Little.

Evans-Pritchard, E. E.

　1960　*The Nuer*. London: Oxford University Press.

Fei, Hsiao-tung

　1968　*China's Gentry*. Chicago: Phoenix.

Firth, Raymond

　1963　*Elements of Social Organization*. Boston: Beacon.

Fortes, Meyer

　1957　*The Web of Kinship among the Tallensi*. London: Oxford.

Gilbert, Claire W.

　1971　Some Trends in Community Politics: a secondary analysis of power structure data from 166 communities, In C.M. Bonjean, T.C. Clark & R.L. Lineberry, eds., *Community Politics: A Behavioral Approach*. N. Y.: The Free Press.

Gold, E. S.

　1969　The Professional Commitment of Educated Women, in K. Baier & N. Rescher, eds., *Values and the Future*. N. Y.: The Free Press.

Goodenough, W. H.

　1965　Rethinking Status and Role: Toward a General Model of the Cultural Organization of Social Relationships, in M. Banton, ed., *The Relevance of Models for Social Anthropology*. ASA Monographs I. London: Tavistock.

Gordon, T. V.

　　1969　The Feedback of Technology and Value, in K. Baier
　　　　　and N. Rescher, eds., *op. cit.*

Guessous, M.

　　1967　A General of Critique of Equilibium Theory, in W.
　　　　　Moore & R. Cook, eds., *Readings on Social Change*. N.
　　　　　J.: Prentice-Hall.

Hare, Paul

　　1962　*Handbook of Small Group Research*. N. Y.: The Free
　　　　　Press.

Hayes, O. P. et al.

　　1967　Community Support and the Mobilization of Support,
　　　　　Canadian Review of Sociology and Anthropology, 4: 87-97.

Homans, George C.

　　1950　*The Human Group*. N. Y.: Harcourt.

Horton, P. B. and Hunt, C. L.

　　1968　*Sociology*. (second ed.) Reprint in Taipei.

Hsiao, Kung-chuan

　　1966　*Rural China: Imperial Control in the Nineteenth Century*.
　　　　　臺北: 中央圖書出版社 (臺北翻印)。

Hsu, F. L. F.

　　1953　*Americans and Chinese*. N. Y.: Abelerd.

Hunter, Floyd

　　1953　*Community Power Structure: A Study of Decisions Makers*.
　　　　　Chapel Hill: The University of North Carolina Press.

Inkeles, Alex & Smith, David

    1966   The O-M Scale: A Comparative Socio-psychological Measure of Individual Modernity, *Sociometry*.

Kelley, H. H.

    1968   Two Functions of Reference Groups, in H. H. Hyman & E. Singer, eds., *Readings in Reference Group Theory and Research*. N. Y.: The Free Press.

Khare, R. S.

    1962   Group Dynamics in North Indian Village. *Human Organization*, 21:3.

Lasswell, H. D. and Kaplan, A.

    1950   *Power and Society*. New Haven: Yale University Press.

Levi-Strauss, C.

    1953   Social Structure. in A. L. Kroeber, ed., *Anthropology Today*. *Chicago:* University of Chicago Press.

Levy, M. Jr.

    1966   *The Structure of Society*. N. J.: Princeton.

    1967   Social Patterns and Problems of Modernization, in W. E. Moore & R. M. Cook, eds., *Readings on Social Change*. N. J.: Prentice-Hall.

Linton, Ralph

    1936   *The Study of Man*. N. Y.: Appleton.

Madron, T. W.

    1969   *Small Group Methods and the Study of Politics*. Evanston: Northwestern University Press.

Merton, Robert K.

　　1957　*Social Theory and Social Structure.* (revised ed.). N. Y.:
　　　　　The Free Press.

Mills, C. Wright

　　1956　*The Power Elites.* N. Y.: Oxford University. Press.

Mills, Theodore M.

　　1967　*The Society of Small Groups.* N. Y.: Prentice-Hall.

Moore, W. E.

　　1967　*Order and Change.* N. Y.: John Wiley.

Mott, Paul B.

　　1970a　Power, Authority, and Influence, in M. Aiken and P.
　　　　　E. Mott, eds., *The Structure of Community Power.* N. Y.:
　　　　　Random House.

　　1970b　Configuration of Power, in M. Aiken and P. E. Mott,
　　　　　eds., *The Structure of Community Power.* N. Y.: Random
　　　　　House.

Murdock, G. P.

　　1967　*Social Structure.* Toronto: MacMillan.

Murray, H. A.

　　1962　Toward a Classification of Interactions, In T. Parsons
　　　　　& E. Shils, eds., *Toward a General Theory of Action.*
　　　　　N. Y.: Harper.

Nadel, S. F.

　　1957　*The Theory of Social Structure.* London: Cohen & West.

Ogburn, Wm. F.

　　1955　*Technology and the Changing Family.* Cambrige:
　　　　　Haughton.

Olmsted, M. S.

   1959   *The Small Group.* N. Y.: Random House.

Parsons, Talcott

   1964   A Functional Theory of Change, in A. Etzioni & E.
           Etzioni, eds., *Social Change.* N. Y.: Basic.

   1966a   *Societies: Evolutionary and Comparative Perspectives.*

   1966b   *The Social System.* N. Y.: Free Press.

   1967   *Sociological Theory and Modern Society.* N. Y.: The
           Free Press.

Presthus, Robert

   1964   *Men at the Top: A Study in Community Power.* N. Y.:
           Oxford University Press.

Preston, J. D.

   1968   The Search for Community Leaders: a Reexamination
           of the Reputational Method. *Socialogical Inquiry*, 39.

Bales, R. F.

   1950   *Interaction Process Analysis: A Methodology for the Study
           of Small Groups.* Mass: Addison-Wesley.

Rossi, Peter H.

   1970   Power and community structure, in M. Aiken & P. E.
           Mott, eds., *The Structure of Community Power.* N. Y.:
           Random House.

Sayre, Wallace S. & Kaufman, Herbert

   1960   *Governing New York City.* N. Y.: Russell Sage Foun-
           dation.

Schellenberg, James A.

　1970　*An Introduction to Social Psychology*. N. Y.: Random House.

Skinner, G. Willam

　1958　*Leadership and Power in the Chinese Community of Thailand*. Ithaca: Princeton.

Smelser, Neil J.

　1969　*Theory of Collective Behavior*. N. Y.: The Free Press.

Spiro, N. E.

　1965　A Typology of Social Structure and the Patterning of Social Institutions: a Cross-cultural Study. *American Anthropologist*.

Stogdill, Ralph M.

　1959　*Individual Behavior and Group Achievement: A Theory and the Experimental Evidence*. N. Y.: Oxford University Press.

Verba, S.

　1961　*Small Groups and Political Behavior*. N. Y.: Princeton University Press.

Walton, John

　1968　Differential Patterns of Community Power Structure: an explanation based on interdependence. In T. N. Clark, ed., *Community Structure and Decision-Making: comparative analysis*. Penn.: Chandler.

　1971　The Vertical Axis of Community Organization and the Structure of Power, in C. M. Bonjean et al., eds., *Community Politics*.

Weber, Max

    1965   *Theory of Social and Economic Organization* (tra. by A. M. Henderson and T. Parsons). N. Y.: The Free Press.

Whyte, William F.

    1943   *Street Corner Society*. Chicago: University of Chicago Press.

滄海叢刊已刊行書目 (八)

書名	作者	類別
文學欣賞的靈魂	劉述先	西洋文學
西洋兒童文學史	葉詠琍	西洋文學
現代藝術哲學	孫旗譯	藝術
音樂人生	黃友棣	音樂
音樂與我	趙琴	音樂
音樂伴我遊	趙琴	音樂
爐邊閒話	李抱忱	音樂
琴臺碎語	黃友棣	音樂
音樂隨筆	趙琴	音樂
樂林蓽露	黃友棣	音樂
樂谷鳴泉	黃友棣	音樂
樂韻飄香	黃友棣	音樂
樂圃長春	黃友棣	音樂
色彩基礎	何耀宗	美術
水彩技巧與創作	劉其偉	美術
繪畫隨筆	陳景容	美術
素描的技法	陳景容	美術
人體工學與安全	劉其偉	美術
立體造形基本設計	張長傑	美術
工藝材料	李鈞棫	美術
石膏工藝	李鈞棫	美術
裝飾工藝	張長傑	美術
都市計劃概論	王紀鯤	建築
建築設計方法	陳政雄	建築
建築基本畫	陳榮美、楊麗黛	建築
建築鋼屋架結構設計	王萬雄	建築
中國的建築藝術	張紹載	建築
室內環境設計	李琬琬	建築
現代工藝概論	張長傑	雕刻
藤竹工	張長傑	雕刻
戲劇藝術之發展及其原理	趙如琳譯	戲劇
戲劇編寫法	方寸	戲劇
時代的經驗	汪琪、彭家發	新聞
大眾傳播的挑戰	石永貴	新聞
書法與心理	高尚仁	心理

滄海叢刊巳刊行書目 (七)

書　　名	作　者	類　　別
印度文學歷代名著選(上)(下)	糜文開編譯	文　　學
寒　山　子　研　究	陳　慧　劍	文　　學
魯　迅　這　個　人	劉　心　皇	文　　學
孟　學　的　現　代　意　義	王　支　洪	文　　學
比　　較　　詩　　學	葉　維　廉	比　較　文　學
結構主義與中國文學	周　英　雄	比　較　文　學
主題學研究論文集	陳鵬翔主編	比　較　文　學
中國小說比較研究	侯　　健	比　較　文　學
現象學與文學批評	鄭樹森編	比　較　文　學
記　　號　　詩　　學	古　添　洪	比　較　文　學
中　美　文　學　因　緣	鄭樹森編	比　較　文　學
文　　學　　因　　緣	鄭　樹　森	比　較　文　學
比較文學理論與實踐	張　漢　良	比　較　文　學
韓　非　子　析　論	謝　雲　飛	中　國　文　學
陶　淵　明　評　論	李　辰　冬	中　國　文　學
中　國　文　學　論　叢	錢　　穆	中　國　文　學
文　　學　　新　　論	李　辰　冬	中　國　文　學
離騷九歌九章淺釋	繆　天　華	中　國　文　學
苕華詞與人間詞話述評	王　宗　樂	中　國　文　學
杜　甫　作　品　繫　年	李　辰　冬	中　國　文　學
元　曲　六　大　家	應　裕　康王　忠　林	中　國　文　學
詩　經　研　讀　指　導	裴　普　賢	中　國　文　學
迦　陵　談　詩　二　集	葉　嘉　瑩	中　國　文　學
莊　子　及　其　文　學	黃　錦　鋐	中　國　文　學
歐陽修詩本義研究	裴　普　賢	中　國　文　學
清　真　詞　研　究	王　支　洪	中　國　文　學
宋　儒　風　範	董　金　裕	中　國　文　學
紅樓夢的文學價值	羅　　盤	中　國　文　學
四　　說　　論　　叢	羅　　盤	中　國　文　學
中國文學鑑賞舉隅	黃　慶　萱許　家　鸞	中　國　文　學
牛李黨爭與唐代文學	傅　錫　壬	中　國　文　學
增　訂　江　皋　集	吳　俊　升	中　國　文　學
浮　士　德　研　究	李辰冬譯	西　洋　文　學
蘇忍尼辛選集	劉安雲譯	西　洋　文　學

書　　　　名	作　　者	類	別
卡薩爾斯之琴	葉　石　濤	文	學
青　囊　夜　燈	許　振　江	文	學
我　永　遠　年　輕	唐　文　標	文	學
分　析　文　學	陳　啓　佑	文	學
思　想　起	陌　上　塵	文	學
心　酸　記	李　　喬	文	學
離　訣	林　蒼　鬱	文	學
孤　獨　園	林　蒼　鬱	文	學
托　塔　少　年	林　文　欽　編	文	學
北　美　情　逅	卜　貴　美	文	學
女　兵　自　傳	謝　冰　瑩	文	學
抗　戰　日　記	謝　冰　瑩	文	學
我　在　日　本	謝　冰　瑩	文	學
給青年朋友的信 (上)(下)	謝　冰　瑩	文	學
冰　瑩　書　東	謝　冰　瑩	文	學
孤寂中的廻響	洛　　夫	文	學
火　天　使	趙　衛　民	文	學
無　塵　的　鏡　子	張　　默	文	學
大　漢　心　聲	張　起　鈞	文	學
回首叫雲飛起	羊　令　野	文	學
康　莊　有　待	向　　陽	文	學
情　愛　與　文　學	周　伯　乃	文	學
湍　流　偶　拾	繆　天　華	文	學
文　學　之　旅	蕭　傳　文	文	學
鼓　瑟　集	幼　　柏	文	學
種　子　落　地	葉　海　煙	文	學
文　學　邊　緣	周　玉　山	文	學
大陸文藝新探	周　玉　山	文	學
累　盧　聲　氣　集	姜　超　嶽	文	學
實　用　文　纂	姜　超　嶽	文	學
林　下　生　涯	姜　超　嶽	文	學
材與不材之間	王　邦　雄	文	學
人　生　小　語 (一)(二)	何　秀　煌	文	學
兒　童　文　學	葉　詠　琍	文	學

書　　名	作　者	類	別
中西文學關係研究	王潤華	文	學
文開隨筆	糜文開	文	學
知識之劍	陳鼎環	文	學
野草詞	韋瀚章	文	學
李韶歌詞集	李韶	文	學
石頭的研究	戴天	文	學
留不住的航渡	葉維廉	文	學
三十年詩	葉維廉	文	學
現代散文欣賞	鄭明娳	文	學
現代文學評論	亞菁	文	學
三十年代作家論	姜穆	文	學
當代臺灣作家論	何欣	文	學
藍天白雲集	梁容若	文	學
見賢集	鄭彥棻	文	學
思齊集	鄭彥棻	文	學
寫作是藝術	張秀亞	文	學
孟武自選文集	薩孟武	文	學
小說創作論	羅盤	文	學
細讀現代小說	張素貞	文	學
往日旋律	幼柏	文	學
城市筆記	巴斯	文	學
歐羅巴的蘆笛	葉維廉	文	學
一個中國的海	葉維廉	文	學
山外有山	李英豪	文	學
現實的探索	陳銘磻編	文	學
金排附	鍾延豪	文	學
放鷹	吳錦發	文	學
黃巢殺人八百萬	宋澤萊	文	學
燈下燈	蕭蕭	文	學
陽關千唱	陳煌	文	學
種籽	向陽	文	學
泥土的香味	彭瑞金	文	學
無緣廟	陳艷秋	文	學
鄉事	林清玄	文	學
余忠雄的春天	鍾鐵民	文	學
吳煦斌小說集	吳煦斌	文	學

書　　　　　名	作　　者	類	別
歷　史　圈　外	朱　　桂	歷	史
中　國　人　的　故　事	夏　雨　人	歷	史
老　　　臺　　　灣	陳　冠　學	歷	史
古　史　地　理　論　叢	錢　　穆	歷	史
秦　　漢　　史	錢　　穆	歷	史
秦　漢　史　論　稿	邢　義　田	歷	史
我　這　半　生	毛　振　翔	歷	史
三　生　有　幸	吳　相　湘	傳	記
弘　一　大　師　傳	陳　慧　劍	傳	記
蘇　曼　殊　大　師　新　傳	劉　心　皇	傳	記
當　代　佛　門　人　物	陳　慧　劍	傳	記
孤　兒　心　影　錄	張　國　柱	傳	記
精　忠　岳　飛　傳	李　　安	傳	記
八十憶雙親　師友雜憶 合刊	錢　　穆	傳	記
困　勉　強　狷　八　十　年	陶　百　川	傳	記
中　國　歷　史　精　神	錢　　穆	史	學
國　史　新　論	錢　　穆	史	學
與西方史家論中國史學	杜　維　運	史	學
清　代　史　學　與　史　家	杜　維　運	史	學
中　國　文　字　學	潘　重　規	語	言
中　國　聲　韻　學	潘　重　規 陳　紹　棠	語	言
文　學　與　音　律	謝　雲　飛	語	言學
還　鄉　夢　的　幻　滅	賴　景　瑚	文	學
葫　蘆　•　再　見	鄭　明　娳	文	學
大　地　之　歌	大地詩社	文	學
青　　春	葉　蟬　貞	文	學
比較文學的墾拓在臺灣	古　添　洪 陳　慧　樺 主編	文	學
從　比　較　神　話　到　文　學	古　添　洪 陳　慧　樺	文	學
解　構　批　評　論　集	廖　炳　惠	文	學
牧　場　的　情　思	張　媛　媛	文	學
萍　踪　憶　語	賴　景　瑚	文	學
讀　書　與　生　活	琦　　君	文	學

滄海叢刊已刊行書目 (二)

書　　　名	作　者	類　　別
語　言　哲　學	劉　福　增	哲　　　學
邏　輯　與　設　基　法	劉　福　增	哲　　　學
知識・邏輯・科學哲學	林　正　弘	哲　　　學
中　國　管　理　哲　學	曾　仕　強	哲　　　學
老　子　的　哲　學	王　邦　雄	中　國　哲　學
孔　學　漫　談	余　家　菊	中　國　哲　學
中　庸　誠　的　哲　學	吳　　　怡	中　國　哲　學
哲　學　演　講　錄	吳　　　怡	中　國　哲　學
墨　家　的　哲　學　方　法	鐘　友　聯	中　國　哲　學
韓　非　子　的　哲　學	王　邦　雄	中　國　哲　學
墨　家　哲　學	蔡　仁　厚	中　國　哲　學
知　識、理　性　與　生　命	孫　寶　琛	中　國　哲　學
逍　遙　的　莊　子	吳　　　怡	中　國　哲　學
中國哲學的生命和方法	吳　　　怡	中　國　哲　學
儒　家　與　現　代　中　國	韋　政　通	中　國　哲　學
希　臘　哲　學　趣　談	鄔　昆　如	西　洋　哲　學
中　世　哲　學　趣　談	鄔　昆　如	西　洋　哲　學
近　代　哲　學　趣　談	鄔　昆　如	西　洋　哲　學
現　代　哲　學　趣　談	鄔　昆　如	西　洋　哲　學
現　代　哲　學　述　評 (一)	傅　佩　榮譯	西　洋　哲　學
懷　海　德　哲　學	楊　士　毅	西　洋　哲　學
思　想　的　貧　困	韋　政　通	思　　　想
不　以　規　矩　不　能　成　方　圓	劉　君　燦	思　　　想
佛　學　研　究	周　中　一	佛　　　學
佛　學　論　著	周　中　一	佛　　　學
現　代　佛　學　原　理	鄭　金　德	佛　　　學
禪　　　話	周　中　一	佛　　　學
天　人　之　際	李　杏　邨	佛　　　學
公　案　禪　語	吳　　　怡	佛　　　學
佛　教　思　想　新　論	楊　惠　南	佛　　　學
禪　學　講　話	芝峯法師譯	佛　　　學
圓 滿 生 命 的 實 現 （布 施 波 羅 蜜）	陳　柏　達	佛　　　學
絕　對　與　圓　融	霍　韜　晦	佛　　　學
佛　學　研　究　指　南	關　世　謙譯	佛　　　學
當　代　學　人　談　佛　教	楊　惠　南編	佛　　　學